# Mundus Orientis
Studies in Ancient Near Eastern Cultures

Edited by
Richard Bussmann (Köln)
Timothy Harrison (Toronto)
Reinhard Müller (Göttingen)
Karen Radner (München)

Wissenschaftlicher Beirat
Yoram Cohen (Tel Aviv)
Carly Crouch (Pasadena)
Alexandra von Lieven (Berlin)
Stefania Mazzoni (Rom)
Ludwig Morenz (Bonn)
David Schloen (Chicago)
William Tooman (St. Andrews)
Nele Ziegler (Paris)

Band 2

Vandenhoeck & Ruprecht

Peter Juhás

# Berge als Widersacher

Studien zu einem Bergmotiv
in der jüdischen Apokalyptik

Vandenhoeck & Ruprecht

Bibliografische Information der Deutschen Bibliothek:
Die Deutsche Nationalbibliothek verzeichnet diese Publikation in der
Deutschen Nationalbibliografie; detaillierte bibliografische Daten sind
im Internet über https://dnb.de abrufbar.

© 2020, Vandenhoeck & Ruprecht GmbH & Co. KG, Theaterstraße 13, D-37073 Göttingen
Alle Rechte vorbehalten. Das Werk und seine Teile sind urheberrechtlich geschützt.
Jede Verwertung in anderen als den gesetzlich zugelassenen Fällen bedarf der vorherigen
schriftlichen Einwilligung des Verlages.

Umschlagabbildung: © Klara Robbers, „Berglandschaft des Sinai" (Sinai, 2004)

Satz: SchwabScantechnik, Göttingen
Druck und Bindung: ⊕ Hubert & Co. BuchPartner, Göttingen
Printed in the EU

**Vandenhoeck & Ruprecht Verlage | www.vandenhoeck-ruprecht-verlage.com**

ISSN 2566-736X
ISBN 978-3-525-52208-0

OTFRIED HOFIUS
in tiefer Dankbarkeit für langjährige Freundschaft
und ständige Hilfsbereitschaft
herzlich gewidmet

# Inhalt

**Vorwort** .................................................. 11
**Abkürzungen** ............................................. 12
**Einleitung** ............................................... 17

**1 Prolegomena** ........................................... 21
1.1 Apokalyptische Literatur ............................... 21
   1.1.1 Eine Abgrenzung – das Problem „Sacharjabuch" ..... 21
   1.1.2 Das soziale Milieu der Apokalyptiker ............. 25
1.2 Die untersuchten Quellen .............................. 30
   1.2.1 Die Bilderreden Henochs (1Hen 37–71) ............. 30
   1.2.2 Die Syrische Baruch-Apokalypse ................... 32
   1.2.3 4Esra ............................................ 35
1.3 Die Bergmotivik in der jüdischen Apokalyptik: ein Überblick ........... 36
   1.3.1 Berge als ein Element der eschatologischen
      und protologischen Ereignisse ..................... 37
      1.3.1.1 Die Berge in den Bilderreden Henochs ...... 37
      1.3.1.2 Die Berge im 3. Buch der Sibyllinen und in Testament
         des Mose 10 ................................ 38
      1.3.1.3 Der Berg Hermon im Wächterbuch (und in 2Hen 18) ...... 40
   1.3.2 Berge als ein Element in der Offenbarung
      der Schöpfungsgeheimnisse ......................... 42
      1.3.2.1 Der Berg in 1Hen 17,2 ...................... 42
      1.3.2.2 Die Berge in 1Hen 18,6–9 (und 1Hen 24–25) .. 43
      1.3.2.3 Der Berg in 1Hen 22 und 3Bar 10$^{Slaw}$ ... 44
      1.3.2.4 Die Berge Jerusalems in 1Hen 26–27 ......... 45
      1.3.2.5 Die Berge des Ostens in 1Hen 28–32 ......... 46
      1.3.2.6 Berge und Wasser (1Hen 69,17 und 77,4) ..... 47
      1.3.2.7 Behemot auf den Bergen (4Esra 6,51)? ....... 48
1.4 Bezwingung der Berge im Alten Orient .................. 48
   1.4.1 Die Götter als Bezwinger der Berge ............... 49
      1.4.1.1 Inanna und Ninurta ......................... 49
      1.4.1.2 Das Erra-Epos .............................. 50

   1.4.1.3 Teššub, Ea und Ullikummi . . . . . . . . . . . . . . . . . . . . . . . . . . 51
   1.4.1.4 Andere Gottheiten . . . . . . . . . . . . . . . . . . . . . . . . . . . . . . . . 52
  1.4.2 Bezwingung der Berge als motivischer Bestandteil
     der altorientalischen Königsideologie . . . . . . . . . . . . . . . . . . . . . . 53

## 2 Der Berg in Sach 4,6aβ–7 . . . . . . . . . . . . . . . . . . . . . . . . . . . . . . . . . 59
2.1 Der Kontext des Orakels: die Vision von dem Leuchter
  und den beiden Ölbäumen . . . . . . . . . . . . . . . . . . . . . . . . . . . . . . . . . . 59
  2.1.1 Syntaktische Probleme von Sach 4 . . . . . . . . . . . . . . . . . . . . . . . . 59
  2.1.2 Diachrone Perspektive . . . . . . . . . . . . . . . . . . . . . . . . . . . . . . . . . 62
  2.1.3 Deutung der zentralen Elemente . . . . . . . . . . . . . . . . . . . . . . . . . 63
   2.1.3.1 Der Leuchter . . . . . . . . . . . . . . . . . . . . . . . . . . . . . . . . . . . 63
   2.1.3.2 Die Ölbäume und die Ölsöhne . . . . . . . . . . . . . . . . . . . . . 64
2.2 Die Deutung des Berges: ein forschungsgeschichtlicher Überblick . . . . . . . 66
  2.2.1 Die Syntax und Semantik von הַר־הַגָּדוֹל . . . . . . . . . . . . . . . . . . . . . . 66
  2.2.2 Trümmerhaufen . . . . . . . . . . . . . . . . . . . . . . . . . . . . . . . . . . . . . . 68
  *Exkurs: „Großer Berg" als Epitheton* . . . . . . . . . . . . . . . . . . . . . . . . . . 70
  2.2.3 Ein persönlicher Widersacher . . . . . . . . . . . . . . . . . . . . . . . . . . . . 71
  2.2.4 Eine politische (Welt)macht . . . . . . . . . . . . . . . . . . . . . . . . . . . . . 73
  2.2.5 Ein Bild für Schwierigkeiten . . . . . . . . . . . . . . . . . . . . . . . . . . . . 74
  2.2.6 Ein holistischer Zugang . . . . . . . . . . . . . . . . . . . . . . . . . . . . . . . . 76
2.3 Die vertretene Deutung: „der Berg ‚der Große'" als Darius I. . . . . . . . . . . . 77
  2.3.1 Syntax, Semantik und Metaphorik . . . . . . . . . . . . . . . . . . . . . . . . 77
  2.3.2 Der historische Kontext . . . . . . . . . . . . . . . . . . . . . . . . . . . . . . . . 79
  2.3.3 Das Verhältnis des Orakelmaterials in Sach 4 zu Sach 6,9–15
     und Sach 3,1–10 . . . . . . . . . . . . . . . . . . . . . . . . . . . . . . . . . . . . . 84
2.4 Zusammenfassung . . . . . . . . . . . . . . . . . . . . . . . . . . . . . . . . . . . . . . . . . 90
  *Exkurs: Die ehernen Berge in Sach 6* . . . . . . . . . . . . . . . . . . . . . . . . . . 91

## 3 Die metallischen Berge in 1Hen 52 . . . . . . . . . . . . . . . . . . . . . . . . . 97
3.1 Die philologischen Probleme . . . . . . . . . . . . . . . . . . . . . . . . . . . . . . . . 97
3.2 Die theophanischen Aspekte . . . . . . . . . . . . . . . . . . . . . . . . . . . . . . . . . 99
3.3 Das iranische Milieu . . . . . . . . . . . . . . . . . . . . . . . . . . . . . . . . . . . . . . . 102
3.4 Das spezifische Problem der jeweiligen Metalle . . . . . . . . . . . . . . . . . . . 104
3.5 Zusammenfassung . . . . . . . . . . . . . . . . . . . . . . . . . . . . . . . . . . . . . . . . . 109

## 4 Die Vision von Wald und Weinstock in 2Bar . . . . . . . . . . . . . . . . . . 111
4.1 Vorbemerkungen . . . . . . . . . . . . . . . . . . . . . . . . . . . . . . . . . . . . . . . . . . 111
4.2 Der Wald und die Berge in der Vision und in ihrer Deutung . . . . . . . . . . . 112
4.3 Der Zedernwald im Gilgameš-Epos . . . . . . . . . . . . . . . . . . . . . . . . . . . . 115

4.4 Der Garten im Buch der Giganten ................................. 116
4.5 Alttestamentliche Prätexte ........................................ 119
   4.5.1 Die „Weinstock-Texte" ....................................... 119
   4.5.2 Sach 11,1–3: Kritik der (politischen) Hybris .................... 123
   4.5.3 Ez 31: Ägypten als Repräsentant der politischen Hybris ........... 125
   4.5.4 Weitere prophetische Texte .................................. 126
4.6 Der Weinstock à la Ninurta ...................................... 128
   4.6.1 Die Ninurta-artigen Elemente in 2Bar ......................... 128
   4.6.2 Mögliche Trajektorien ....................................... 132
      4.6.2.1  Andere Gottheiten mit Ninurta-Zügen ................. 133
      4.6.2.2  Der kulturgeschichtliche Horizont im östlichen
             Mittelmittelraum im 1. Jh. vor und im 1. Jh. nach Chr. ...... 134
4.7 Der Weinstock (2Bar), der Löwe (4Esra) und der Wald ............... 137
4.8 Zusammenfassung ............................................... 139

**5 Der Berg und der Mensch vom Meer in 4Esra 13** ................ 141
5.1 Der Mensch vom Meer .......................................... 141
5.2 „Mit den Wolken des Himmels" oder auf einem großen Berg? .......... 146
   5.2.1 Sach 14: JHWH auf dem Ölberg .............................. 150
   5.2.2 Perplexe Leser? ............................................. 152
   Exkurs: Jes 11,1–10 in 2Bar 73 .................................... 155
5.3 Die Deutung der Vision von 4Esra 13,1–13a ........................ 156
5.4 Zusammenfassung ............................................... 159

**Schlusswort** .................................................... 161

**Literaturverzeichnis** ............................................ 165
Primärquellen (Editionen und Übersetzungen) ........................ 165
Sekundärliteratur ................................................. 167

**Register** ....................................................... 177
Autorenregister ................................................... 177
Stellenregister .................................................... 178
Personen- und Ortsnamenregister ................................... 188

# Vorwort

Die vorliegende Monographie ist eine bearbeitete Fassung einer Studie, die ich im Rahmen eines kumulativen Habilitationsverfahrens an der Katholisch-Theologischen Fakultät der Ludwig-Maximilians-Universität München im Februar 2019 eingereicht habe. Sie entstand im Rahmen der interdisziplinären DFG-Forschungsgruppe „Natur in politischen Ordnungsentwürfen: Antike – Mittelalter – Frühe Neuzeit". Den Mitgliedern der Forschergruppe – insbesondere Prof. Dr. Christoph Levin und Prof. Dr. Reinhard Müller – danke ich für regen wissenschaftlichen Austausch. Besonderer Dank gilt Prof. Dr. Hermann-Josef Stipp, der seit mehreren Jahren mit großer Freundlichkeit meinen wissenschaftlichen Werdegang begleitet und die Entstehung dieser Arbeit von Anfang an mit großem Interesse verfolgt hat. Prof. Dr. Loren Stuckenbruck und Prof. Dr. Josef Wehrle haben als Mitglieder meines Fachmentorats einige sehr hilfreiche Hinweise zur vorliegenden Arbeit beigesteuert. Dafür gilt ihnen mein herzlicher Dank. Meine Familie und mein Freundeskreis in mehreren Ländern haben mich auf vielfältige Weise unterstützt. In den Kommunitäten der Benediktiner in Wien (Schottenstift), der Herz-Jesu-Missionare in Münster-Hiltrup und der Augustiner in Košice fand ich für meine wissenschaftliche Arbeit immer ein sehr angenehmes Ambiente. Herrn Jonathan Böhm danke ich für seine Hilfe bei der Korrektur der Druckfahnen und dem Erstellen des Registers. Den Herausgebern der Reihe *Mundus Orientis* danke ich für die Annahme dieser Studie und dem Verlag Vandenhoeck & Ruprecht für die Betreuung bei der Drucklegung.

Göttingen, im September 2019
Peter Juhás

# Abkürzungen[1]

| | |
|---|---|
| 1Hen | Die Altäthiopische Henoch-Apokalypse |
| 2Bar | Die Syrische Baruch-Apokalypse |
| 2Hen | Die Slawische Henoch-Apokalypse |
| 3Bar | Die Griechische Baruch-Apokalypse |
| 4Esra | Das Vierte Esra-Buch |
| PsSal | Die Psalmen Salomos |
| Sib | Die Sibyllinischen Orakel |
| TestLevi | Das Testament Levis |
| | |
| AB | Anchor Bible |
| *AHw* | *Akkadisches Handwörterbuch* (s. von Soden) |
| AOAT | Alter Orient und Altes Testament |
| *APAT* | *Die Apokryphen und Pseudepigraphen des Alten Testaments* (s. Beer) |
| *APOT* | *The Apocrypha and Pseudepigrapha of the Old Testament* (s. Charles) |
| arab./Arab | arabisch bzw. arabischer Text |
| aram. | aramäisch |
| Arm | armenisch bzw. armenischer Text |
| ATD | Altes Testament Deutsch |
| Äth. | altäthiopisch bzw. altäthiopischer Text |
| ATSAT | Arbeiten zu Text und Sprache im Alten Testament |
| AYBC | Anchor Yale Bible Commentary |
| BBB | Bonner Biblische Beiträge |
| BE | Biblische Enzyklopädie |
| Beyer, *ATTM* | *Die aramäischen Texte vom Toten Meer* (s. Beyer) |
| *BHS* | *Biblia Hebraica Stuttgartensia* |
| *Bib* | *Biblica* |
| *BiOr* | *Bibliotheca Orientalis* |
| *BJ* | *De Bello Judaico* |
| BK | Biblischer Kommentar |
| BM | British Museum (tablet signature) |
| *BMS* | *Babylonian Magic and Sorcery* (s. King) |

---

1  Die Abkürzungen der biblischen Bücher folgen den Loccumer Richtlinien (ohne Leerzeichen).

| | |
|---|---|
| *BN* | *Biblische Notizen* |
| *BSOAS* | *Bulletin of the School of Oriental and African Studies* |
| BTP | Polnische Biblia Tysiaclecia (1965/1984) |
| BZAW | Beihefte zur Zeitschrift für die Alttestamentliche Wissenschaft |
| BZNW | Beihefte zur Zeitschrift für die Neutestamentliche Wissenschaft |
| *CAD* | *The Assyrian Dictionary of the Oriental Institute of the University of Chicago* |
| *CBQ* | *Catholic Biblical Quarterly* |
| CBQ MS | Catholic Biblical Quarterly Monograph Series |
| *CDG* | *Comparative Dictionary of Geez* (s. Leslau) |
| CEJL | Commentaries on Early Jewish Literature |
| ConBOT | Coniectanea Biblica. Old Testament Series |
| *COS* | *Context of Scripture* |
| CRRAI | Compte Rendu – Rencontre Assyriologique Internationale |
| CT | Cuneiform Texts from Babylonian Tablets in the British Museum |
| *CTMMA* | *Cuneiform Texts in the Metropolitan Museum of Art* |
| *DDD* | *Dictionary of Deities and Demons in the Bible* |
| DFG | Deutsche Forschungsgemeinschaft |
| DJD | Discoveries in the Judean Desert |
| *DNWSI* | *Dictionary of the North-West Semitic Inscriptions* |
| *DSD* | *Dead Sea Discoveries* |
| *EI* | *Encyclopedia Iranica* |
| ELB | Elberfelder Bibel |
| *ETCSL* | *The Electronic Text Corpus of Sumerian Literature, Oxford:* http://etcsl.orinst.ox.ac.uk/ |
| EÜ | Einheitsübersetzung 1980/2016 |
| FAT | Forschungen zum Alten Testament |
| FBJ | La Bible de Jérusalem |
| FRLANT | Forschungen zur Religion und Literatur des Alten und Neuen Testaments |
| GAT | Grundrisse zum Alten Testament |
| Ges[18] | *Hebräisches und Aramäisches Handwörterbuch über das Alte Testament* (18. Auflage; s. Gesenius) |
| GK | s. Gesenius – Kautzsch |
| Gr | griechisch bzw. griechischer Text |
| *GW* | *Griechische Weltgeschichte* (s. Diodoros) |
| *HAE* | *Handbuch der althebräischen Epigraphik* (s. Renz) |
| HAT | Handbuch zum Alten Testament |
| HBS | Herders Biblische Studien |
| HCOT | Historical Commentary on the Old Testament |
| HdO | Handbuch der Orientalistik |
| HDR | Harvard Dissertations in Religion |
| hebr. | hebräisch |

| | |
|---|---|
| Hif. | Hifil |
| HSM | Harvard Semitic Monographs |
| HThKAT | Herders Theologischer Kommentar zum Alten Testament |
| HTR | *Harvard Theological Review* |
| HUCA | *Hebrew Union College Annual* |
| IEJ | *Israel Exploration Journal* |
| IEKAT | Internationaler Exegetischer Kommentar zum Alten Testament |
| IEP | Nuovissima Versione della Bibbia, Edizione San Paolo (1995) |
| IM | Iraq Museum (tablet signature) |
| JANER | *Journal of Ancient Near Eastern Religions* |
| JBTh | Jahrbuch für Biblische Theologie |
| JBL | *Journal of Biblical Literature* |
| JCS | *Journal of Cuneiform Studies* |
| JJS | *Journal of Jewish Studies* |
| JNES | *Journal of Near Eastern Studies* |
| JNTS Sup | Journal for the Study of the New Testament. Supplement Series |
| JSHRZ | *Jüdische Schriften aus hellenistisch-römischer Zeit* |
| JSJ | *Journal for the Study of Judaism* |
| JSJS | Supplements to the Journal for the Study of Judaism |
| JSP | *Journal for the Study of Pseudepigrapha* |
| JSP.S | Journal for the Study of Pseudepigrapha. Supplement Series |
| JSOT.S | Journal for the Study of the Old Testament. Supplement Series |
| KAI | Kanaanäische und aramäische Inschriften (s. Donner – Röllig) |
| KAHAL | *Konzise und Aktualisierte Ausgabe des Hebräischen und Aramäischen Lexikons zum Alten Testament – Koehler & Baumgartner* (s. Dietrich). |
| KAR | *Keilschrifttexte aus Assur religiösen Inhalts* |
| KAT | Kommentar zum Alten Testament |
| $KTU^3$ | *Die Keilalphabetischen Texte aus Ugarit* (s. Dietrich – Loretz – Sanmartín) |
| KUSATU | *Kleine Untersuchungen zur Sprache des Alten Testaments und seiner Umwelt* |
| LAE | *Lexicon Linguae Aethiopicae* (s. Dillmann) |
| LÄ | *Lexikon der Ägyptologie* |
| Lat | lateinisch bzw. lateinischer Text |
| LCL | Loeb Classical Library |
| LHBOTS | The Library of Hebrew Bible/Old Testament Studies |
| LXX | Septuaginta |
| LXX.D | *Septuaginta Deutsch* |
| LXX.D EuK | *Septuaginta Deutsch. Erläuterungen und Kommentare* |
| MT | Masoretischer Text |
| NEB | Neue Echter Bibel |
| NICOT | New International Commentary to the Old Testament |

| | |
|---|---|
| NRSV | New Revised Standard Version |
| NSK AT | Neuer Stuttgarter Kommentar – Altes Testament |
| *NT* | *Novum Testamentum* |
| NTOA | Novum Testamentum et Orbis Antiquus |
| *NTS* | *New Testament Studies* |
| OBO | Orbis Biblicus et Orientalis |
| OLA | Orientalia Lovaniensia Analecta |
| *OLP* | *Orientalia Lovaniensia Periodica* |
| *Or* | *Orientalia* |
| ORA | Orientalische Religionen in der Antike |
| OTL | Old Testament Library |
| *OTP* | *The Old Testament Pseudepigrapha* (s. Charlesworth) |
| Pi. | Piel |
| *RA* | *Revue d´Assyriologie* |
| RAI | Rencontre Assyriologique Internationale |
| *RdQ* | *Revue de Qumran* |
| RIMA | The Royal Inscriptions of Mesopotamia – Assyrian Periods |
| RINAP | The Royal Inscriptions of the Neo-Assyrian Period |
| *RlA* | *Reallexikon der Assyriologie und Vorderasiatischen Archäologie* |
| SAAS | State Archives of Assyria Studies |
| Sah | sahidisch bzw. sahidischer Text |
| SBS | Stuttgarter Bibelstudien |
| *SEAL* | *Sources of Early Akkadian Literature:* https://www.seal.uni-leipzig.de/ |
| SJS | Studia Judaeoslavica |
| Slaw | (kirchen)slawisch |
| SSN | Studia Semitica Neerlandica |
| StANT | Studien zum Alten und Neuen Testament |
| STDJ | Studies on the Texts of the Desert of Judah |
| STT | Sultantepe Tablets (s. Gurney – Hulin) |
| Syr | syrisch bzw. syrischer Text |
| TDOT | Theological Dictionary of the Old Testament |
| Tg | Targum |
| *THAT* | *Theologisches Handwörterbuch zum Alten Testament* |
| *ThWAT* | *Theologisches Wörterbuch zum Alten Testament* |
| *ThWQ* | *Theologisches Wörterbuch zu den Qumrantexten* |
| TOB | Traduction Oecuménique de la Bible |
| TOTC | Tyndale Old Testament Commentaries |
| TSAJ | Texte und Studien zum Antiken Judentum |
| *TUAT* | *Texte aus der Umwelt des Alten Testaments* |
| TUGAL | Texte und Untersuchungen zur Geschichte der altkirchlichen Literatur |
| VAT | Vorderasiatisches Museum, Berlin (tablet signature) |
| VT.S | Vetus Testamentum. Supplements |
| *WAM* | *Wörterbuch alttestamentlicher Motive* |

| | |
|---|---|
| WBC | Word Biblical Commentary |
| WMANT | Wissenschaftliche Monographien zum Alten und Neuen Testament |
| WUNT | Wissenschaftliche Untersuchungen zum Neuen Testament |
| YOS | Yale Oriental Series, Babylonian Texts |
| ZA | *Zeitschrift für Assyriologie und Vorderasiatische Archäologie* |
| ZAC | *Zeitschrift für Antikes Christentum* |
| ZAW | *Zeitschrift für alttestamentliche Wissenschaft* |
| ZBK AT | Zürcher Bibelkommentare – Altes Testament |
| ZThK | *Zeitschrift für Theologie und Kirche* |

# Einleitung

Berge beeindrucken – und das gilt seit Jahrtausenden. Spricht man von der Wahrnehmung der Berge in der Antike, ist es naheliegend, die Charakteristika *fascinosum et tremendum* zu benutzen, die nach R. Otto das Heilige beschreiben. Belegt ist nicht nur das Motiv „Berg als Wohnstätte/Thronsitz einer Gottheit" wie etwa der Berg Zaphon für Baal im ugaritischen Kulturkontext, sondern auch der göttliche Status der Berge selbst (s. 1.4.1.3).[1] Neben dieser mythologischen Qualifikation wurden Berge auch als Mittelpunkt der Erdscheibe *(omphalos mundi)*, als Urhügel (in Ägypten) oder Erdachse *(axis mundi)* verstanden.[2] Als solche werden sie sowohl in der Literatur als auch in der Glyptik oft mit Lebensfülle verbunden.[3]

Die Wahrnehmung der Berge und ihrer Funktion in der Hebräischen Bibel folgt den altorientalischen Vorstellungen. Die Berge sind Ort der Theophanie (s. Kap. 3). In den alttestamentlichen Texten ragen zwei Berge hervor: Sinai/Horeb und Zion. Der Erstere galt nicht nur als ein Ort der Theophanie, sondern als Ort der konkreten Begegnung mit Gott und seiner Offenbarung – der Mitteilung der Tora (vgl. z. B. viele Belege im Buch Exodus und Deuteronomium; 1Q22 1 i 4).[4] Der Name Zion, der ursprünglich wohl die alte Festung der „Davidstadt", später den Tempelberg und schließlich die Stadt Jerusalem bezeichnete, ist in der Hebräischen Bibel mit einem Motivkomplex verbunden, für den die Forschung die Bezeichnungen „Zionstheologie" oder „Jerusalemer Tempeltheologie" hervorgebracht hat.[5] Die Präsenz JHWHs auf dem Zion garantiert eine Reihe von lebenssichernden Charakteristika: Schutz und Sicherheit, Gerechtigkeit und Fruchtbarkeit. Der König ist für die Sicherung dieser gottgewollten und -gewirkten Ordnung verantwortlich. Im Rahmen der Darstellung

---

1 Für Ägypten vgl. z. B. E. Otto, Bergspitze, *LÄ* I (1975) 710.
2 Vgl. H.-J. Fabry, הַר *har*, *ThWQ* I (2011) 812. Das Konzept „Weltberg" in der älteren assyriologischen Fachliteratur und seine Anwendung bei der Deutung mancher westsemitischen religiösen Vorstellungen wurden in der jüngeren Forschung kritisiert. Vgl. dazu R. J. Clifford, *The Cosmic Mountain in Canaan and the Old Testament* (HSM 4; Cambridge, MA 1972) 9–25; S. Talmon, הַר *har*, *ThWAT* II (1977) 471.
3 Vgl. Talmon, הַר *har*, 469, 473–474, 482; Für die Glyptik vgl. etwa Clifford, *Cosmic Mountain*, 93–97.
4 Vgl. T. Hieke, Berg, *Wörterbuch alttestamentlicher Motive* (Hrsg. M. Fieger et al.; Darmstadt 2013) 57–58; Fabry, הַר *har*, 814.
5 Vgl. S. Paganini – A. Giercke-Ungermann, Zion/Zionstheologie: https://www.bibelwissenschaft.de/stichwort/35418/ (Zugang: 15.8.2017).

dieses wunderbaren Berges scheuten sich die Autoren nicht, die alten kanaanäischen Zaphon-Vorstellungen weiterzupflegen (vgl. Ps 48). Bei einem solchen Motivkomplex liegt es auf der Hand, dass der Ort als ein Weltzentrum verstanden wird, zu dem andere Völker ziehen (s. besonders Deutero- und Tritojesaja). Die Aussagen der Zionstheologie, die sich ursprünglich auf den gegenwärtigen Zion (bzw. Jerusalem) bezogen, wurden in der nachexilischen Zeit eschatologisiert. Fortgeschrieben und entfaltet wurden sie im Konzept des „himmlischen Jerusalem",[6] das in der Apokalyptik eine wichtige Rolle spielt (s. 1.3).

Die kurzen Indizien ließen bisher erkennen, dass der Berg – und zwar als *fascinosum et tremendum* – ausgesprochen positiv konnotiert war: ein Ort, zu dem man hoffnungsvoll den Blick wenden kann. Die alttestamentliche Eschatologie assoziiert die Berge mit der Lebensfülle und Fruchtbarkeit einerseits – ein Aspekt, den auch die spezifisch jüdisch-apokalyptischen Texte kennen (s. 1.3) – oder mit dem eschatologischen Kampf andererseits, für den ein Berg bzw. die Berge die Szenerie bilden.[7] Zwar kommen die Berge in den alttestamentlichen Texten als zu überwindende Größen vor – und daher als ein relativ idealer Versteck- und Fluchtort (vgl. z. B. Jer 16,16; Ez 7,16; Am 9,3) –, als personifizierte Opponenten bzw. als Symbol für persönliche Widersacher sind sie aber selten (s. Kap. 2 zu Sacharja). Das wohl bekannteste Beispiel für die Berge als eine zu überwindende Größe ist ein Vers der deutero-jesajanischen Eröffnung (Jes 40,4 [ELB]: „Jedes Tal soll erhöht und jeder Berg und Hügel erniedrigt werden! Und das Höckerige soll zur Ebene werden und das Hügelige zur Talebene!"), den manche Forscher auch für die Auslegung des schwierigen Orakels in Sach 4,7 heranziehen (s. 2.2.5).

Besonders denkt man jedoch an die „Berge Israels" in Ez 6, die JHWH als eigene Feinde wahrnimmt. Ezechiel soll sein Gesicht gegen sie richten und im Auftrag Gottes weissagen (V. 1). Derjenige, der über sie „das Schwert" bringen und ihre Höhen zugrunde richten wird, ist JHWH selbst (V. 2). Die Bezeichnung „Berge Israels" funktioniert einerseits syndekdochisch mit einer starken theologischen Konnotation, andererseits ganz konkret. Es sind nicht nur die Berge gemeint, sondern der dem Volk Israel geschenkte Lebensraum.[8] Konkret sind die Berge insofern im Blick, als sie der Ort illegitimer Kulte waren. Der Kontext bleibt aber nicht nur bei den Bergen, sondern er spricht von „Erschlagenen", die JHWH vor die Götzen hinfallen lässt (V. 4).[9]

In der vorliegenden Monographie wird das Motiv „Berg als ein zu bezwingender/ überwindender Widersacher" unter dem Aspekt der politischen Theologie im Korpus

---

6 Vgl. R. MÜLLER-FIEBERG, Das „neue Jerusalem" – Vision für alle Herzen und Zeiten? Eine Auslegung von Offb 21,1–22,5 im Kontext von alttestamentlich-frühjüdischer Tradition und literarischer Rezeption (BBB 144; Berlin 2003). Die Vorstellung vom „himmlischen" bzw. „neuen" Jerusalem spielt eine wichtige Rolle nicht nur in der Apokalyptik. Das zeigen Texte wie etwa Tob 13. Vgl. dazu R. LAPKO, Tóbiho chválospev (Prešov 2005) 259–260.
7 Vgl. TALMON, הַר har, 482–483.
8 Vgl. F. SEDLMEIER, Das Buch Ezechiel. Kapitel 1–24 (NSK AT 21/1; Stuttgart 2002) 125–126; W. ZIMMERLI, Ezechiel 1–24 (BK XIII/1; Neukirchen-Vluyn ³2011) 147.
9 Zum Adressatenwechsel vgl. ZIMMERLI, Ezechiel 1–24, 144.

der jüdischen Apokalyptik untersucht.[10] Dieses relativ seltene Motiv lässt sich in einigen apokalyptischen Texten klar erkennen. Zunächst ist es im Buch Sacharja greifbar, das nach der Meinung einiger Forscher als ein frühapokalyptisches Werk bzw. als Werk der beginnenden Apokalyptik zu betrachten ist (s. 1.1). Zugleich ist es auch das einzige kanonische Buch in der vorliegenden Untersuchung, da die übrigen Texte – die Altäthiopische Henoch-Apokalypse (1Hen), die Syrische Baruch-Apokalypse (2Bar) und das Vierte Esra-Buch (4Esra) – nie ein Teil des hebräischen Kanons geworden sind; selbst in den jeweiligen christlichen Kirchen ist die Situation verschieden. Das Interesse der vorliegenden Untersuchung richtet sich auf die Funktion des Motivs „Berg als ein zu bezwingender Widersacher" in den genannten apokalyptischen Schriften sowie auf dessen traditionsgeschichtlichen Hintergrund, der in den jeweiligen Schriften eigene Spezifika aufweisen kann. Da der Gebrauch verschiedener Motive zumeist ein Phänomen der *longue durée* ist, wird der Bogen der traditionsgeschichtlichen Arbeit in manchen Fällen ziemlich weit geschlagen. Dabei wird auf die möglichen Bahnen der Rezeption oder nur auf die jeweiligen motivgeschichtlichen Parallelen hingewiesen.

Bemerkenswerterweise tritt das besprochene Motiv ständig im Zusammenhang mit einer messianischen Gestalt auf bzw. im Falle Serubbabels mit einer Figur, die ein Träger großer religiös-politischer Hoffnungen war. Daher ist die vorliegende Monographie auch ein Mosaiksteinchen in der umfangreichen Messianismus-Forschung.[11]

---

10   Der Motivbegriff wird in der Forschung nicht einheitlich gebraucht. Sein Gebrauch hat oft sogar keine klaren Konturen. Grundsätzlich ist der Begriffsbestimmung von J. KRISPENZ (Einleitung, *Wörterbuch alttestamentlicher Motive*, 11) zuzustimmen: „[E]in Motiv [ist] ein kleiner, selbständiger und charakteristischer Baustein in einem alttestamentlichen Text, dessen Gehalt durch seine Verwendung in verschiedenen Zusammenhängen jeweils transformiert wird." In der vorliegenden Studie unterscheide ich zwischen der Bergmotivik als einem Oberbegriff einerseits und ihren jeweiligen Subtypen bzw. den konkreten Motiven andererseits (etwa Berge als Widersacher, Berg als Sitz einer Gottheit, Berge als Zufluchtsorte usw.). In einem Text (hier meistens: in einer Vision) können mehrere Motive kombiniert werden. So werden etwa in 4Esra 13 verschiedene Motive der *divine warrior*-Motivik zur Darstellung der Szene gebraucht, in deren Rahmen eine messianische Gestalt einen Berg bezwingt (dazu s. Kap. 5).
11   Aus der umfangreichen Literatur vgl. den Klassiker von S. MOWINCKEL, *Han som kommer* (Copenhagen 1951) [Eng.: *He That Commeth* (Nashville 1956)]; und die neueren Studien: J. J. COLLINS, *The Scepter and the Star. Messianism in Light of the Dead Sea Scrolls* (Grand Rapids, MI ²2010); J. A. FITZMYER, *The One Who Is to Come* (Grand Rapids, MI – Cambridge, UK 2007); E.-J. WASCHKE, *Der Gesalbte. Studien zur alttestamentlichen Theologie* (BZAW 306; Berlin – New York 2001); S. SCHREIBER, *Gesalbter und König. Titel und Konzeptionen der königlichen Gesalbtenerwartung in frühjüdischen und urchristlichen Schriften* (BZNW 105; Berlin – New York 2000); E. DASSMANN – G. STEMBERGER et al. (Hrsg.), *Messias* (JBTh 8; Neukirchen-Vluyn 1993); M. KARRER, *Der Gesalbte* (FRLANT 151; Göttingen 1991).

# 1 Prolegomena

## 1.1 Apokalyptische Literatur

### 1.1.1 Eine Abgrenzung – das Problem „Sacharjabuch"

Ein Unterkapitel wie das folgende ist ein notwendiger Bestandteil jedes Einführungswerkes in die apokalyptische Literatur. Normalerweise würde man im Fall einer spezifischen traditions- bzw. motivgeschichtlichen Studie darauf verzichten. Das gälte auch für die vorliegende Monographie, weil drei der untersuchten Schriften (1Hen, 2Bar und 4Esra) generell zu den apokalyptischen Werken gezählt werden. Ein Dissens herrscht aber im Fall des Buches Sacharja. Im Folgenden sollen einige Überlegungen geboten werden, warum eine Untersuchung dieses alttestamentlichen Buches, besonders seines ersten Teiles, im Rahmen der vorliegenden Studie unternommen wurde. Die anschließende Begründung folgt im Wesentlichen einem Abschnitt meiner Studie zu Sach 5,5–11,[1] der für diese Monographie bearbeitet wurde.

Das Buch, das den Namen des frühnachexilischen Propheten Sacharja trägt, wird aufgrund formaler Kriterien – ähnlich dem Buch Jesaja – in drei Teile gegliedert (1–8; 9–11; 12–14). Der erste Teil, der sog. Proto-Sacharja, setzt sich aus einem Zyklus von Traumvisionen zusammen. In der jetzigen Textgestalt sind es acht. Die formalen oder sachlichen Entsprechungen lassen erkennen, dass die Visionen aufeinander bezogen sind:

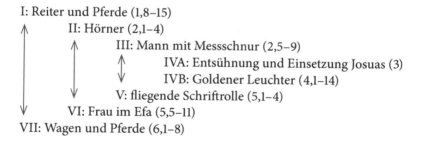

Die Vision von der Entsühnung und Einsetzung Josuas (Sach 3) hebt sich von den anderen formal ab. Daher ist ursprünglich mit einem Zyklus von sieben Visionen zu rechnen, die konzentrisch angelegt waren. In ihrer Mitte stand die Vision von

---

1 Vgl. P. Juhás, „Center" and „Periphery" in the Apocalyptic Imagination. The Vision of the Epha (Zech 5:5-11) and the Syriac Apocalypse of Baruch as Case Study, *Centres and Peripheries in the Early Second Tempel Period* (Ed. E. Ben Zvi – Ch. Levin; FAT 108; Tübingen 2016) 437–439.

dem goldenen Leuchter (IVB),[2] der die Präsenz JHWHs symbolisiert. Obwohl der Wiederaufbau des Tempels für Sacharja ein wichtiger Topos ist, scheint er nicht sein ausschließliches Anliegen zu sein. Die einzelnen Visionen lenken die Aufmerksamkeit der Adressaten auf die Hoffnung auf kommendes Heil,[3] wobei Jerusalem „als Ort der Präsenz Jhwhs in einer befriedeten Welt" gilt.[4] Sacharjas Visionen lehnen sich zwar an ältere prophetische Vorbilder an (vgl. Eröffnungsformel, Beschreibung des Visionsinhalts, Deutung), jedoch stellen sie ein neues Phänomen dar, insofern sie komplexer geworden sind und ein *angelus interpres* (Deuteengel) als Gesprächspartner des Propheten auftritt.[5]

Die These, dass das Buch Sacharja die älteste uns bekannte bzw. die erste Apokalypse ist, hat H. Gese mit Nachdruck verteidigt.[6] Dabei hat er die von J. Schreiner aufgestellten Charakteristika berücksichtigt.[7] Neben mehreren formalen Merkmalen, die sich in den Nachtgesichten/Traumvisionen belegen lassen („Geheimwissenschaft, Visionsschilderung, Deuteengel, Bild- und Symbolsprache, Unbestimmtheit der Sprache")[8], macht H. Gese auf die inhaltlichen Charakteristika aufmerksam, deren Quintessenz er folgendermaßen formuliert: „Die qualitativ andere Zeit des neuen Äons wird bestimmt durch den transzendenten Eingriff Gottes."[9]

Jüngst veröffentlichte F. Förg eine umfangreiche Studie zu den Ursprüngen der alttestamentlichen Apokalyptik, in der er mehrere gattungsrelevante Merkmale auflistet.[10] Wenngleich mehrere seiner Thesen Zustimmung verdienen, rufen jedoch die von ihm aufgestellten Merkmale der alttestamentlichen Apokalyptik leider Zweifel hervor. Er verzichtet auf die formalen Merkmale und zieht fast ausschließlich inhaltliche heran. Die einzige Ausnahme bildet seltsamerweise die Pseudonymität, ein Merkmal, das viele alt- und neutestamentliche Texte charakterisiert. Obwohl ich auch der Meinung bin, dass das Buch Sacharja zu den frühapokalyptischen Werken gehört oder genauer ihr Vorläufer ist, kann ich dem Verzicht auf die formalen Kriterien nicht folgen.

Viele Forscher halten aber manche henochische Schriften (das Wächterbuch und das Astronomische Buch) für die ältesten Apokalypsen.[11] Die Gründe dafür sind in

---

2   E. Zenger (*Einleitung in das Alte Testament* [Hrsg. Ch. Frevel; Stuttgart ⁹2016] 699) gebraucht bei der Charakterisierung des Visionenzyklus eine bildhafte Sprache und stellt fest: „Der siebenteilige Visionenzyklus, der sich als teppichartige Darstellung eines siebenarmigen Leuchters lesen lässt, ist eine stufenartige, auf die Vision IV [B] als seine Mitte zulaufende Komposition, in der sich die jeweiligen Visionen spiegelbildlich entsprechen."
3   Vgl. H. Delkurt, Sacharja/Sacharjabuch: https://www.bibelwissenschaft.de/stichwort/25774/ (7.8.2017).
4   K. Schmid, Das Sacharjabuch, *Grundinformation Altes Testament* (Hrsg. J. Chr. Gertz; Göttingen ⁴2010) 409.
5   Vgl. Delkurt, Sacharja/Sacharjabuch.
6   Vgl. H. Gese, Anfang und Ende der Apokalyptik, dargestellt am Sacharjabuch, *ZThK* 70 (1973) 20–49.
7   Vgl. J. Schreiner, *Alttestamentlich-jüdische Apokalyptik* (München 1969).
8   Gese, Anfang, 37.
9   Ebd.
10  Vgl. F. Förg, *Die Ursprünge der alttestamentlichen Apokalyptik* (Leipzig 2013).
11  Vgl. J. J. Collins, *The Apocalyptic Imagination. An Introduction to Jewish Apocalyptic Literature* (Grand Rapids, MI ³2016) 31–32.

einer einflussreichen Definition der Gattung „Apokalypse" zu suchen, die sich an einem „significant cluster of traits" orientiert, das die apokalyptischen Texte von den anderen unterscheidet:

> „[Eine Apokalypse ist also definiert als] a genre of revelatory literature with a narrative framework, in which a relevation is mediated by an otherworldly being to a human recipient, disclosing a transcendent reality which is both temporal, insofar as it envisages eschatological salvation, and spatial insofar as it involves another, supernatural world."[12]

Wendet man diese Definition auf das Sacharjabuch an, können manche Charakteristika leicht erkannt werden. Trotzdem sehen mehrere Forscher im Sacharjabuch keine Apokalypse. Als Teil der Kritik an P. Hansons These, „the dawn of apocalyptic" sei in der nachexilischen Prophetie zu suchen,[13] verweist J. J. Collins auf das Fehlen eines Interesses an der himmlischen Welt: „Nothing in these books prepares for the mystical and speculative aspects of the Enoch literature."[14] Des Weiteren betont er die Unterschiede zwischen der Eschatologie der nachexilischen prophetischen Schriften und derjenigen der späteren apokalyptischen Werke[15] (vgl. unten O. Keel und A. Finitsis).

Das Auftreten des *angelus interpres* im Buch Sacharja ist gerade eines der wichtigsten formalen Kriterien, das dieses Buch mit der Apokalyptik verbindet. Der Engel, der Sacharja seine Visionen deutet, verhält sich ähnlich wie die Engelgestalten („otherworldly mediators") in Dan, 4Esra und 2Bar.[16] Die sacharjanischen Visionen unterscheiden sich von den älteren prophetischen Visionen nicht nur durch dieses wichtige formale Element, sondern auch inhaltlich. O. Keel stellt fest (vgl. H. Gese):

> „[In den Texten wie etwa Ezek 47, Zech 2,5–9, Dan 2] unterscheiden sich diese Vorstellungen doch qualitativ von den gängigen prophetischen Vorstellungen innerweltlicher Entwicklungen. Die Gottheit greift nicht mehr nur ins irdische Geschehen ein. Sie setzt diesem ein Ende und ersetzt es durch radikal neue geologisch-geographische Gegebenheiten und Herrschafts-

---

12 COLLINS, *Apocalyptic Imagination*, 5; vgl. auch J. J. COLLINS (Ed.), *Apocalypse: Morphology of a Genre* (Semeia 14; Missoula, MT 1979). Vor Kurzem hat Collins (The Genre Apocalypse Reconsidered, ZAC 20 [2016] 21–40) auf die Prototype-Theorie hingewiesen (Ebd., 40): „[…] it is still true that the first stage in the analysis of any genre is to identify it. This stage requires definition, at least of the prototypical core, even if there are also *fuzzy fringes* [Hervorhebung: P. J.]. Without such definition, or without clarity about a prototypical core, there can only be confusion as to what it is that we are talking about."
13 Vgl. P. D. HANSON, *The Dawn of Apocalyptic* (Philadelphia 1975).
14 COLLINS, *Apocalyptic Imagination*, 30.
15 Ebd., 30–31.
16 Dazu vgl. B. E. REYNOLDS, The Otherworldly Mediators in *4Ezra* and *2Baruch*: A Comparison with Angelic Mediators in Ascent Apocalypses and in Daniel, Ezekiel, and Zechariah, *Fourth Ezra and Second Baruch: Reconstruction after the Fall* (Ed. M. Henze – G. Boccaccini; Leiden 2013) 175–193.

strukturen, durch eine neue Schöpfung, die von der bestehenden grundsätzlich verschieden ist."[17]

In die Diskussion über den Charakter des Buches Sacharja hat A. Finitsis vor einigen Jahren frischen Wind gebracht. Auch er sieht in dem alttestamentlichen Buch wichtige Unterschiede zur älteren Prophetie. Jedoch führt er eine nuancierte Unterscheidung mehrerer eschatologischer Konzepte ein. Im Zusammenhang mit Proto-Sacharja (wie auch Haggai) spricht er von einer „restoration eschatology": „[…] Zechariah brings the events of the 'eschaton' very close to the present creating a new version of an almost realized eschatological expectation […]."[18] Beim Vergleich der Botschaft der protosacharjanischen Texte mit der Apokalyptik, stellt er fest: „The message is similar to apocalypticism with regard to the method of revelation. However, it is different in terms of eschatological content."[19] Obwohl das Sacharjabuch kein apokalyptisches Werk des gleichen „Ranges" – oder besser: der gleichen Epoche – wie etwa das Buch Henoch oder das Buch Daniel ist,[20] sollte man in seinem Fall von einer „inchoate"[21] Form der Gattung „Apokalypse" bzw. von einer noch nicht völlig entwickelten Apokalyptik sprechen. Um es mit anderen Worten auszudrücken, kann die Feststellung H. Delkurts zitiert werden:

> „Gewiss ist das Buch ein entscheidender Schritt auf dem Weg dorthin [P. J.: zur Apokalyptik], wie etwa das erstmalige Auftreten eines Angelus interpres („Deuteengel") und die zunehmende Komplexität der Bilder zeigen; allerdings fehlen bestimmte Kennzeichen der Apokalyptik, wie etwa die strenge Gegenüberstellung von Gott und Welt, Periodisierung der Zeit, Determinismus der Geschichte oder Pseudonymität der Schrift. Gleiches gilt auch für die Fortsetzung in Sach 9–14."[22]

---

17  O. KEEL, Die Geschichte Jerusalems und die Entstehung des Monotheismus 2 (Göttingen 2007) 1027.
18  A. FINITSIS, Visions and Eschatology. A Socio-Historical Analysis of Zechariah 1–6 (Library of Second Temple Studies 79; London – New York 2011) 127.
19  Ebd., 171.
20  E. J. C. TIGCHELAAR, Prophets of Old and the Day of the End (Oudtestamentische Studiën 35; Leiden – New York – Köln 1996) versucht verschiedene sacharjanische Texte zu kategorisieren. Unter dem Aspekt der „dimensionality" stellt er fest (S. 262): "Zechariah's 'night visions' are a forerunner of the apocalyptic literature, in as much as the spatial dimensions are introduced in the literary form. Only the dimensionality of Zech. 14 can be compared to that of the Book of Watchers."
21  Vgl. M. A. KNIBB, Prophecy and the Emergence of the Jewish Apocalypses, Israel's Prophetic Tradition: Essays in Honour of Peter Ackroyd (Ed. R. Coggins – A. Philips – M. Knibb; Cambridge 1982) 155–180, besonders 174–176.
22  DELKURT, Sacharja/Sacharjabuch.

## 1.1.2 Das soziale Milieu der Apokalyptiker

Unter den „Apokalyptikern" werden hier die Autoren verstanden, die für die Produktion der jeweiligen apokalyptischen Schriften verantwortlich sind, bzw. Gruppen, in deren Kontext solche Schriften entstanden. Einige Überlegungen zur Autorschaft der einzelnen Schriften, die für diese Untersuchung die Textbasis bilden, werden im folgenden Unterkapitel geboten. Hier soll der Frage nachgegangen werden, in welchem sozialen Milieu oder exakter: in welchen Milieus diese Apokalyptiker beheimatet waren. Um der Genauigkeit willen muss betont werden, dass es sich dabei nur um Überlegungen handeln kann, da das genannte soziale Milieu in den meisten Fällen nur schwer greifbar ist. L. L. Grabbe bemerkt: „[The social setting of apocalyptic] is perhaps where most controversy arises."[23]

Eine methodologische Falle, in die die ältere Forschung geraten zu sein scheint, ist eine auf wenige apokalyptische Werke gegründete Verallgemeinerung des sozialen Milieus.[24] In der älteren Literatur ist die Auffassung wiederholt anzutreffen, dass – wie M. Tilly sie in seinem Überblick zusammenfasst – „die Apokalyptik als religiöses Unterschichtphänomen von Anfang an eine Literatur der Zukurzgekommenen und Übervorteilten als Ausdrucksmittel ihres sozialen Protests hervorgebracht habe."[25] Eine solche Verallgemeinerung, zu der die ältere Forschung tendierte, verkennt die spatialen und temporalen Spezifika der jeweiligen apokalyptischen Schriften (s. unten). Auch die Frage nach dem sozialen Milieu hängt mit der oben besprochenen gattungskritischen Abgrenzung zusammen. Sieht man die Anfänge der Apokalyptik schon in der frühnachexilischen Zeit, dann ändert sich notwendigerweise auch die soziologische Perspektive. Obwohl man zumindest in der frühmakkabäischen Zeit die dissidenten Gruppen am Werk sehen könnte, scheint eine derartige Bewegung in der frühnachexilischen Zeit unwahrscheinlich zu sein. Vielmehr sind es prophetische und priesterliche – also mit Autorität ausgestattete – Gruppen, die literarisch tätig waren. P. Hanson, der die Priester als Apokalyptiker *a priori* ausschließt, wurde für seinen falschen Gebrauch des soziologischen Models kritisiert.[26] Vergleichende anthropologische und soziologische Studien zeigen, dass auch erfolgreiche und mit gewissem Einfluss ausgestattete Kreise apokalyptisch denken und hoffen können.[27] Möglicherweise gab es in der nachexilischen Zeit soziale Spannungen, die insbesondere zwischen den aus dem Exil Zurückgekehrten und den im Lande Gebliebenen entstanden sind.[28]

---

23 L. L. GRABBE, The Seleucid and Hasmonean Periods and the Apocalyptic Worldview – An Introduction, *The Seleucid and Hasmonean Periods and the Apocalyptic Worldview* (Ed. L. L. Grabbe et al.; London – New York 2016) 18.
24 Vgl. dazu COLLINS, *Apocalyptic Imagination*, 46.
25 M. TILLY, *Apokalyptik* (Tübingen – Basel 2012) 42.
26 Vgl. L. L. GRABBE, The Social Setting of Early Jewish Apocalypticism, *JSP* 4 (1989) 32–33.
27 Ebd.
28 Allerdings ist dies umstritten. Vgl. dazu H. G. M. WILLIAMSON, Welcome Home. *The Historian and the Bible. Essays in Honour of Lester L. Grabbe* (Hrsg. Ph. R. Davies – D. V. Edelman; LHBOTS 530; New York –London 2010) 113–123; J.-D. MACCHI – Ch. NIHAN, Le prétendu conflit entre exilés

Obwohl Sacharja die Seite der Exilierten zu ergreifen scheint (vgl. die fliegende Schriftrolle in Sach 5,1-4),[29] ist in seinem prophetischen Buch (sowie auch bei Haggai) eine klare, den Büchern Esra und Nehemia vergleichbare Trennung zwischen den beiden Gruppen nicht zu sehen.[30] A. Finitsis meint, dass es keine zwingende Evidenz gibt, die zeige, dass Sacharja die eine oder die andere Fraktion exklusiv repräsentiert hätte, und er verweist auf seine Inklusivität – „one of the reasons why his message found wide appeal in the early post-exilic community."[31] Betrachtet man den ersten Teil des Buches Sacharja unter diesem Gesichtspunkt, dann verblasst das vermutete Dissidententum der Apokalyptiker. Möchte man eine marginale Gruppe bzw. Gemeinde im Hintergrund des Buches Sacharja sehen, so könnte man sie nur im Kontext des persischen Großreiches als solche klassifizieren. Die Provinz Jehud gehörte wohl zu den armen Regionen des Reichs. Obwohl die Kritik am persischen König im Buch nicht explizit formuliert ist, kann man ihm gegenüber – meiner Deutung des Orakels in Sach 4 zufolge (2.2) – eine gewisse Distanz beobachten.

Das Bewusstsein der Benachteiligten, der Ausgebeuteten schimmert aber an mehreren Stellen der Bilderreden Henochs durch. Jüngst hat J. H. Charlesworth im Rahmen der Diskussion über ihre Datierung (s. 1.2.1) ein neues Argument vorgebracht, das gerade diesem sozialen Milieu entstammt.[32] Diejenigen, die ein Gericht erwartet, sind die Mächtigen (s. Kap. 3) wie etwa „die Könige der Erde", aber auch „die das trockene Land/den trockenen Boden besitzen" bzw. „die über das trockene Land/den trockenen Boden herrschen" (z. B. 48,8; 63,1–10).[33] Hinter dieser negativen Einstellung sieht Charlesworth den sozialen Konflikt, den die herodianische Wirtschaftspolitik (Versteuerung, Bauten usw.) hervorgerufen hat. Viele jüdische Landbesitzer verloren ihren eigenen Grundbesitz und wurden zu Pächtern, wobei das kultivierte Land in den Besitz der römischen oder der als pagan betrachteten „landlords" gelangte.[34] In dieser Hinsicht sind die Bilderreden Henochs auch eine antiherodianische Schrift, mittels derer der jüdische Autor die Partei seiner geplagten Gruppe(n) ergreift. Inwieweit sie innerhalb der jüdischen Gemeinde dissident waren, lässt sich diskutieren. Jedenfalls muss der Autor eine religiöse Bildung genossen haben. M. Aviam, der den Autor bzw. Redaktor einiger Teile von 1Hen – besonders

---

et non-exilés dans la province de Yehud à l'époque achéménide. Plaidoyer pour une approche différenciée, *Transeuphratène* 42 (2012) 19–47.

29 Zu verschiedenen Deutungen vgl. L.-S. TIEMEYER, *Zechariah and His Visions. An Exegetical Study of Zechariah's Vision Report* (LHBOTS 605; London 2015) 200–201.
30 Vgl. P. R. BEDFORD, *Temple Restoration in Early Achaemenid Judah* (JSJS 65; Leiden et al. 2001) 264: „[…] these prophets do not distinguish between repatriates and non-repatriates, nor do they necessarily exclude Samarian Yahwists from participation in the temple rebuilding. Temple rebuilding was not undertaken to establish a distinct community of repatriates within Judah."
31 FINITSIS, *Visions and Eschatology*, 138.
32 Vgl. J. H. CHARLESWORTH, The Date and Provenience of the *Parables of Enoch*, *Parables of Enoch: A Paradigm Shift* (Ed. D. L. Bock – J. H. Charlesworth; London et al. 2013 [Paperback: 2014]) 37–57.
33 Unter dem „trockenen Land/Boden" (ϥⲃⲃ) wird das kultivierte Land verstanden. Vgl. CHARLESWORTH, Date and Provenience, 49–50.
34 Ebd., 48–53.

der Bilderreden – in Migdal-Tarichaeae verortet, meint: „[…] the editor of *1 Enoch*, sitting in Migdal, could have been a member of the Jewish elite […]."³⁵

Will man das soziale Milieu der Autoren von 4Esra und 2Bar bestimmen, muss die soziale Stellung und Autorität der einzelnen Gruppierungen nach 70 n. Chr. in Betracht gezogen werden. Dabei denkt man besonders an die Rolle der Priester und der Pharisäer. Dies stellt seit ca. 150 Jahren einen intensiv diskutierten Gegenstand der Forschung dar. Dabei sollte man immer die obige Feststellung beachten, wonach die apokalyptischen Schriften nicht notwendigerweise im Kontext der marginalisierten Gruppen entstanden.

Was die Rolle der Pharisäer und der Priester vor und nach 70 n. Chr. angeht, lassen sich in der Forschungsgeschichte mehrere Stadien unterscheiden. In der Einleitung zu dem Sammelband mit dem vielsagenden Titel *Was 70 C. E. a Watershed in Jewish History? On Jews and Judaism before and after the Destruction of the Second Temple* unterscheidet D. Schwartz in der bisherigen Forschung drei Stadien.³⁶ Für das erste Stadium (ca. bis Mitte des letzten Jahrhunderts) war die Überzeugung charakteristisch, dass es die Pharisäer waren, die sowohl vor als auch nach 70 n. Chr. (mit den Rabbinen als ihren Erben) den Ton angaben („Pharisaic hegemony").³⁷ Die Qumranfunde haben das Bild vom antiken Judentum erheblich verändert. In der Folgezeit haben die Forscher immer wieder auf die bedeutende Rolle der Priester in der jüdischen Gesellschaft vor 70 n. Chr. hingewiesen. In einem solchen Fall würde die Zerstörung des Jerusalemer Tempels tatsächlich ein „watershed" bedeuten.³⁸ Im dritten Stadium minimalisieren die Forscher die Autorität der Pharisäer bzw. der Rabbinen auch nach 70 „and tend[] to leave the priests regnant before 70 – and, the way things are going, may soon enthrone them after 70, too".³⁹ Dieses komplexe Problem kann an dieser Stelle natürlich nicht behandelt werden. Angesichts einer solchen Lage der Forschung kann vielleicht ganz vorsichtig angenommen werden, dass nach 70 sowohl die pharisäischen/rabbinischen als auch priesterlichen Kreise eine wichtige Rolle spielten. Für unsere Fragestellung ist nur wichtig, dass keine der beiden Gruppen, die literarisch tätig sein konnten, völlig vernachlässigt werden darf.

---

35  M. Aviam, The Book of Enoch and the Galilean Archeology and Landscape, *Parables of Enoch: A Paradigm Shift* (Ed. D. L. Bock – J. H. Charlesworth; London et al. 2013 [Paperback: 2014]) 169. Allerdings fügt er hinzu: „[…] a supporter of Hyrcanus, who sees, remembers, or experienced some of the Parthian invasion and felt safe again when the Romans took the city and released it from the control of Antigonus's people." Die Verbindung der Bilderreden bzw. von 1Hen mit Galiläa als ihrem geographischen Entstehungskontext ist plausibel. Im Lichte der Ausführungen von Charlesworth ist der konkrete Vorschlag Aviams zur politischen Überzeugung des jüdischen Autors jedoch fragwürdig.

36  Vgl. D. R. Schwartz, Introduction: Was 70 C. E. a Watershed in Jewish History? Three Stages of Modern Scholarship, and a Renewed Effort, *Was 70 C. E. a Watershed in Jewish History? On Jews and Judaism before and after the Destruction of the Second Temple* (Ed. D. R. Schwartz – Z. Weiss; Leiden 2012) 1–19.

37  Ebd., 6–8.
38  Ebd., 8–11.
39  Ebd., 15.

Zieht man den Inhalt der beiden Schriften – 2Bar und 4Esra – in Betracht, ist zunächst zu sagen, dass sie kaum ein Produkt einer völlig marginalisierten oder esoterischen Gruppe sein können. L. L. Grabbe stellt fest: „[...] the books seem to have arisen out of the broad community of the Jews. [...] Almost nothing within the content of the books would call for a sectarian composition."[40] Man kommt also zurück zu der Frage, welche Kreise für die Abfassung der beiden Schriften verantwortlich waren bzw. in welchen Kreisen der Autor der jeweiligen Schrift zu suchen ist.

Zumindest für 2Bar scheinen die priesterlichen Kreise ausgeschlossen zu sein. Zum einen gibt es nur wenige Anhaltspunkte, die eine Hoffnung auf den Wiederaufbau des Tempels belegen; vielmehr rückt die Vorstellung vom himmlischen Tempel in den Vordergrund.[41] Zum anderen scheint die Schrift gegenüber den Priestern kritisch zu sein (vgl. 10,18 [die Priester zu Gott]: „Schütze dein Haus, Du (selbst)! Denn wir, siehe, wurden (als) falsche Hausherren gefunden."). Die Schrift widmet der Sündhaftigkeit der Priester allerdings kein besonderes Augenmerk.[42] Im Falle von 4Esra ist eine solche Kritik nicht bekannt.[43] Die editorische Entscheidung, die Schrift unter die Autorität Esras – des Priesters und Schreibers – zu stellen, hält sogar – zumindest rein theoretisch – die Möglichkeit offen, priesterliche Kreise am Werk zu sehen.

Aus den beiden Schriften geht hervor, dass sich die Autoren in den älteren (biblischen und außerbiblischen) Schriften und Traditionen bestens auskannten (s. Kapitel 4–5). Des Weiteren betonen beide Schriften die Bedeutung des Gesetzes für das Über-Leben der Einzelnen und der Gemeinde. Manche Forscher haben auch auf die Nähe zur rabbinischen Literatur hingewiesen.[44] Aus diesen Gründen ist es naheliegend, die Autoren der beiden apokalyptischen Werke in schriftgelehrten Kreisen zu suchen. Dabei wird die Engführung „pharisäisch/rabbinisch" bewusst vermieden und der etwas breiter gefasste Begriff „schriftgelehrt" gebraucht. Manche Forscher gehen jedoch weiter und wollen die Entstehung der beiden apokalyptischen Werke im Kontext von Jabne sehen. B. W. Longenecker schreibt über 4Esra:

„[...] the most likely scenario for the social setting of 4 Ezra is Yavneh, the author having been a scribe who gravitated there after 70 C. E. He seems to have written his apocalypse in the hopes of influencing others rabbinic lead-

---

40 L. L. GRABBE, 4Ezra and 2Baruch in Social and Historical Perspective, *Fourth Ezra and Second Baruch: Reconstruction after the Fall* (Ed. M. Henze – G. Boccaccini; JSJS 164; Leiden – Boston 2013) 231. Grabbe (ebd.) schließt die Erwähnung der esoterischen Bücher in 4Esra 14,44–46 als Argument für den esoterischen Entstehungskontext des Buches aus: „Belief in esoteric books, by itself, did not show a sectarian context." Im Falle von 4Esra ist M. HENZE, *Jewish Apocalypticism in Late First Century Israel* (TSAJ 142; Tübingen 2011) 231–240 etwas vorsichtiger.
41 Vgl. F. J. MURPHY, The Temple in the Syriac Apocalypse of Baruch, *JBL* 106/4 (1987) 671–683.
42 Ebd., 681.
43 In 4Esra 10,22 wird das Schicksal der Priester und Leviten beweint: [...] *et sacerdotes nostri succensi sunt et Levitae nostri in captivitate abierunt* [...].
44 Vgl. besonders M. BECKER, Apokalyptisches nach dem Fall Jerusalems. Anmerkungen zum frührabbinischen Verständnis, *Apokalyptik als Herausforderung neutestamentlicher Theologie* (Hrsg. M. Becker – M. Öhler; WUNT II 214; Tübingen 2006) 283–360.

ers who sought to reconsider Jewish piety and practice without recourse to the temple. [...] 4 Ezra looks more like an instruction manual concerning the proper leadership of the people in their post-destruction situation."[45]

Im Falle von 2Bar ist eine solche Verbindung in geographischer Hinsicht etwas problematisch. Bei der Suche nach dem Entstehungskontext wird oft auf die Geographie der Schrift hingewiesen, in der die meisten Geschehnisse in Jerusalem und seiner Umgebung (bzw. in Judäa: z. B. Hebron) lokalisiert werden. Daher wird auch der Autor in dieser Region verortet. Intensive schriftliche Aktivitäten in der Nähe Jerusalems während der Zeit zwischen dem 1. und 2. jüdischen Aufstand scheint auch die Archäologie zu belegen. J. H. Charlesworth macht auf die jüdische Siedlung aufmerksam, die in Shuʿafat (zwischen Jerusalem und Ramallah) ausgegraben und gerade in die Zeit zwischen den Aufständen datiert wurde.[46] U. a. „five mold-made clay inkwells were found in one of the second-storey rooms".[47] Natürlich erweisen diese Funde nicht Jerusalem und seine Umgebung als den Entstehungsort von 2Bar, sie unterstützen aber die interne, literarische Evidenz.

Kehrt man nochmals zum Verhältnis der beiden apokalyptischen Schriften zur rabbinischen Bewegung zurück, ist die folgende Überlegung von L. L. Grabbe zu beachten:

„What the traditions about Yavneh suggest is that some Jews may already have abandoned the way of eschatology by this time. Whether the rabbis had done so this early might be debated, in view of the tradition that Aqiva declared Bar Kokhva the messiah,[...] but probably for many rabbis before 135, and certainly after 135, messianism has lost its appeal."[48]

Folgendes lässt sich als plausibles Minimum dem Besprochenen entnehmen: Den Entstehungskontext der beiden apokalyptischen Schriften bilden die schriftgelehrten Kreise – vielleicht ein Teil der sich gerade formierenden rabbinischen Bewegung –,[49] für die die Eschatologie – zusammen mit der Tora – immer noch ein wichtiges Anliegen war. Die Kreise, aus denen die Autoren stammen, sind nicht identisch. Das Verhältnis der beiden Schriften zueinander ist sehr komplex und in der Forschung seit Langem intensiv diskutiert worden.[50]

---

45 B. W. LONGENECKER, Locating 4 Ezra: A Consideration of its Social Setting and Functions, *JSJ* 28/3 (1997) 293.
46 Vgl. J. H. CHARLESWORTH, *4 Ezra* and *2 Baruch*: Archaeology and Elusive Answers to Our Perennial Questions, *Interpreting 4Ezra and 2Baruch* (Ed. G. Boccaccini and J. M. Zurawski; London – New York 2014) 155–172.
47 Ebd., 158.
48 GRABBE, *4Ezra* and *2Baruch* in Social and Historical Perspective, 229–230.
49 Eine zu konkrete Verbindung mit Jabne ist besser zu vermeiden.
50 Es wurden alle möglichen Abhängigkeitsrichtungen vorgeschlagen (4Esra von 2Bar, 2Bar von 4Esra, die beiden von einer gemeinsamen Quelle) bzw. die Unmöglichkeit behauptet, eine solche Richtung zu entscheiden. Jüngst ist M. HENZE (*4 Ezra* and *2 Baruch*: Literary Composition and

## 1.2 Die untersuchten Quellen

Zwar entstammt der erste untersuchte Text dem proto-sacharjanischen Teil des gleichnamigen alttestamentlichen Buches, doch kann hier seine gesonderte Darstellung unterbleiben, da die einzelnen inhaltlichen und literaturgeschichtlichen Fragen schon im Rahmen der beiden einführenden Unterkapitel 1.1.1 und 1.1.2 behandelt wurden.

### 1.2.1 Die Bilderreden Henochs (1Hen 37-71)

Mit einer Apokalypse assoziieren die meisten bibelkundigen Leser die Offenbarung des Johannes und vielleicht noch das Buch Daniel. Dabei ist – gattungsmäßig betrachtet – das Erste Henochbuch bzw. die altäthiopische Henochapokalypse *die* apokalyptische Schrift schlechthin. Die Bezeichnung „altäthiopisch" verdankt sie der Sprache, in der sie erhalten geblieben und bekannt geworden ist. Der Evidenz der Fragmente in Qumran zufolge war die ursprüngliche Sprache – zumindest einiger Teile – wohl Aramäisch. Diese Apokalypse ist kein ursprünglich kohärentes Ganzes, sondern eine Komposition aus mehreren selbständigen Schriften unterschiedlichen Alters und z. T. auch Inhalts. Da die älteste Handschrift des Astronomischen Buches in das Ende des 3. bzw. den Beginn des 2. Jh. v. Chr. datiert wird und die ältesten Fragmente des Wächterbuches aus der 1. Hälfte des 2. Jh. v. Chr. stammen, müssen diese beiden Werke in einer bestimmten Form im 3. Jh. v. Chr. existiert haben.[51]

Zusammen mit den erwähnten Teilen – dem Wächterbuch (1–36) und dem Astronomischen Buch (72–82) – bilden die zu behandelnden Bilderreden Henochs (37–71) sowie das Buch der Traumvisionen (83–91) und das Paränetische Buch (92–105) die altäthiopische Henochapokalypse. Gerade von den Bilderreden wurden keine Fragmente in Qumran gefunden. Im Unterschied dazu sind aus Qumran einige Fragmente einer anderen henochischen Schrift erhalten, nämlich des Gigantenbuches, das hauptsächlich aus dem manichäischen Milieu bekannt ist; dieses war der Meinung einiger Forscher zufolge ursprünglich ein Teil des Henochbuches.[52]

Die Probleme der Originalsprache und der Zeit der Abfassung der Bilderreden werden in der Forschung diskutiert,[53] man rechnet mit dem Hebräischen als

---

Oral Performance in First-Century Apocalyptic Literature, *JBL* 131 [2012] 181–200) mit einem komplexen Vorschlag gekommen, der auch „oral activity" berücksichtigt: „oral performance and literary composition were intertwined" (S. 198).

51 Vgl. COLLINS, *Apocalyptic Imagination*, 54; G. W. E. NICKELSBURG, *1 Enoch 1* (Hermeneia; Minneapolis, MN 2001) 9; J. T. MILIK, *The Books of Enoch. Aramaic Fragments of Qumran Cave 4* (Oxford 1976) 140.
52 Vgl. etwa BEYER, *ATTM*, 258.
53 Zur Datierungsdebatte vgl. D. L. BOCK, Dating the *Parables of Enoch*: A *Forschungsbericht*, *Parables of Enoch: A Paradigm Shift* (Ed. D. L. Bock – J. H. Charlesworth; London et al. 2013 [Paperback: 2014]) 58–113.

der Originalsprache und dem späten 1. Jh. v. bzw. dem frühen 1. Jh. n. Chr. als der Abfassungszeit.⁵⁴ Für diese Datierung werden in der Forschung mehrere Argumente angeführt. Großes Gewicht wird zwei internen Hinweisen zugesprochen: Hinter 56,5–7 sieht man die Invasion der Parther im Jahr 40 v. Chr. (s. Kap. 3) und in 67,8–13 eine Anspielung auf die letzten Tage Herodes des Großen (d. h. seinen Besuch in Kallirrhoe). Ein weiteres von J. H. Charlesworth vorgebrachtes Argument wurde schon erwähnt (1.1.2).

Diese henochische Schrift ist mittels der Überschriften in drei Bilderreden gegliedert. Die erste Bilderrede (1Hen 38–44) „concerns itself with three matters: the coming judgment, events in the heavenly throne room and its environs, and the secrets of the heavenly bodies and meteorological phenomena".⁵⁵ Auch die zweite Bildrede (45–57) beschäftigt sich mit dem Gericht, dessen Vollstrecker der „Erwählte" ist – eine Figur, die (in den Bilderreden auch unter dem Namen „Menschensohn" oder „Gerechter") für unsere Fragestellung von zentraler Bedeutung ist (s. Kap. 3). Die Perspektive des Gerichts ist auch in der dritten Bildrede (58–69) präsent, obwohl die Überschrift das Geschick der Gerechten im Blick hat (58,1): „Und ich begann die dritte Bildrede zu reden über die Gerechten und über die Auserwählten." Die letzten Kapitel (70–71) stellen ein literarkritisches Problem dar. Die ersten Verse (70,1–2) müssen wohl den ursprünglichen Abschluss der Bilderreden gebildet haben.⁵⁶ In V. 3 fährt der Text in der ersten Person (im Unterschied zu der dritten im vorigen Text) fort. Die beiden Kapitel stellen „alles bisher Gesagte auf den Kopf".⁵⁷ In Kap. 71 wird Henoch selbst interessanterweise⁵⁸ mit dem künftigen eschatologischen Richter und „the companion of the righteous" identifiziert.⁵⁹

---

54 Vgl. G. W. E. NICKELSBURG – J. C. VANDERKAM, 1 Enoch 2 (Hermeneia; Minneapolis, MN 2012) 4.58–64. Anders z. B. O. HOFIUS, Ist Jesus der Messias?, Messias (Hrsg. E. Dassmann – G. Stemberger et al.; JBTh 8; Neukirchen-Vluyn 1993) 113: Ende des 1. Jh. oder Anfang des 2. Jh. n. Chr. Die Gründe dafür sind „der Umstand, dass in Qumran kein einziges Fragment der Bilderreden gefunden worden ist", und „der Tatbestand, dass es in der frühen christlichen Literatur keine Zitate aus den Bilderreden und auch keinen Hinweis auf sie gibt [...]." Ob das letztgenannte Argument aussagekräftig ist, hängt davon ab, wie man das Verhältnis zwischen Jud 14 und 1Hen 60,8 bestimmt. Sollte es zutreffen, dass „der Siebente von Adam an" in Jud 14 direkt auf 1Hen 60,8 zurückgeht und keine aus der biblischen Tradition errechnete Angabe darstellt, würde es eine Rezeption der Bilderreden am Ende des 1. Jh. n. Chr. belegen. Das ist jedoch äußerst unsicher, da 1Hen 60,8 dem noachischen Material entstammt und im gegebenen Kontext wahrscheinlich eine Interpolation darstellt (Vgl. NICKELSBURG – VANDERKAM, 1 Enoch 2, 222).
55 NICKELSBURG – VANDERKAM, 1 Enoch 2, 11. Des Weiteren: „Overall, it continues to parallel elements in the Book of the Watchers."
56 Ebd., 18–19.
57 P. SCHÄFER, Zwei Götter im Himmel. Gottesvorstellungen in der jüdischen Antike (München 2017) 56.
58 P. SCHÄFER (Zwei Götter) sieht in den Bilderreden, in denen (sowie im 3. Buch Henoch) die Vergöttlichung eines Menschen am weitesten vorangetrieben wird (vgl. S. 154), einen der Belege dafür, dass sich der jüdische Himmel „keinesfalls immer mit einem Gott" begnügte, sondern „trotz aller gegenläufigen Tendenzen und trotz zahlreicher Versuche, diesen Trend aufzuhalten, oft auch mit zwei Göttern oder mit mehreren göttlichen Potenzen bevölkert" war (S. 151).
59 NICKELSBURG – VANDERKAM, 1 Enoch 2, 19.

## 1.2.2 Die Syrische Baruch-Apokalypse

Diese Schrift wird schon in der *superscriptio* ihrer maßgeblichen Handschrift als Apokalypse bezeichnet (ܗܦܬܐ ܕܒܪܘܟ ܕܢܒܝܐ ܒܪ ܢܪܝ) – ein eher seltener Fall (vgl. Offb 1,1; 3Bar *superscriptio*). In der Forschung ist ihr apokalyptischer Charakter bzw. ihre Gattungsbestimmung als Apokalypse unbestritten. Die *superscriptio* liefert eine weitere relevante Angabe: die Schrift wurde unter die Autorität Baruchs gestellt, der in ihr eine zentrale Rolle spielt. Eine solche Wahl zeigt, dass die Person Baruchs oder genauer: ihre Rezeption im Laufe der Jahrhunderte eine Entwicklung durchgemacht hat: der Sekretär Jeremias ist zu einem apokalyptischen Visionär geworden.[60]

Die in der Forschung gebrauchte Bezeichnung der Schrift verdankt sich der Tatsache, dass diese Apokalypse vollständig nur im Klassisch-Syrischen erhalten ist, und zwar in einer einzigen Handschrift, die auch für den syrischen Text des 4Esra der einzige Zeuge ist: ms B 21 Inf (Leidener Siglum: 7a1) in der Mailänder Bibliotheca Ambrosiana. Diese fast das ganze Alte Testament enthaltende Handschrift wird aus kodikologischen und paläographischen Gründen in das Ende des 6. bzw. an den Anfang des 7. Jh. datiert. Zu den kodikologischen Fragen haben jüngst Ph. Forness und L. I. Lied gearbeitet.[61] Nach lateinischen Anmerkungen wurde die Handschrift aus Ägypten gebracht. Leider ist ihr ursprünglicher Herkunftsort unbekannt. Manche Forscher nehmen an, dass sie in Mesopotamien (in einem westsyrischen Milieu) kopiert und später ins syrische Kloster Deir as-Suryan im Wadi al-Natrun gebracht wurde. Der in Estrangela geschriebene Text der großen Handschrift (ca. 36 × 26 cm) mit 330 Folien ist auf drei Spalten verteilt. Eine weitere relevante Frage betrifft die Reihenfolge der biblischen Bücher in der Handschrift. Die Syrische Baruch-Apokalypse wurde hinter den Chronikbüchern und vor dem Vierten Esrabuch eingereiht, was – grob gesehen – dem Verlauf der biblischen Chronologie entspräche. L. I. Lied und Ph. Forness machen darauf aufmerksam, dass es ein gesteigertes Interesse für Jerusalem und die Tempelzerstörung in der Handschrift gebe.[62]

Obwohl die Syrische Baruch-Apokalypse ein Teil dieser alten und wichtigen Handschrift ist, wäre es zu einfach, einen kanonischen Status des genannten apokalyptischen Werkes zu behaupten. W. van Peursen stellt fest: „[they] seem not to have belonged to the Old Testament canon in the Syriac tradition."[63] Jedoch sind drei mittelalterliche Lektionare erhalten geblieben, die kurze Perikopen aus 2Baruch ent-

---

60 Vgl. J. E. Wright, Baruch: His Evolution from Scribe to Apocalyptic Seer, *Biblical Figures outside the Bible* (Harrisberg 1998) 264–285.
61 Vgl. Ph. M. Forness, Narrating History through the Bible in Late Antiquity: A Reading Community for the Syriac Peshiṭta Old Testament in Milan (Ambrosian Library, B Inf 21), *Le Muséon* 127 (2014) 46–71; L. I. Lied, 2 Baruch and the Syriac Codex Ambrosianus (7a1): Studying Old Testament Pseudepigrapha in their Manuscript Context, *JSP* 26/2 (2016) 67–107.
62 Dazu ist zu vergleichen, dass am Ende der Handschrift das 6. Buch von *De Bello Judaico* wiedergegeben wird.
63 W. van Peursen, *Introduction to the Electronic Leiden Peshitta Edition* (Leiden 2008) in Logos Bible Software.

halten. Erstaunlicherweise wurde eine der Perikopen (72,1–73,2), die einem längeren, die messianische Zeit beschreibenden Text entstammt, am Ostersonntag gelesen. Wie L. I. Lied in einer ihrer Studien gezeigt hat, ist es ziemlich unwahrscheinlich, dass die Leser/Zuhörer die Perikope als einen Teil von 2Bar identifizierten. Vielmehr dürfte sie mit dem Buch Baruch (1Bar) oder dem (Ersten) Brief des Baruch assoziiert worden sein.[64] Es ist gerade der Brief bzw. genauer seine „detached version", die im syrischen Christentum Verbreitung fand und kopiert wurde (47 erhaltene Handschriften).[65]

Der *superscriptio* der Handschrift 7a1 zufolge wurde der syrische Text aus dem Griechischen übersetzt. Was die griechische Version der Apokalypse angeht, gibt es leider nur ein paar Fragmente (Kap. 12–14) unter den Oxyrhynchos-Papyri (Nr. 103), die in das 4./5. Jh. datiert werden.[66] In diesem Zusammenhang ist das Problem der Originalsprache anzusprechen.[67] Grundsätzlich werden zwei Optionen diskutiert: Hebräisch oder Griechisch?[68] Viele Forscher formulieren ihre Antwort eher vorsichtig, eventuell mit einer leichten Präferenz in die eine oder die andere Richtung.[69] D. Gurtner stellt fest: „The consideration of the original language of *2Baruch* on linguistic evidence alone is hopelessly speculative and beyond our ability to reconstruct unless more extensive Greek material were to be unearthed or more sophisticated methods of discernment are developed."[70] Angesichts dessen dürfte man nur mit

---

64  Vgl. L. I. Lied, Nachleben and Textual Identity: Variants and Variance in the Reception History of 2 Baruch, *Fourth Ezra and Second Baruch: Reconstruction after the Fall* (Ed. M. Henze – G. Boccaccini; JSJS 164; Leiden – Boston 2013) 403–428, besonders 423–424.

65  Vgl. L. I. Lied, Between "Text Witness" and "Text on the Page": Trajectories in the History of Editing the Epistle of Baruch, *Snapshots of Evolving Traditions: Jewish and Christian Manuscript Culture, Textual Fluidity, and New Philology* (L. I. Lied – H. Lundhaug; TUGAL 175; Berlin – Boston 2017) 272–296, besonders 275. Was eine andere Rezeption der Baruch-Apokalypse angeht, sind Allusionen im Barnabas-Brief und eine Art Zitation in *Testimonia ad Quirum* (3,29) erkannt worden. In seinem Kommentar hat P. M. Bogaert (*L´Apocalypse syriaque de Baruch I* [Sources Chrétiennes 144; Paris 1969] 56) auf eine Zitation des Baruch-Briefes im polemischen Werk Bar Salibis gegen die Melkiten aufmerksam gemacht.

66  Vgl. B. P. Grenfell – A. S. Hunt, *The Oxyrhynchus Papyri III* (London 1903).

67  Es gibt noch eine arabische Version (Katharinenkloster, Sinai, Nr. 589; vgl. A. S. Atiya, *A hand-list of the Arabic manusripts and scrolls microfilmed at the library of the Monastery of St. Catherine, Mt. Sinai* [Baltimore 1955] 24), die aber eine Übersetzung aus dem Syrischen darstellt (wahrscheinlich nach einer Vorlage, die von 7a1 verschieden war). Vgl. F. Leemhuis – A. F. J. Klijn – G. J. van Gelder, *The Arabic Text of the Apocalypse of Baruch* (Leiden 1986).

68  In der Forschung wurde auch Aramäisch erwogen. Dazu vgl. Ch. C. Torrey, The Aramaic of the Gospels, *JBL* 61/2 (1942) 72–74.

69  Vgl. G. S. Oegema, Die Syrische Baruch-Apokalypse, *Einführung zu den Jüdischen Schriften aus hellenistisch-römischer Zeit* VI/1,5. *Apokalypsen* (Gütersloh 2001) 59: „[…] dürfte wohl Griechisch gewesen sein […]. Eine semitische Urform kann aber nicht ausgeschlossen werden."; A. M. Denis et al., *Introduction à la littérature religieuse judéo-hellénistique I* (Turnhout 2000) 746: „La langue originale de *Apoc. Bar. syr.* a pu être l´hébreu ou l´araméen, mais il est difficile de la redécouvrir par delà le grec, lui-même reconstitué à travers le syriaque subsistant."

70  D. M. Gurtner, *Second Baruch. A Critical Edition of the Syriac Text* (New York – London 2009) 12–13.

einem gewissen Vorbehalt Hebräisch als Originalsprache vermuten, wofür sich einige sprachliche Argumente finden lassen.[71]

Ein anderes Problem betrifft die Abfassungszeit. Die Eroberung und Zerstörung Jerusalems durch die Babylonier bildet ein narratives *setting* und einen Ausgangspunkt für den Dialog zwischen Gott und Baruch. Im Text der Apokalypse gibt es aber keine eindeutige Datierung der Schrift. Die Ausleger versuchen also bestimmte Angaben im Text als Hinweis für die Datierung zu nutzen (vgl. besonders 2Bar 1,1 mit dem 25. Jahr von Jechonia).[72] Abgesehen von den verschiedensten Rekonstruktionen wird das Interbellum – zwischen 70 und 132 n. Chr. – als Abfassungszeit der Apokalypse von den meisten Forschern akzeptiert (für das Entstehungsmilieu vgl. 1.1.2).

Diskutiert wird auch die Struktur der Schrift. Wegen der vielen Überschneidungen mit 4Esra wurde eine ähnliche siebenteilige Struktur (s. unten) auch für 2Bar vermutet. In den letzten Jahren verzichtet man immer mehr auf diese etwas forcierte Siebenteilung und rechnet mit mehreren Textblöcken. Das Hauptkriterium ist der Gebrauch verschiedener Gattungen der Schrift, die sich auf der Makroebene eindeutig als eine Apokalypse zu erkennen gibt: narrative Teile, „revelatory dialogues" zwischen Gott und Baruch, Gebete Baruchs, seine Reden, Visionen und der Brief.[73]

Die ganze apokalyptische Schrift ist eine ergreifende, wenn auch nicht immer leicht verständliche Auseinandersetzung mit vielen existentiellen und theologischen Fragen, für die die Zerstörung des Tempels durch die Römer[74] und das harte Schicksal des auserwählten Volkes den Anstoß gaben. Das Anliegen der Apokalypse ist daher, Trost für eine orientierungslose Gemeinde zu bieten. Die Gerechten, also die Bundes- bzw. Toratreuen, haben eine Zukunft. Die Tora ist der erleuchtende (vgl. 17,4) und lebensspendende (vgl. 38,1–2; 54,5; 46,3) Orientierungspunkt. Albertus Klijn bemerkt zur Funktion der Weisheit Folgendes: „Wisdom and intelligence are given in order to scrutinize God's Law (44:14; 46:5; 48:24; 51:3), and to understand God's actions, especially those at the end of time (54:5)."[75] Neben der Tora bildet den zweiten Brennpunkt dieser „theologischen Ellipse" die Eschatologie, in deren Zentrum der (vielleicht präexistente) Messias als *Agens* Gottes steht (s. Kap. 4).

---

71 Vgl. R. H. Charles, 2 Baruch, or the Syriac Apocalypse of Baruch, APOT II, 472–474 und M. Henze, *Jewish Apocalypticism in Late First Century Israel* (TSAJ 142; Tübingen 2011) 23–25.
72 Vgl. D. M. Gurtner, The ‚Twenty-Fifth Year of Jeconiah' and the Date of *2Baruch*, JSP 18/1 (2008) 23–32; für einen neuen Vorschlag zu 2Bar 1,1 vgl. P. Juhás, Again the 25th Year of Jeconiah (als Manuskript abgeschlossen).
73 Vgl. Henze, *Jewish Apocalypticism*, 34–43. Ob der Brief einen ursprünglichen Teil der Apokalypse bildete, ist seit langem ein viel diskutiertes Problem. Dazu vgl. M. F. Whitters, *The Epistle of Second Baruch. A Study in Form and Message* (JSP.S 42; Sheffield 2003).
74 Zu Strategien, diese Katastrophe zu bewältigen, die in verschiedenen jüdischen Schriften belegt sind, vgl. K. R. Jones, *Jewish Reactions to the Destruction of Jerusalem in A. D. 70. Apocalypses and Related Pseudepigrapha* (JSJS 151; Leiden 2011).
75 A. F. J. Klijn, 2 (Syriac Apocalypse of) Baruch, OTP 1, 619.

## 1.2.3 4Esra

Manche diese Schrift betreffende Aspekte wurden schon kurz im vorausgehenden Unterkapitel angesprochen.[76] Trotz vieler Gemeinsamkeiten mit 2Bar scheinen einige Probleme leichter lösbar. So die Frage der Datierung: Obwohl die Schrift keine konkreten Angaben macht,[77] kann man sich auf einen inneren Anhaltspunkt stützen. Die sog. Adlervision (Kap. 11–12) lässt sich vor dem Hintergrund der römischen Geschichte gut verstehen: Die drei Köpfe des Adlers repräsentieren mit großer Wahrscheinlichkeit die Flavischen Kaiser.[78] Daher wird die Schrift meistens in die Regierungszeit des Kaisers Domitian (81–96 n. Chr.) datiert, und zwar in die spätere Phase.[79] Auch die Diskussion um die Abfassungssprache ruft weniger Kontroversen hervor. Die zahlreichen Hebraismen und Missverständnisse, die sich dem Übersetzungsprozess zurechnen lassen, weisen nach der mehrheitlichen Meinung der Forscher auf das Hebräische als Abfassungssprache hin.[80]

Im Unterschied zu 2Bar ist der Text von 4Esra in einer relativ großen Zahl von Handschriften in verschiedenen Sprachen erhalten. Leider existieren keine Zeugnisse des mutmaßlich ursprünglichen hebräischen Textes einerseits und des als Vorlage für die Tochterübersetzungen dienenden griechischen Textes andererseits. Im Falle der griechischen Fassung betrifft dies freilich den vollständigen Text. Einige Zitate und Anspielungen finden sich bei den griechischen Kirchenvätern.[81] Die Tochterübersetzungen lassen sich in zwei Gruppen unterteilen.[82] Zu der ersten gehört die lateinische – von den Kirchenvätern (besonders von Ambrosius) zitierte – Fassung.[83] Auch die syrische Fassung, die vollständig nur in einer einzigen Handschrift (7a1; s. 1.2.3) erhalten ist,[84] gehört zu der ersten Gruppe.[85] Die zweite Gruppe bilden die

---

76 Aus neueren Veröffentlichungen zu 4Esra vgl. die Beiträge in: M. HENZE – G. BOCCACCINI (Ed.), *Fourth Ezra and Second Baruch: Reconstruction after the Fall* (JSJS 164; Leiden – Boston 2013).
77 Das 30. Jahr (4Esra 3,1) ist für ihre Datierung nicht zu verwenden.
78 4Esra lässt sich als subversive Rezeption und Delegitimierung der flavischen Propaganda (insbesondere des Iudaea-Capta-Diskurses) lesen. Dazu vgl. G. A. KEDDIE, Iudaea Capta vs. Mother Zion: The Flavian Discourse on Judaeans and its Delegitimation in 4 Ezra, JSJ 49 (2018) 498–550.
79 Vgl. M. E. STONE – M. HENZE, *4 Ezra and 2 Baruch. Translations, Introductions and Notes* (Minneapolis, MN 2013) 2–3; COLLINS, *Apocalyptic Imagination*, 242. Anders L. DI TOMMASO, Dating the Eagle Vision of 4 Ezra: a New Look at an Old Theory, JSP 20 (1999) 3–38 (es handelt sich um seine Form der sog. Severan hypothesis).
80 Vgl. STONE – HENZE, *4 Ezra and 2 Baruch*, 3; COLLINS, *Apocalyptic Imagination*, 242.
81 Dazu vgl. M. E. STONE, *4Ezra* (Hermeneia; Minneapolis, MN 1990) 1.
82 Vgl. STONE, *4Ezra*, 2–9; vgl. auch R. P. BLAKE, The Georgian Version of Fourth Esdras from the Jerusalem Manuscript, HTR 19 (1926) 308–314.
83 Kritische Edition: A. F. J. KLIJN, *Der lateinische Text der Apokalypse des Esra* (Berlin 1983).
84 In seiner kritischen Edition schliest R. J. BIDAWID auch die jakobitischen (kleine Teile von 4Esra enthaltenden) Lektionare ein. Ders., 4Esdras, *The Old Testament in Syriac according to the Peshitta Version IV/3* (Leiden 1973).
85 Zu den vergessenen bzw. neu entdeckten Handschriften vgl. jetzt L. I. LIED – M. P. MONGER, Look to the East: New and Forgotten Sources of 4Ezra, *The Embroidered Bible. Studies in Biblical Apocrypha and Pseudepigrapha in Honour of Michael E. Stone* (Hrsg. L. DiTommaso et al.; Leiden – Boston 2018) 639–652.

Ausgaben in Georgisch, Altäthiopisch und Koptisch. Die übrigen Fassungen stellen ein spezielles Problem dar. Die erste arabische Version (Arab1) steht zwar der lateinischen und syrischen Texttradition nahe, verkörpert aber auch eine in gewissem Maße überarbeitete Form, wobei die zweite arabische (Arab2) und die armenische Version eine massive Überarbeitung bezeugen.[86]

Im Unterschied zu 2Bar herrscht unter den Forschern Konsens darüber, dass 4Esra aus sieben Einheiten besteht, die üblicherweise als „Visionen" bezeichnet werden. Allerdings handelt es sich bei den ersten drei um dialogische Einheiten (3,1–5,19; 5,20–6,34; 6,35–9,25), in denen Esra um das Problem der Theodizee ringt. Das schwere Schicksal Israels ist für ihn der Ausgangspunkt für komplexe anthropologische und theologische Fragen. M. Stone bringt ihren Inhalt auf den Punkt: „[…] the dynamic of the interchange between the angel and Ezra gradually leads the seer from radical doubt of God's justice to acceptance of his incomprehensible providence."[87] Die vierte Vision (9,26–10,60) bedeutet für Esra einen Wendepunkt, seine Konversion.[88] Er macht eine Erfahrung mit dem himmlischen Jerusalem. Die fünfte (11–12) und sechste Vision (13), die u. a. den radikalen Einschnitt in die politische Geschichte, das Kommen des Messias und das bevorstehende Gericht betreffen, werden in der vorliegenden Studie näher unter die Lupe genommen (s. 4.7 und besonders Kap. 5). Der letzte Teil ist ein Epilog (14), demzufolge Esra eine besondere Rolle und Autorität zukommt.[89] Er diktiert 94 Bücher, von denen 70 – mit weiteren Offenbarungen – für die Weisen bestimmt sind.[90]

## 1.3 Die Bergmotivik in der jüdischen Apokalyptik: ein Überblick

Wie in der Einleitung dargestellt, konzentriert sich die vorliegende Untersuchung auf einen speziellen Aspekt der Bergmotivik. Daher soll an dieser Stelle ein Überblick über die verschiedenen Aspekte der Bergmotivik geboten werden. Aufgrund der Überprüfung der Belege ergeben sich zwei große Motivkomplexe: zum einen „Berg als ein Element der historischen bzw. eschatologischen Geschehnisse", zum anderen „Berg als ein Element in der Offenbarung der Schöpfungsgeheimnisse". Hinsichtlich beider

---

86 Vgl. STONE, *4Ezra*, 3, 6–8. Da die armenische Übersetzung im 5. Jh. angefertigt wurde, muß nach Stone die Überarbeitung der griechischen Fassung vorher stattgefunden haben.
87 STONE – HENZE, *4 Ezra and 2 Baruch*, 4.
88 Vgl. COLLINS, *Apocalyptic Imagination*, 254–255; STONE – HENZE, *4 Ezra and 2 Baruch*, 4.
89 Vgl. COLLINS, *Apocalyptic Imagination*, 259–260. Dem letzten Kapitel hat L. Gore-Jones (The Unity and Coherence of 4 Ezra: Crisis, Response, and Authorial Intention, *JSJ* 47 [2016] 212–235) eine Schlüsselrolle für das Verständnis der Autorenabsicht und der Buchkohärenz zugeschrieben (S. 234–235): „[…] the purpose of the author goes beyond simply portraying Ezra's spiritual journey to serve as a role model for others. Instead, the author proposes a specific response to the gravest national crisis. […] With [the] authorial intention in mind, the different parts of the book become a coherent whole, with the final episode playing a key role for understanding its overall purpose."
90 Mit den 24 Büchern sind wahrscheinlich die der Hebräischen Bibel gemeint.

Motivkomplexe tritt die altäthiopische Henoch-Apokalypse stark in den Vordergrund. Obwohl manche Werke nicht zur apokalyptischen Gattung gehören, werden sie oft als verwandte Literatur angesehen. Hier denkt man besonders an die Sibyllinischen Orakel und die Testamente.[91] Diese Schriften werden daher im Folgenden mitberücksichtigt (zu Sib 4 s. 1.4.2).

### 1.3.1 Berge als ein Element der eschatologischen und protologischen Ereignisse

Den Schwerpunkt der vorliegenden Darstellung verrät schon der Untertitel. Die Berge – hauptsächlich der Zions- und der Sinaiberg –, die in der Geschichte des Volkes Israel eine zentrale Rolle spielen und als historische Reminiszenzen in der apokalyptischen oder verwandten Literatur[92] vorkommen, werden hier nur ausnahmsweise berücksichtigt. Das geschieht dann, wenn der jeweilige Berg einen Bezug zur Protologie oder zur Eschatologie hat.[93]

#### 1.3.1.1 Die Berge in den Bilderreden Henochs

Dem Zerfließen der metallischen Berge, das nach der Vision in 1Hen 52 ein Bestandteil des eschatologischen Geschehens ist, wird ein ganzes Kapitel gewidmet werden (s. unter 3). Die Berge spielen aber in der Vorstellung des apokalyptischen Autors auch in 1Hen 51,4–5 und in 53,7 eine Rolle (dazu s. 3.2). In dem erstgenannten Text wird die „Handlung" der Berge beschrieben, die eine Reaktion auf das jüngste Gericht bzw. eine seiner Konsequenzen darstellt. In den Versen 1–3 war nämlich die Rede von der Auferstehung und dem Gericht. Der folgende Vers 4 („[a] *In jenen Tagen* werden die Berge tanzen wie Widder, [b] und die Hügel hüpfen wie (säugende) Lämmer, *gesättigt mit Milch* [c][…][94]") ist eine bearbeitete Fassung von Ps 114,4.[95] Der Psalm ist ein Hymnus, der die großen Exodusereignisse besingt. Das Hüpfen der Berge beziehen die Forscher auf die Erschütterung des Sinai (Ex 19,18).[96] Der Autor der Bilderreden aktualisiert den Psalmtext, indem er ihn auf die eschatologische Heilszeit bezieht (V. 5b–d: „Und die Erde wird sich freuen und die Gerechten werden auf ihr wohnen und die Auserwählten auf ihr wandeln.").[97]

---

91 Vgl. COLLINS, *Apocalyptic Imagination*, 143–177.
92 Vgl. besonders *Das Buch der Jubiläen*.
93 In 1Hen 83,4 kommen die Berge im Kontext der Sintflutvision vor. Ähnlich ist eine Sintflutreminiszenz mit einigen interessanten Details in 3Bar 4,10 zu finden. In 2Hen 30,1 werden die Werke des dritten Schöpfungstages beschrieben, an dem auch die Berge eine Rolle spielen.
94 Zum problematischen V. 4c vgl. NICKELSBURG – VANDERKAM, *1 Enoch 2*, 181.
95 Der Psalmtext wurde um „In jenen Tagen" und „gesättigt mit Milch" erweitert. Vgl. NICKELSBURG – VANDERKAM, *1 Enoch 2*, 186.
96 Vgl. z. B. schon F. J. DELITZSCH, *Die Psalmen* (Leipzig 1867) 654.
97 Zum textkritischen Problem am Ende von V. 5 vgl. NICKELSBURG – VANDERKAM, *1 Enoch 2*, 181.

Im Kontext des Gerichtes findet sich auch eine weitere relevante Stelle, die die Engel in den Blick nimmt, nämlich 67,4:

> „Und er wird jene Engel, die die Ungerechtigkeit gezeigt haben, in jenes flammende Tal einschließen, das mir mein Großvater Henoch zuvor gezeigt hatte, im Westen, bei den Bergen des Goldes, des Silbers, des Eisens, des Gußmetalls und Zinns."[98]

Der Text gehört zu der längeren Interpolation 65,1–69,1, die aus einigen noachischen Traditionen bzw. Texten besteht. Sie enthält aber mehrere inhaltliche Probleme, weil manche der beschriebenen Realien mit den anderen Stellen von 1Hen – selbst den Bilderreden – nicht übereinstimmen.[99] Die ältere Tradition weiß von der Bestrafung der Engel vor der Sintflut und nochmals im jüngsten Gericht (vgl. 1Hen 10). In der Interpolation werden aber die beiden Gerichtsszenarien – die Sintflut und das jüngste Gericht – vermischt (67,4–69,1). Die Verortung der Strafe in 1Hen 67, die sich an 1Hen 52–55 orientiert, scheint das Ergebnis einer (wahrscheinlich unbewussten) Amalgamierung zweier unterschiedlicher Lokalitäten zu sein: „Denn trotz der ausdrücklichen Bestimmung 54,1, dass das brennende Gehennathal ‚an einem anderen Ende der Erde' sei als die Metallberge, hat [der Interpolator] dennoch diese beiden örtlich zusammengerückt und beide nach Palästina versetzt [...]."[100] Für den Interpolator dienen also die Metallberge einerseits zur Lokalisierung des Gerichtes, andererseits auch zu dessen Beschreibung. Denn das Wasser der Sintflut produzierte einst zusammen mit dem feurigen Metallguss der schmelzenden Metallberge das Feuerwasser, in dem die Engel gestraft werden und dessen Ausflüsse – so die Imagination unseres Autors – die Mineralbäder bilden.[101] Diese werden aber letztendlich zum Ort und Werkzeug der Strafe auch für die Könige und Mächtigen, obwohl sie davon eine Linderung erhoffen (vgl. 67,12–13).

### 1.3.1.2 Die Berge im 3. Buch der Sibyllinen und in Testament des Mose 10

Als ein Element der Beschreibung des Eschatons kommen die Berge im 3. Buch der Sibyllinen vor: einmal im Kontext des kosmischen Gerichts (669–701), zum andern im Kontext des eschatologischen Gottesreiches (767–795). Die beiden Textabschnitte gehören zum fünften und letzten Orakel.[102] Der erste Abschnitt, für den die Gog-Perikope (Ez 38,17–39,8) Pate gestanden hat, schildert die Strafe der heidnischen Könige, die den Tempel und das jüdische Volk angegriffen haben (657–668).[103] Dieses Gottesgericht begleiten zahlreiche Naturerscheinungen, die für eine göttliche Theophanie

---

98 Die Übersetzung nach S. UHLIG, Das äthiopische Henochbuch, *JSHRZ* 5/6 (Gütersloh 1984) 621.
99 Dazu vgl. A. DILLMANN, *Das Buch Henoch* (Leipzig 1853) 205–206.
100 Ebd., 205.
101 Ebd.
102 Vgl. J. J. COLLINS, The Sibylline Oracles, Book 3, *OTP 1* (1983) 354.
103 Vgl. R. BUITENWERF, *Book III of the Sibylline Oracles and its Social Setting* (Leiden – Boston 2003) 277.

charakteristisch sind (s. Kap. 3). U. a. wird Gott „[r]agende Häupter der Berge und die gigantischen Höhen" zerreißen (680–681: ἠλιβάτους κορυφάς τ' ὀρέων βουνούς τε πελώρων ⁶⁸¹ῥήξει, κυάνεόν τ' ἔρεβος πάντεσσι φανεῖται).¹⁰⁴ Dem Text ist vielleicht zu entnehmen – die Partikel τέ verbindet die beiden Sätze –, dass die Enthüllung von Erebos die Folge der „bergbrechenden" Handlung Gottes ist.¹⁰⁵ In der weiteren Schicksalsbeschreibung der Feinde treten die Berge wieder auf: die Bergschluchten werden voll von ihren Leichen sein und die Felsen von Blut fließen (682–684).

Der zweite relevante Textabschnitt (767–795) hat eine positive Perspektive, da er das endzeitliche Gottesreich schildert. Einer seiner Aspekte ist der Tierfrieden, dessen Beschreibung (788–795) von dem bekannten jesajanischen Text (Jes 11) inspiriert wurde. Unter anderem werden die Wölfe und die Lämmer zusammen auf den Bergen Gras fressen (788). Das eigentliche Schicksal der Berge in diesem endzeitlichen Gottesreich wird allerdings – in Anknüpfung an Jes 40 – in den Versen 778–780 geschildert: „Und über jeden Pfad im Gefild, über steinige Höhen, über die ragenden Berge und wilden Wogen des Meeres wird man schreiten und fahren in jenen Tagen ohn' Fährnis: Kommet doch aller Frieden der Guten über die Erde."¹⁰⁶

Die Berge werden nicht nur mit einer messianischen Gestalt in Zusammenhang gebracht, sondern auch mit Beliar. Am Anfang des dritten Buches der Sibyllinen heißt es über ihn (63–67):

> „Doch von den Sebastenern wird alsbald Beliar kommen,
> schüttern die Höhe der Berge, zum Stehen bringen die Meerflut
> und die gewaltige feurige Sonne, den glänzenden Mond,
> und Tote wird er erstehen lassen und viel Zeichen und Wunder tun
> unter den Menschen, doch keine Vollendung wird er erwirken [...]."¹⁰⁷

Die Verse 1–96 waren sehr wahrscheinlich kein ursprünglicher Bestandteil des dritten Buches. Selbst unter diesen stellen die Verse 63–74, die von Beliar sprechen, ein späteres Material dar. Nach V. 63 soll Beliar ἐκ δὲ Σεβαστηνῶν „von den Sebastäern" kommen. Die problematische Bezeichnung bedeutet mit großer Wahrscheinlichkeit „from the line of the Augusti", wobei die Identifizierung Beliars mit Nero die plausibelste Möglichkeit bleibt.¹⁰⁸ So ist mit J. J. Collins festzuhalten, dass der den Beliar betreffende Textabschnitt nach 70 n. Chr. hinzugefügt wurde, „to bring this collection up to date with current eschatological expectations".¹⁰⁹

Ähnlich dem Textabschnitt von Sib 3, 669–701, der das kosmische Gericht im Blick hat, tauchen die für eine Theophanie charakteristischen Naturerscheinungen

---

104 Der Text und die Übersetzung: J.-D. GAUGER, Sibyllinische Weissagungen (Sammlung Tusculum; Düsseldorf – Zürich ²2002) 104–105.
105 Vgl. BUITENWERF, Book III of the Sibylline Oracles, 279.
106 GAUGER, Sibyllinische Weissagungen, 109.
107 Bearbeitete Übersetzung von GAUGER, Sibyllinische Weissagungen, 71.
108 COLLINS, Book 3, 360.
109 Ebd.

auch im *Testament des Mose* auf. Es handelt sich um eine pseudepigraphische Schrift – von manchen als *Assumptio Mosis* (Himmelfahrt des Mose) bezeichnet –, die nur in einer einzigen lateinischen Handschrift erhalten ist.[110] Das ursprünglich auf Griechisch oder Hebräisch bzw. Aramäisch verfasste Werk, das eine Art *rewritten* Fassung von Dtn 31–34 bietet, ist sehr wahrscheinlich in Palästina entstanden und vor 70 v. Chr. zu datieren.[111] Nachdem die Kap. 2–9 den Verlauf der Geschichte Israels sowie eine Zeit der Krise und der Verfolgung dargestellt hatten, präsentiert als eine Prophezeiung des Mose, schildert Kap. 10 das zukünftige Gottesreich. Das vorausgehende Kapitel, das mit diesem (bis 10,10) eine kohärente Einheit bildet, exponiert das Beispiel eines gewissen Leviten Taxo und seiner Söhne, lieber zu sterben, als die Gebote Gottes zu übertreten. Die erwähnte Kohärenz der beiden Kapitel lässt darauf schließen, dass dieser Märtyrertod das Eschaton herbeiführt: „Their faithfulness to God's commandments leads to salvation for Israel and eternal punishment for its enemies."[112] Dieses eschatologische Geschehen (10,1–10), in dessen Rahmen auch der Satan ein Ende finden wird (10,1: […] *zabulus finem habebit* […]), wird u. a. von der Theophanie des „Himmlischen" (*caelestis*) begleitet (10,3–7): „[…] (4) Da wird die Erde erbeben, bis zu ihren Enden erschüttert werden, und die hohen Berge werden erniedrigt *(et alti montes humiliabuntur)* […]." In diesem Fall hat der Autor auf Jes 40,4 bzw. auf 1Hen 1,5 zurückgegriffen.[113] Die Folge dieser Theophanie ist die Bestrafung der Heiden und die Vernichtung ihrer Götzen einerseits (V. 7) und die Glückseligkeit Israels sowie seine Erhöhung andererseits (V. 8–10).

### 1.3.1.3 Der Berg Hermon im Wächterbuch (und in 2Hen 18)

Im Unterschied zu den zuvor behandelten Stellen muss hier ein Berg vorgestellt werden, der nach dem Wächterbuch eine Rolle in den protologischen Ereignissen spielte: der Hermon. Dieser imposante Berg (2 814 m) mit einer langanhaltenden Schneebedeckung war für die verschiedenen Ethnien und Bevölkerungsgruppen im Laufe der Jahrhunderte ein heiliger Ort.[114]

Auf diesen Berg lässt der Autor des betreffenden apokalyptischen Textes die Wächter herabsteigen (1Hen 6,6), die die „Menschentöchter" begehren und diese heiraten sowie Kinder zeugen wollen (1Hen 6,1–7). Im Unterschied zur alttestamentlichen Kurzerzählung enthält der Text des Henochbuchs einen scharfen, polemischen,

---

110 Die kritische Edition: R. H. CHARLES, *The Assumption of Moses* (London 1897).
111 Vgl. COLLINS, *Apocalyptic Imagination*, 159–165; U. DAHMEN, Mose-Schriften, außerbiblische: https://www.bibelwissenschaft.de/de/stichwort/28081/ (Zugang: 9.8.2017). Ebd. zu einer möglichen früheren Enstehung (im 2. Jh. v. Chr.) mit einer aktualisierenden Redaktion in römischer Zeit.
112 J. W. VAN HENTEN – F. AVEMARIE, *Martyrdom and Noble Death. Selected Texts from Graeco-Roman, Jewish and Christian Antiquity* (London – New York 2002) 80.
113 Vgl. CHARLES, *Assumption*, 86.
114 Vgl. den Exkurs „Sacred Geography in 1 Enoch 6–16" in NICKELSBURG, *1 Enoch*, 238–247; W. RÖLLIG, Hermon, *DDD*, 411–412; E. LIPIŃSKI, El's Abode: Mythological Traditions Related to Mount Hermon and to the Mountains of Armenia, *OLP* 2 (1971) 13–69.

mit einer moralischen Wertung verbundenen Ton. Die Handlung der Wächter wird klar als eine Rebellion gegen Gott eingestuft. Es geht nicht nur um ihr moralisches, im sexuellen Fehlverhalten bestehendes Vergehen, dessen verheerende Konsequenzen sich schon in 1Hen 7 zeigen. Die Wächter besiegeln ihr gottloses Vorhaben sogar mit einem Schwur bzw. mit einer Verfluchung, wobei sie sich gegenseitig zu seiner Realisierung verpflichten.[115] Hier zeigt sich auch ein etymologisierendes Wortspiel (1Hen 6,6): „[...] Und sie nannten den Berg Hermon, weil sie auf ihm geschworen und sich gegenseitig *anathematisiert* (Äth.: ወአው፡7ዘ)[116] haben." Der etymologisch unsichere Name Hermon ist wahrscheinlich mit der Wurzel חרם$_{II}$ (vgl. arab. *ḥarama* „durchlöchern") oder חרם$_{I}$ (im Kausativstamm) „bannen, weihen, tabuieren" zu verbinden und damit als „Passberg" oder „Bannberg" zu deuten.[117] In einem aramäischen Text aus Qumran (4Q201 col. III,3.5/H 6,5-6 [*ATTM* 235]) wird die Wurzel im Kausativstamm mit der Bedeutung „sich verpflichten" (eidlich bzw. durch Verfluchung) gebraucht (vgl. im griechischen Text: ἀναθεματίζω).[118] Zur Etymologisierung in 1Hen 6,4-6 stellt G. Nickelsburg fest: „The mutual anathematizing of the watchers [...] explains the name of the mountain on which it took place [...]. It seems quite likely that the association of this old tradition with Mount Hermon gave rise to this particular element in the narrative."[119]

Die Tradition von den rebellierenden Wächtern auf dem Hermon wird auch in 2Hen 18 rezipiert. Was das Ausmaß der Rebellion angeht, zeigen die slawischen Handschriften eine Variation.[120] Außerdem unterscheidet sich die in dieser pseudepigraphischen Schrift bewahrte Tradition in mehreren Punkten von derjenigen in 1Hen.[121] Unter anderem ist besonders auf die Führung der rebellierenden Wächter hinzuweisen, für die hier Satanael verantwortlich ist (2Hen 18,3), während in 1Hen Schemichaza und Asael die Wächter anführen.

An den Hermon gehört wohl auch eine Vision des Patriarchen Levi,[122] in der dieser auf der Spitze eines Berges steht und die Tore des Himmels geöffnet sieht, während ihn ein Engel zum Eintreten auffordert (4Q213; TestLevi 2,5-6). Dort sieht er die einzelnen Himmel mit ihren Geheimnissen und erhält den Auftrag zur priesterlichen Funktion (s. TestLevi 2,7-12 und folgende Kapitel).

---

115 Nach der Chronik von Georgios Synkellos wird sogar der Berg mitbestraft. MILIK (*Books of Enoch*, 319) bezeichnet den Berg als „a passive accomplice".
116 Zum Bedeutungsspektrum von ሐመ፡7ዘ vgl. LESLAU, *CDG*, 609.
117 Vgl. Ges[18] 398–399; vgl. auch RÖLLIG, Hermon, 411.
118 Vgl. BEYER, *ATTM*, 235 und 585.
119 NICKELSBURG, *1 Enoch*, 177.
120 Vgl. F. I. ANDERSEN, 2 (Slavonic Apocalypse of) Enoch, *OTP* 1 (1983) 131–132 Anm. d.
121 Vgl. G. MACASKILL, *The Slavonic Texts of 2Enoch* (SJS 6; Leiden – Boston 2013) 24.
122 Vgl. BEYER, *ATTM*, 194 Anm. 1; NICKELSBURG, *1 Enoch*, 250. Anders H. DRAWNEL, *An Aramaic Wisdom Text from Qumran. A New Interpretation of the Levi Document* (JSJS 86; Leiden – Boston 2004) 227–228.

## 1.3.2 Berge als ein Element in der Offenbarung der Schöpfungsgeheimnisse

Dieser Aspekt der Bergmotivik ist besonders im Buch der Wächter zu finden (1Hen 1–36).[123] Allerdings sind manche Orte, die Henoch während seiner Reise sieht, mit eschatologischen Ereignissen verbunden (s. unten). Das Buch der Wächter ist Ergebnis einer redaktionellen Arbeit, für die man mit mehreren (ursprünglich unabhängig existierenden) Einzelstücken rechnet. Allerdings ist gerade die Abgrenzung dieser ursprünglichen Texteinheiten ein viel diskutiertes Problem.[124] Die Berge spielen eine wichtige Rolle in den Beschreibungen, die zu einer solchen Texteinheit (Kap. 17–19) gehören – zumindest nehmen manche Forscher an, dass es sich um ein selbstständiges Stück gehandelt hat.[125]

### 1.3.2.1 Der Berg in 1Hen 17,2

In 1Hen 17,2 berichtet Henoch, dass er zu einem „dunklen Ort" und zu einem „Berg, dessen Gipfel in den Himmel reicht" gebracht wurde: καὶ ἀπήγαγόν με εἰς ζοφώδη[126] τόπον καὶ εἰς ὄρος οὗ ἡ κεφαλὴ ἀφικνεῖτο εἰς τὸν οὐρανόν. Uneindeutig ist die Lokalisierung Henochs schon in 17,1: „Und sie nahmen mich (hinweg) an einen Ort [Gr.: ... indem sie mich nahmen, brachten sie mich ...], wo die, die dort waren, wie loderndes Feuer sind; und wenn sie wollen, erscheinen sie wie Menschen."[127] Unklar ist auch das Verhältnis zwischen dem erwähnten „dunklen Ort" und dem „Berg" in V.2: Sind es zwei verschiedene Orte oder nur einer? Weil das Buch der Wächter neben dem Sinai einzig den Hermon namentlich anführt, folgert K. Coblentz Bautch:

> „[...] the author or later editor may understand the mountain of 1 Enoch 17:2 to be Hermon. While the watchers' descent from heaven occurs upon Hermon in 1 Enoch 6, we can infer that Enoch ascends to the heavenly palace (1 Enoch 13) and returns to earth again by means of this most notherly

---

123 Nach 2Hen 40,12 gehören die Berge und Hügel zu den Elementen eines umfangreichen „Erforschungsprozesses" von Seiten Henochs. In 2Bar 76 wird Baruch aufgefordert, das Volk zu belehren und sich für seinen Abgang – in welcher Form auch immer (vgl. V. 2: „Du wirst also von dieser Erde sicher ausscheiden, doch nicht zum Tod, sondern für die Bewahrung der Zeiten.") – vorzubereiten. Dabei treten die Berge als Teil der beschriebenen Welt auf (V. 3): „Steige also auf den Gipfel dieses Berges hinauf und alle Stätten dieser Erde werden vor dir vorüberziehen, und die Gestalt der Welt, Gipfel der Berge und die Taltiefe, sowie Gründe des Meeres und die Zahl der Flüsse, so dass du siehst, was du hinterlässt und wo du hingehst."
124 Dazu vgl. K. Coblentz Bautch, *A Study of the Geography of 1 Enoch 17–19*. 'No One Has Seen What I Have Seen' (Leiden – Boston 2003) 17–23.
125 Tigchelaar (*Prophets of Old*, 157–158) bietet eine nuanciertere Rekonstruktion, indem er in den Kap. 17–19 selbst drei Texteinheiten verschiedener Herkunft vermutet.
126 Äth. ሆዐ-ኈ = γνοφώδη. Vgl. Charles, *Ethiopic Version*, 47; Nickelsburg, *1 Enoch*, 277.
127 Die Übersetzung nach Uhlig, Henochbuch, 546.

peak (1 Enoch 17:1–2). In the vicinity of God's mountain (perhaps atop it), a mountain of incalculable height, Enoch sees meteorological phenomena [vgl. V. 3]."[128]

### 1.3.2.2 Die Berge in 1Hen 18,6-9 (und 1Hen 24-25)

Der Berg in 1Hen 17,2 ist nicht der einzige, der in den Beschreibungen der (Himmels)reisen Henochs auftaucht. Da ihre Lokalisierung nicht immer eindeutig ausfällt, ist mit M. Black durchaus zu fragen, in welchem Verhältnis die Berge in 1Hen 17,2, 18,8 und 22,1f zueinander stehen.[129] Der Analyse von K. Coblentz Bautch zufolge sind die an den beiden letztgenannten Stellen genannten Berge nicht mit dem Berg in 17,2 zu verbinden. Zwar reicht auch der Berg von 18,8 „bis zum Himmel", seine anderen Charakteristika sind aber verschieden. Während der Berg in 17,2 mit Sturm bzw. Dunkelheit einerseits und den meteorologischen Phänomenen andererseits verbunden ist, ist für den Berg in 18,8 das Feuer kennzeichnend (vgl. V. 6 und 9).[130] Außerdem ist der Letztgenannte der mittlere einer Bergkette, zu der jeweils drei Berge in der Richtung nach Osten und in der Richtung nach Süden gehören (Vv. 6–7). Alle sieben Berge sind aus Edelsteinen. Der mittlere, aus φουκά (Äth.: ፍህ bzw. ፍህ)[131] bestehend, ist „wie der Thron Gottes" (ὥσπερ θρόνος θεοῦ; Äth.: ከመ መንበረ ለእግዚአብሔር), dessen Spitze aus Lapislazuli (ἀπὸ λίθου σαπφείρου [bzw. σαμφείρου]; Äth.: እምእብን ሰንፔር) gebildet ist. Wo ist dieser Berg zu suchen? Kann man ihn mit einem bekannten Berg identifizieren?

Nach 18,6 änderte Henoch seine Position (παρῆλθον), wobei die altäthiopische Fassung auch eine Richtung angibt: „nach Süden" (መንገለ አዜብ). Gerade dort sieht er einen brennenden Ort und die sieben Berge. Die Richtungsangabe stellt einen der ersten Hinweise für die Identifizierung des mittleren Berges mit Sinai dar, wie K. Coblentz Bautch dies vermutet. Seine enge Assoziation mit dem Feuer korreliert mit dem Sinai als dem Ort der Theophanie, den auch die anderen henochischen Texte kennen.[132] Nach 1,4 wird Gott auf dem Sinai erscheinen. Diese Erscheinung, die weitreichende Konsequenzen für den Kosmos haben wird (Vv. 5–7), geht dem göttlichen Gericht (Vv. 7–9) voraus. Obwohl der Sinai in 77,1 namentlich nicht erwähnt wird, ist es der Süden, wo „der Große wohnt" (4Q209 f 23,3/H 77,1 [Beyer, ATTM, 255]: דאר רבא) bzw. wo „der Höchste herabsteigt" (ልዑል ይወርድ). Des Weiteren verweist K. Coblentz Bautch auf die henochische Parallele zu den Bergen von 1Hen 18,6–9, die sich in Kap. 24–25 findet.[133] Dort wird auch von sieben Bergen berichtet: von den drei in östlicher sowie den drei in südlicher Richtung (24,2–3) und von dem siebten, der in der Mitte steht und während der Theophanie als Thron Gottes dienen soll (25,3).

---

128 Coblentz Bautch, *A Study of the Geography*, 68–69.
129 Vgl. M. Black, *The Book of Enoch or I Enoch* (Leiden 1985) 156: „Is this [at 17,2] the mountain at 18,8 or at 22,1 or 87,3?"
130 Vgl. Coblentz Bautch, *A Study of the Geography*, 126.
131 Leslau, *CDG*, 412: „white marble, alabaster, antimony".
132 Vgl. Coblentz Bautch, *A Study of the Geography*, 121–122.
133 Vgl. Coblentz Bautch, *A Study of the Geography*, 111–112, 122–126.

Eine besondere Aufmerksamkeit widmen diese beiden Kapiteln dem Lebensbaum, der sich unter den wohlriechenden und den siebten Berg bedeckenden Bäumen befindet (24,3–4) und der „an den heiligen Ort bei dem Hause Gottes", also nach Jerusalem, verpflanzt werden soll (25,5). Dabei gibt die äthiopische Fassung – vielleicht wegen eines Missverständnisses – ausdrücklich an: „nach Norden" (መንገለ መስዕ), d.h. der siebte Berg müsste dieser Angabe zufolge im Süden zu finden sein.

### 1.3.2.3 Der Berg in 1Hen 22 und 3Bar 10$^{Slaw}$

Einen weiteren bedeutsamen Berg sieht Henoch im Westen (1Hen 22). Gleich am Anfang des Kapitels bietet der Text die folgende Beschreibung (V. 1–4):

> „Und von dort ging ich an einen anderen Ort, und er zeigte mir im Westen einen großen und hohen Berg und hartes Felsgestein und vier <hohle> Räume. ₂ Und darinnen war es sehr tief und breit und glatt ... „Wie glatt (sind) <die Hohlräume>, und wie tief und finster ist es anzusehen!" ₃ Da antwortete Rufael, einer von den heiligen Engeln, der bei mir war, und sprach zu mir: „Diese <die Hohlräume> (sind dazu bestimmt), dass sich dort die Geister der Seelen der Toten sammeln; dafür sind sie geschaffen, um hier alle Seelen der Menschenkinder zu versammeln. ₄ Und diese Räume sind gemacht, um sie unterzubringen bis zum Tage ihres Gerichtes und (bis) zur festgesetzten Frist, dem großen Gericht über sie."[134]

Dieses Kapitel gehört zu einem größeren Textblock (20–36), den G. Nickelsburg folgendermaßen charakterisiert: „Chapters 20–36 appear [...] to be a revision of chaps. 17–19 that has taken some of its inspiration from the structure of Zechariah 1–6. [...] This journey narrative complements chaps. 17–19 through its emphasis on human eschatology [...]."[135] Das Kapitel 22, das aus drei Abschnitten besteht und manche inhaltliche Spannungen enthält, ist Ergebnis einer literarischen Wachstumsgeschichte.[136] Die oben zitierten Verse – in einer reduzierten Form (z.B. ohne eine spezifische Zahl der Höhlen u.a.) – stellen die älteste Gestalt dieser Vision dar.[137]

Der Autor verfährt innovativ, indem er die ihm bekannte biblische Vorstellung von der Scheol aufgreift und in mehreren Hinsichten abwandelt: Zum einen wurde die Scheol nicht als ein Berg gedacht, zum anderen war sie der endgültige Aufenthaltsort der Totengeister.[138] Nach der henochischen Vision gibt es aber einen Berg

---

134 Die Übersetzung nach Uhlig, Henochbuch, 555–556.
135 Nickelsburg, 1 Enoch, 292.
136 Dazu vgl. M.-Th. Wacker, Weltordnung und Gericht. Studien zu 1 Henoch 22 (Würzburg 1982) 122–131; Nickelsburg, 1 Enoch, 302–303.
137 Dieser und der folgende Absatz finden sich auch in meinem Beitrag: Liminales in der jüdischen Apokalyptik. Zwei Beispiele, Limina: Natur – Politik. Verhandlungen von Grenz- und Schwellenphänomenen in der Vormoderne (Hrsg. A. von Lüpke – T. Strohschneider – O. Bach; Berlin – Boston 2019) 24.
138 Vgl. Nickelsburg, 1 Enoch, 304.

als Sonderbereich, in dem die Seelen auf das jüngste Gericht warten. Einer jüngeren Bearbeitung entstammt die Vorstellung (vgl. Vv. 8–13), „that the intermediate state between death and judgment is already the locus of reward and punishment".[139]

Eine ähnliche Vorstellung, die von einem Zusammenhang zwischen den Seelen und einem Berg weiß, geht aus dem kirchenslawischen Text von 3Bar hervor. Nach der griechischen Fassung von 3Bar 10,1 wird Baruch in den dritten bzw. vierten Himmel[140] gebracht, wo er eine „schlichte Ebene"[141] (Gr V. 2: πεδίον ἁπλοῦν) sieht, bzw. er wird zu einem „very wide moutain"[142] gebracht (Slaw V. 1; ohne die Erwähnung des dritten/vierten Himmels). Inmitten der Ebene bzw. des Berges findet sich ein Teich, wo Baruch alle möglichen Vögel sieht (Vv. 2–3). Auf die Frage, was dies bedeute, erhält Baruch die Antwort, dass es sich um (Slaw: reine) Vögel handle, die unaufhörlich Gott preisen (Slaw V. 5; Gr V. 7). Zur Assoziation der Seelen mit den Vögeln stellt A. Kulik fest: „The bird flight of the souls of the deceased was a common heritage of Jews and their neighbors [...]."[143] Dabei bietet die griechische Fassung in V. 5 den folgenden Text: „[...] Die Ebene, die den Teich umschließt und andere wunderbare (Dinge) auf ihr, ist (der Ort), wo die Seelen der Gerechten hingehen, wenn sie zusammenkommen – lebend zusammen in Chören."[144] Diese implizite Identifizierung[145] fehlt in der kirchenslawischen Fassung. Die genannte Assoziation war so verbreitet und bekannt, „that the laconic Greek *Vorlage* of S[lavonic] did not see a need for the explanation added in the later version reflected by G[reek]".[146]

### 1.3.2.4 Die Berge Jerusalems in 1Hen 26–27

Mit G. Nickelsburg sind diese Kapitel für die Struktur von Kap. 20–36 als „climactic and pivotal" zu bezeichnen:

> „climactic in that they conclude the visions in this journey that are concerned with the final judgment; pivotal because they describe Enoch's vision of Jerusalem, "the center of the earth," from which he will journey to the easternmost reaches of the earth."[147]

---

139 Ebd.
140 Zum Problem der Zahl vgl. A. Kulik, *3 Baruch. Greek-Slavonic Apocalypse of Baruch* (CEJL; Berlin – New York 2010) 285–286.
141 W. Hage, Die griechische Baruch-Apokalypse, *JSHRZ* 5/1 (Gütersloh 1974) 31.
142 H. E. Gaylord, Jr., 3 (Greek Apocalypse of) Baruch, *OTP* 1 (1983) 672.
143 Kulik, *3 Baruch*, 293. Für die Beispiele ebd., 293–295.
144 [...] τὸ μὲν πεδίον ἐστι τὸ περιέχον τὴν λίμνην καὶ ἀλλὰ θαυμαστὰ ἐν αὐτῷ, οὕπερ ἔρχονται αἱ ψυχαὶ τῶν δικαίων ὅταν ὁμιλῶσι συνδιάγοντες χοροὶ χοροί. Dieser Text und andere Zitate aus 3Bar entstammen der Edition von J.-C. Picard, *Testamentum Iobi, Apocalypsis Baruchi Graece* (Leiden 1967): http://ocp.tyndale.ca/docs/text/3Bar (Zugang: 10.9.2019).
145 H. E. Gaylord, Jr. (3 Baruch, 673, Anm. d) formuliert vorsichtiger: „It is not clear from the text if these are the birds."
146 Kulik, *3 Baruch*, 293.
147 Nickelsburg, *1 Enoch*, 318.

Im Einklang mit der alttestamentlichen Tradition ist der „heilige Berg", den Henoch sieht (26,2: ὄρος ἅγιον; ደብረ ቅዱስ), mit dem Zion (s. Einleitung) gleichzusetzen. Darüber hinaus erwähnt die Vision weitere östlich und westlich gelegene Berge mit den dazugehörigen Tälern. Interessanterweise konzentriert sich die Aufmerksamkeit auf die Beschreibung des Hinnomtales, das als Ort der Strafe für die Gotteslästerer dienen soll (26,6–27,4).[148]

### 1.3.2.5 Die Berge des Ostens in 1Hen 28–32

Henoch setzt seine Reise in östlicher Richtung fort. Die Kapitel 28–32 beschreiben mehrere Berge oder bergige Regionen, die östlich von Jerusalem liegen und mit unterschiedlichen aromatischen Bäumen und Pflanzen verbunden werden. Dementsprechend hat J. T. Milik im Autor dieser Texte einen Jerusalemer erkennen wollen, der Handel mit aromatischen Stoffen betrieben habe.[149] Wie G. Nickelsburg lapidar bemerkt, „[t]he descriptions prove that the author was a spice and perfume merchant no more than the Gospel of Luke proves that its author was a physician"[150], wenn auch Milik dabei recht haben kann, dass der Autor in Kap. 28 die Gegend des nabatäischen Petra beschreibt.[151] Generell stellt die Beschreibung in Kap. 28–32 eine Mischung aus Realia und Mythica dar.[152]

Die Klimax dieser Texteinheit findet sich in Kap. 32, und zwar in der Schilderung des Gartens mit dem Baum der Weisheit im fernsten Osten. Ganz konkret heißt es dort (32,2–3):

> „Von dort ging ich über die Gipfel <all> jener Berge, weit nach dem Osten der Erde, und ich überquerte das Eritreische Meer und kam weit weg von ihm [...]. ₃ Und ich kam zum Garten der Gerechtigkeit, und ich sah über jene Bäume hinaus viele und große Bäume dort wachsen; von gutem Duft waren sie, groß, sehr schön und herrlich; und (ich sah) den Baum der Weisheit, von dem die, die davon essen, große Weisheit kennenlernen."[153]

„Das Eriträische Meer" bezeichnet hier wahrscheinlich den Indischen Ozean,[154] von dem sich Henoch weit entfernt. Im Unterschied zum Lebensbaum, der aus dem

---

148 Zu den eschatologischen Konnotationen der Jerusalemer Täler vgl. K. BIEBERSTEIN, Die Pforte der Gehenna, *Das biblische Weltbild und seine altorientalischen Kontexte* (Hrsg. B. Janowski – B. Ego; FAT 32; Tübingen 2001) 503–539.
149 Vgl. MILIK, *Books of Enoch*, 26–28.
150 NICKELSBURG, *1 Enoch*, 323.
151 Vgl. MILIK, *Books of Enoch*, 26; vgl. auch BLACK, *The Book of Enoch*, 175 und NICKELSBURG, *1 Enoch*, 324.
152 Vgl. BLACK, *The Book of Enoch*, 174–175; DILLMANN, *Das Buch Henoch*, 133.
153 Die Übersetzung nach UHLIG, Henochbuch, 567–568.
154 Vgl. G. BEER, Das Buch Henoch, *APAT* 2 (Hrsg. E. Kautzsch; Tübingen 1921) 256; NICKELSBURG, *1 Enoch*, 326. Anders UHLIG, Henochbuch, 568 Anm. 2c: Das Rote Meer.

westlichen Paradies nach Jerusalem verpflanzt werden soll, wird der Baum der Weisheit in diesem östlichen Paradies bleiben und keine eschatologische Funktion ausüben.[155]

### 1.3.2.6 Berge und Wasser (1Hen 69,17 und 77,4)

Die angeführten Stellen gehören zu unterschiedlichen Teilen von 1Hen und sind daher auch unterschiedlichen Alters. 1Hen 69,17 entstammt einem Textabschnitt der Bilderreden Henochs – des jüngsten Teiles der henochischen Komposition –, der den „Schwur" *(Cosmic Oath)*[156] zum Thema hat (69,13–25). Der Textabschnitt, insbesondere seine narrative Einleitung (Vv. 13–14), ist schwer verständlich. Der Einleitung kann entnommen werden, dass Kesbeel, einer der gefallenen Engel, – damals noch im Himmel – den „verborgenen Namen" (Gottes) bzw. den „Schwur" von Michael listig erfahren hatte. Die folgenden Verse (Vv. 15ff) beschreiben die Kraft dieses „Schwurs" und seine Rolle in der kosmischen Ordnung. So wurde durch diesen „Schwur" „die Erde über dem Wasser gegründet" (V. 17). Die geheimen Reservoire der Berge versorgen die Lebendigen[157] mit Wasser (V. 17: „[...] aus den verborgenen (Orten) der Berge kommen die herrlichen Gewässer hervor [...]") und das geschieht „seit der Schöpfung der Welt und bis in Ewigkeit".[158]

Nach 77,4–8 – einem Textabschnitt, der zum Astronomischen Buch gehört – sieht Henoch verschiedene Elemente der Erde: je sieben hohe Berge, Flüsse und große Inseln. In V. 4 werden die Berge näher charakterisiert: „[...] die höher als alle Berge waren, die auf Erden (sind); und von ihnen kommt der Schnee (oder: Reif) [...]".[159] Im aramäischen Text heißt es sinnvoller: „auf die Schnee fällt".[160] Obwohl der altäthiopische Text von 77,3 von einer Dreiteilung des Nordens zu wissen scheint, zeigt der aramäische Text klar, dass es sich um drei Teile der Erde handelt.[161] Daher sind die genannten Elemente nicht nur im Norden zu suchen, sondern sie sind „apparently to be found throughout the earth [...]".[162] Da bei den Bergen in 77,4 kein weiteres Element (etwa Paradies, Lebensbaum) erwähnt wird und sie in keinem spezifischen Teil der Erde näher verortet sind, ist ihre Identifikation – auch in der mythischen Geographie Henochs – nicht auszumachen.[163] Aus den genannten Gründen sind schon seit A. Dillmann viele Ausleger der Meinung, dass die Berge in 77,4 mit denen in 18,6, 24,2 und 32,1 nichts zu tun haben.[164]

---

155 Vgl. NICKELSBURG, *1 Enoch*, 324, 328.
156 NICKELSBURG – VANDERKAM, *1 Enoch 2*, 304.
157 Vgl. UHLIG, Henochbuch, 628 Anm. 17b.
158 Die Übersetzung nach UHLIG, Henochbuch, 628.
159 Die Übersetzung nach UHLIG, Henochbuch, 657.
160 BEYER, *ATTM*, 256.
161 Vgl. COBLENTZ BAUTCH, *A Study of the Geography*, 114.
162 NICKELSBURG – VANDERKAM, *1 Enoch 2*, 495.
163 Vgl. COBLENTZ BAUTCH, *A Study of the Geography*, 114; NICKELSBURG – VANDERKAM, *1 Enoch 2*, 495–496.
164 Vgl. DILLMANN, *Das Buch Henoch*, 237; NICKELSBURG – VANDERKAM, *1 Enoch 2*, 495.

## 1.3.2.7 Behemot auf den Bergen (4Esra 6,51)?

Das imposante Tier, das im Alten Testament nur im Ijobbuch (40,15–24) auftaucht und dort zur Darstellung der Schöpfermacht Gottes dient, wird in 4Esra im Rahmen der Schilderung der einzelnen Schöpfungstage rezipiert. Diese Nacherzählung ist ein wichtiger Bestandteil des Dialogs, den Esra mit Gott führt und dessen zentrales Anliegen das Theodizeeproblem ist: Wenn die Welt „für uns", d.h. das Volk Israel, erschaffen wurde, wieso befindet sie sich in einer katastrophalen Lage, oder mit den Worten Esras: „Warum erben wir nicht diese Welt? Bis wann (wird) es (dauern)?" (6,59). Obwohl die Beschreibung dieses Tieres im Vierten Esrabuch viel kürzer ist als jene in Ijob 40, liefert sie ein paar neue Angaben (6,51): *et dedisti [Behemot]*[165] *unam partem quae siccata est tertio die, ut inhabitet in ea, ubi sunt montes mille* „Und du gabst Behemot einen (der) Teil(e), der am dritten Tag getrocknet wurde, dass er auf ihm wohne – wo die tausend Berge sind". Hier wird betont, dass für Behemot das trockene Land – im Unterschied zu Leviatan – bestimmt ist (vgl. 1Hen 60,8: die Wüste Dunday(i)n für Behemot). Wenn auch die Ijobstelle 40,20 von den Bergen spricht („Denn die Berge tragen ihm Futter zu und alle Tiere des Feldes spielen dort"), erwähnt sie ihre Zahl nicht. Die Verbindung Behemots mit den tausend Bergen verdankt sich der jüdischen Auslegungstradition, die „das Vieh auf tausend Bergen" (ELB) (בְּהֵמוֹת בְּהַרְרֵי־אָלֶף) von Ps 50,10b auf Behemot in Ijob 40 bezieht.[166]

## 1.4 Bezwingung der Berge im Alten Orient

Die altorientalische Bergmotivik im Rahmen eines Unterkapitels zu bearbeiten, wäre bei ihrer Wichtigkeit und Verbreitung wohl unangemessen. An dieser Stelle sind lediglich jene Motive kurz zu skizzieren, die mit der politischen Sphäre in einem mehr oder weniger direkten Zusammenhang stehen oder für einen solchen relevant sind. Daher wird hier auf eine ausführliche Behandlung der verschiedenen religionsgeschichtlich überaus bedeutenden Bergmotive verzichtet (s. Einleitung).[167] Die Aufmerksamkeit soll primär dem (literarischen) Verhältnis zwischen den Bergen und den altorientalischen Königen gelten. Da für die vorliegende Studie das Motiv der besiegten/bezwungenen Berge besonders relevant ist, muss auch das Verhältnis der Götter zu den Bergen angesprochen werden.

---

165 Die lateinische Version liest anstelle von „Behemot" den Namen „Enoch".
166 Vgl. J. A. Moo, *Creation, Nature and Hope in 4Ezra* (Göttingen 2011) 65–66; Stone, *4Ezra*, 187–188. Zu Behemot in der jüdischen Tradition vgl. L. Ginzberg, *The Legends of the Jews V* (Baltimore and London 1998 [urpsrünglich 1925]) 41–49.
167 Dazu vgl. etwa N. Wyatt, *Space and Time in the Religious Life of the Near East* (Sheffield 2001) 147–158 und R. J. Clifford, *The Cosmic Mountain in Canaan and the Old Testament* (HSM 4; Cambridge, MA 1972).

## 1.4.1 Die Götter als Bezwinger der Berge

Dieses Motiv kommt oft im Kontext der Theophanieschilderungen vor,[168] wenn auch nicht ausschließlich, wie manche der unten angeführten Beispiele zeigen. Auf das Phänomen der Theophanie wird nochmals bei der Behandlung von 1Hen 52 eingegangen (s. Kap. 3). Wenn in der altorientalischen Literatur die Rede von Göttern und Bergen ist, drängen sich als Hauptprotagonisten Ninurta und Inanna auf.

### 1.4.1.1 Inanna und Ninurta

Zwei literarische Werke, die eine Reihe an Gemeinsamkeiten (aber auch an Unterschieden) aufweisen, sind von besonderer Bedeutung: „Inanna und Ebiḫ" und „Lugal-e". Im Folgenden stütze ich mich hauptsächlich auf die Ausführungen von F. Karahashi.[169]

Inanna und Ninurta bekämpfen und besiegen jeweils einen Berg. Zwar besteht im Falle von Lugal-e Unklarheit darüber, wer Asag, den Ninurta bekämpft, eigentlich sei; denn seine Identität ist in dem besagten Mythos nicht eindeutig. Da er aber, nachdem er besiegt wurde, explizit als „Stein" bezeichnet wird (Lugal-e 327), könnte man in ihm „an embodiment or a prototype of stone and/or mountain" sehen.[170] Die Phraseologie ist in den beiden Werken an manchen Stellen sehr ähnlich. Sowohl Inanna und als auch Ninurta werden mittels der Wortverbindung *kur gul-gul* mit der Bergvernichtung in Zusammenhang gebracht (IEb [*ETCSL* 1.3.2] 6; Lugal-e [*ETCSL* 1.6.2] 95). Auf die politische Relevanz einer solchen Vorstellung weist die Verbindung mit *iri laḫ$_{4/6}$-laḫ$_{4/6}$* „eine Stadt plündern" hin: ur-saĝ kur gul-gul iri laḫ$_6$-laḫ$_6$ „the warrior who destroys mountains and plunders cities" (Ninurta G [*ETCSL* 4.27.07] 17–18, 20–21 u. a.);[171] vgl. auch ur-saĝ iri laḫ$_{4/6}$-laḫ$_{4/6}$ kur-re gú ĝar-ĝar „warrior who plunders cities, who subjugates mountains" (Lugal-e 662).[172] Die kämpferische Auseinandersetzung Ninurtas mit den Bergen und Steinen ist ein wichtiger Teil seiner Mythologie und ist in mehreren literarischen Werken Mesopotamiens belegt, von denen hauptsächlich *An-gim* und der Anzu-Mythos zu nennen sind.[173] Verschieden sind aber die Gründe für den Kampf mit einem Berg. Während Inanna sich gekränkt fühlt und aus diesem Grund den Berg Ebiḫ vernichten will, kämpft Ninurta, um die bedrohte Ordnung zu bewahren.

---

168 Vgl. J. Jeremias, *Theophanie* (WMANT 10; Neukirchen ²1977) 73–90.
169 Vgl. F. Karahashi, Fighting the Mountain: Some Observations on the Sumerian Myths of Inanna and Ninurta, *JNES* 63/2 (2004) 111–118.
170 Ebd., 115. Für mehrere Vorschläge anderer Forscher ebd. K. Polinger Foster, Volcanic Landscapes in Lugal-e, *Landscapes. Territories, Frontiers and Horizons in the Ancient Near East* (Ed. L. Milano et al.; Padova 1999) 28 sieht Asag als „a demonically personified volcano and its associated phenomena."
171 *ETCSL* 4.27.07 bietet laḫ$_4$ statt laḫ$_6$-laḫ$_6$.
172 Karahashi, Fighting the Mountain, 113. In *ETCSL* 1.6.2 ist es die Zeile 659 und wiederum nur mit einem laḫ$_4$.
173 Mehrere Belege bietet Karahashi in der Anm. 28 ihres Aufsatzes.

Die beiden Gottheiten werden mit der Bezwingung bzw. der Vernichtung der Berge auch in Gebeten oder hymnischen Texten in Verbindung gebracht. In einem bilingualen Balag-Lied aus der hellenistischen oder arsakidischen Zeit wiederholt sich die Selbstcharakterisierung Ištars mehrmals: ḫúb-gaz kur-ra mèn/*mudīkti šadî anāku* „ich bin eine, die Berge bezwingt (wörtl. tötet)".[174] Eine konkretere Vorstellung von dem Ebnen der Berge findet sich z. B. in einem altbabylonischen Hymnus an Ištar (*SEAL* 2.1.5.6 [VAT 6656], col. i 7′): „The mountains were [low]ered *([uš?-t]a-ap-pí-lu ša-du)* (when) I paced with my feet on the earth." Nach einem Hymnus an Ningirsu/Ninurta vernichtet seine Stimme die Berge (KAR 97, Obv. 1–2: … šeg₁₀-ga-a-ˈniˀ […] ḫur-saĝ ì-gul-gul[175]). Als *dāʾik šadî* „derjenige, der die Berge tötet" wird Ninurta z. B. in dem Šuilla-Gebet nir-gál lú è-NE bezeichnet.[176]

### 1.4.1.2 Das Erra-Epos

Einen speziellen Fall stellt das Erra-Epos dar, in dem das Motiv der Berge bzw. ihrer Bezwingung/Vernichtung an mehreren Stellen auftaucht. Allerdings hat diese Bezwingung/Vernichtung unterschiedliche Gründe. Der Erste, der mit einer vernichtenden Handlung an Bergen assoziiert wird, ist einer der Sibitti, d. h. einer der sieben von Anu gezeugten göttlichen Gestalten, die an der Seite Erras gehen sollen. Zum Vierten sagt sein Erzeuger: „Wenn du deine grausamen Waffen trägst, soll der Berg zerbersten." (Erra I 35).[177] Zwischen der Bestimmung des Geschicks der Sibitti und den späteren Taten Erras sieht L. Cagni, der Bearbeiter des Epos, eine Parallele, oder anders gesagt: die beschriebene Tätigkeits- bzw. Wirkungssphäre der Sibitti dient als literarische Vorwegnahme der Taten Erras.[178] Zu den Bergen berichtet das Epos weiter: „… er [d. h. Erra] erhob seine Hand und zertrümmerte den Berg, den Berg Chichi machte er dem Erdboden gleich." (Erra IV 142–143).[179] Es sind gerade die Sibitti, die Erra zu einem Vernichtungsfeldzug bewegen, wobei eine lange Reihe an „Erwartungen" aufgezählt wird:

> „Lasse laut dein Gebrüll erschallen, damit sie oben und unten erzittern:
> …
> die Götter sollen es hören und unter dein Joch sich beugen,
> die Könige sollen es hören und sich unter dich knien,
> die Länder sollen es hören und ihre Tribute bringen …" (I 61.64–66)[180]

---

174 *CTMMA* II, No. 7, Rev. 7–14.
175 Vgl. http://oracc.museum.upenn.edu/blms/P369078/html (Zugang: 1.2.2019).
176 *CTMMA* II, No. 15, Obv. 7.
177 G. G. W. Müller, Ischum und Erra, *TUAT* III/4, 784.
178 Vgl. L. Cagni, *L'Epopea di Erra* (Studi Semitici 34; Roma 1969) 152–153.
179 *TUAT* III/4, 799.
180 Ebd., 785.

Unter den „Erwartungen", die sich sowohl auf die Natur als auch auf die politische und soziale Sphäre beziehen, erklingt auch: „... die hochragenden Berge sollen es hören und [aus Fu]rcht ihre Gipfel einziehen ..." (I 69).[181] An dieser Stelle ist die „Einschüchterung" der Berge eines der Zeichen der überwältigenden Macht Erras. Das wird auch durch die an Erra gerichtete Rede Ischums bestätigt, der Mitleid mit den Menschen hat und ihm Vorwürfe macht: „... du wühlst das Meer auf, vernichtest die Berge ... die Götter fürchten dich ... und du sagst in deinem Herzen: ,Sie verachten mich!'" (III D 5.9.15).[182] Eine weitere Nuance ist aber der schon zitierten Stelle IV 142–143 (ff.) zu entnehmen. Die geplante Vernichtung ist kein Ausbruch des gekränkten Erra mehr, sondern sie ist bewusst gegen die Feinde der „Akkader" gerichtet. Als Zielort wird der Berg Chichi, ein Siedlungsgebiet der Sutäer, angegeben: „Er vernichtete die Städte und machte sie zur Wüste, er zerstörte die Berge und zerschmetterte ihr Vieh ..."[183] Was die Bergmotivik bzw. das Motiv der Bezwingung/Vernichtung der Berge im Erra-Epos betrifft, sind also grundsätzlich zwei Linien zu unterscheiden. Bei der ersten dient dieses Motiv (unter anderem) der Betonung der Macht Erras, die aber als eine vernichtende eingesetzt wird, ungeachtet der Folgen. Bei der zweiten Linie wird diese Macht, die weiterhin auch durch die Bergmotivik betont bleibt, eingesetzt, um die politisch-militärischen Feinde der „Akkader" zu vernichten und die Voraussetzungen für die Neuordnung des von Erra selbst verursachten Chaos zu schaffen.

### 1.4.1.3 Teššub, Ea und Ullikummi

Einen Konflikt zwischen einem Berg bzw. mehreren Bergen und dem Wettergott[184] Teššub belegen die hurro-hethitischen mythologischen Texte. Das bedeutendste ist das sog. Lied von Ullikummi.[185] Kumarbi, der Widersacher des Wettergottes, sucht nach Mitteln, ihn zu besiegen. Infolge der Schwängerung eines Felsens wurde ein Steinwesen geboren, dem Kumarbi den Namen Ullikummi gibt. Dieser wird auf die rechte Schulter des Weltenriesen Upelluri gepflanzt, der – ähnlich wie Atlas – den Kosmos trägt. Ullikummi wächst zu einer immensen Größe heran, sodass die Götter allarmiert sind – selbst Teššub und seine Brüder sind verzweifelt. Da das Ungeheuer blind und taub ist, helfen auch die Verführungskünste Ištars nicht. Nach der vergeblichen Bemühung der Götter, Ullikummi zu besiegen, kommt erst der Weisheitsgott Aya (= Ea) mit der Lösung: die kupferne Sichel, mit der man einst Himmel und Erde auseinanderschnitt. Zwar fehlt ein Teil des Textes, „doch es besteht kein Zweifel, dass [Teššub] den Ullikummi mit der Sichel von der Schulter des Upelluri abgeschnitten

---

181 Ebd., 786.
182 Ebd., 792.
183 Ebd., 799.
184 Ausführlich zu Wettergottgestalten vgl. D. SCHWEMER, *Die Wettergottgestalten Mesopotamiens und Nordsyriens im Zeitalter der Keilschriftkulturen* (Wiesbaden 2001).
185 Vgl. V. HAAS, *Geschichte der hethitischen Religion* (HdO 1/15; Leiden et al. 1994) 88–96.

und besiegt hat".[186] Ohne dass eine direkte Verbindung behauptet werden soll, ist gerade das Abschneiden eines Felsen bzw. einer felsigen Widersachergestalt für das ungewöhnliche Bild in 4Esra 13 (s. Kap. 5) motivgeschichtlich bemerkenswert.

„Einst stattgehabte Kämpfe der Berge gegen den Wettergott klingen im hethitischen Schriftum gelegentlich an."[187] Ein solcher Fall liegt im Mythos von dem Berg Bišaiša bzw. von seinem Numen Bišaišabhi und der Göttin Ištar vor. Dem fragmentarisch erhaltenen Text zufolge wurde die Göttin von dem Berggott gegen ihren Willen beschlafen. Die Folge dieser Tat ist nicht nur die Erzürnung Ištars, sondern sie bedeutet ipso facto eine Herausforderung an den Wettergott. Nach V. Haas ist die Annahme wahrscheinlich:

> „dass Bišaiša [...] nur von einem alten Recht Gebrauch macht, nämlich auf dem Gipfel des Gebirges den Hieros gamos zu vollziehen – ein Bergkult, der vor der Herrschaft des Wettergottes üblich gewesen, später dann aber abgeschafft worden wäre. Nach der Ablösung der Bergkulte werden die Berggötter, ebenso wie der Stier und die Stierdyade, zu Trabanten des Wettergottes: Entsprechend stellt die Ikonographie den Wettergott auf dem Stier oder auf zwei Bergen stehend dar."[188]

### 1.4.1.4 Andere Gottheiten

Auch andere Gottheiten werden mit einer Handlung in Verbindung gebracht, die als Bezwingung von Bergen oder zumindest als radikales Eingreifen gesehen werden kann.[189] Gibil/Girra trägt in den „Herzberuhigungsklagen" das Epitheton *mulatti šadî rabûti* (sumerisch kur dar gal)[190] „einer, der die großen Berge spaltet" (Eršḫ 38, Obv. 3; vgl. auch 39, Obv. 2). Nach einem sumerischen Sprichwort (*ETCSL* 6.1.03, 147) ist es der Wettergott Iškur, der die Berge spaltet (ᵈiškur-e kur al-dar-dar-e). Das ähnliche Motiv des Schlagens der Berge wird in einem von A. R. George veröffentlichten Epos

---

186 Ebd., 96. Der alte Mythos von Ullikummi lebt in der pessinuntischen Legende vom steingeborenen Agdistis (im phrygischen Kulturkontext) und in den ossetischen Nartenerzählungen fort. Dazu vgl. V. Haas – H. Koch, *Religionen des Alten Orients. Hethiter und Iran* (GAT 1,1; Göttingen 2011) 283–284.
187 Haas, *Geschichte*, 462.
188 Ebd., 464.
189 Die Ausdrucksweise in *KTU*³ 1.4 viii 5–6 (*ša. ġr.ʿl. ydm* (6) *ḫlb. l ẓr. rḥtm*) ist – und zwar nicht nur wegen der Probleme mit der Wurzelbestimmung von *ša* – schwer verständlich. Die Kola entstammen der Rede Baals, mit der er seine Boten instruiert. Dem Kontext nach hat die Handlung, zu der die Boten aufgefordert werden, etwas mit dem Hinabsteigen in die Unterwelt zu tun. Leitet man den Imperativ von der Wurzel *nšʾ* ab, dann ist der Satz zu übersetzen: „Hebe den Berg hoch auf (deinen) Händen, den (Wald)hügel auf dem Rücken von (den beiden) Handflächen, ..." Zur Diskussion vgl. M. S. Smith – W. T. Pitard, *The Ugaritic Baal Cycle. Volume II: Introduction with Text, Translation and Commentary of KTU/CAT 1.3–1.4* (VT.S 114; Leiden – Boston 2009) 713–714.
190 An sich handelt es sich nur um die sumerischen Wortstämme, ohne nähere grammatische Bestimmung. Vgl. S. M. Maul, *„Herzberuhigungsklagen". Die sumerisch-akkadischen Eršaḫunga-Gebete* (Wiesbaden 1988) 5.

mit Bazi verbunden, einem Sprössling des Gottes Enki.[191] Bazi fordert von seinem Vater einen (Kult)ort, an dem er residieren könne. Es wird ihm der Berg „Šaššār und Bašār" zugewiesen. Die folgenden Handlungen werden folgendermaßen beschrieben (SEAL 1.1.12.1, 23–24): *im-ḫa-aṣ ša-di-a-am er-ṣe-ta-am uš-pe-el-ki*[24] *bi-i-tum [b]a-ni ...* „Er schlug den Berg und öffnete die Erde weit. Das Haus wurde gebaut ...". Der beschriebene Vorgang des Schlagens ist also eine Voraussetzung für den Bau seines königlichen Palastes/Tempels. In der Emar-Version von „The Ballad of Early Rulers" wird Bazi nach den aus der Gilgamesch-Epik bekannten Gestalten angeführt, konkret nach Enkidu. Mit einem d-Determinativ taucht Bazi in der „Sumerian King List" aus Tell Leilan als einer der Könige in Mari auf.[192] Gerade die mögliche Verbindung der historischen Könige mit den „früheren" legendären (göttlichen) Königsgestalten dürfte dazu beigetragen haben, dass die historischen Könige die gemeinsamen Motive (wie z. B. das der Bezwingung der Berge) in ihren Inschriften mit Vorliebe eingesetzt haben (s. 1.4.2).

Dass die alte Ninurta-Motivik bzw. die mit Ninurta verbundenen Motive und mythologischen Elemente auf Marduk angewandt wurden, hat W. G. Lambert am Beispiel des *Enūma eliš* gezeigt.[193] Mehrere Parallelen – insbesondere die in Bezug auf Berge (die bekannten Traditionen aus Lugal-e und An-gim) – lassen sich in einem Hymnus an Marduk aus der Zeit des Samsu-iluna beobachten (IM 85877).[194] Der Gott Babylons wird gleich in der ersten Zeile als der „Herr der Berge" (*bé-el* KUR-*du-ʾi*) tituliert, wobei zu seinen herausragenden Handlungen das Folgende gehört (Z. 12–13): „He destroyed the raging Mountains (*na-ʾi-ru-tim ša-di-i ú-pi-iṣ*)[195], (he is) the Noble (One). He *frightens*? the disobedient land, he captures the enemies."[196] Auch an dieser Stelle ist eine enge Verbindung zwischen der Vernichtung der Berge und dem Bezwingen der Feinde zu beobachten.

## 1.4.2 Bezwingung der Berge als motivischer Bestandteil der altorientalischen Königsideologie

Dieses Motiv gehört zum Standardinventar der kriegerischen Heldentaten, derer sich vor allem die neuassyrischen Könige rühmen, wobei die Bezwingung verschiedene Facetten haben kann. Wie oben angedeutet, wollten die historischen Könige – auch durch den Gebrauch des untersuchten Motivs – in die Fußstapfen der legendären Vor-

---

191 Vgl. A. R. George, *Babylonian Literary Texts in the Schøyen Collection* (Bethesda, MD 2009) Text No. 1.
192 Vgl. Y. Cohen, *Wisdom from the Late Bronze Age* (Atlanta, GA 2013) 148.
193 Vgl. W. G. Lambert, Ninurta Mythology in the Babylonian Epic of Creation, *Keilschriftliche Literaturen. Ausgewählte Vorträge der XXXII. RAI* (Hrsg. K. Hecker und W. Sommerfeld; Berlin 1986) 55–60.
194 Vgl. T. Oshima, *Babylonian Prayers to Marduk* (ORA 7; Tübingen 2011) 191.
195 Der akkadische Text nach *SEAL* 2.1.9.1, Obv. 12.
196 Oshima, *Babylonian Prayers*, 193.

gänger treten. Als eines der ältesten Beispiele könnte man die militärische Kampagne Enmerkars gegen Aratta nennen („Lugalbanda in the Wilderness" 21–23):

„Enmerkar, the son of the Sun,
Conceived a campaign against Aratta,
the mound of the inviolate powers (kur me).
He would go and destroy the rebel land."[197]

Auch hier ist eine enge Verbindung zwischen der Bezwingung eines Berges und der Vernichtung bzw. Unterwerfung eines feindlichen oder rebellischen Landes zu beobachten.

Den bedeutendsten Fall stellt wohl die Gilgameš-Epik dar, die u. a. ebenfalls die Vorstellung von einem personifizierten Berg kennt, oder genauer gesagt: in der der Berg als Metapher für den sagenhaften Feind Huwawa dient. Der ausführliche Beleg dafür findet sich in einem altbabylonischen Fragment aus der Schøyen-Sammlung (SC 3025, Obv. 14–16 [SEAL 1.1.7.9])[198], das eine bisherige Lücke in unserer Kenntnis des Epos füllt.[199]

| | |
|---|---|
| 14 i-na-an-na ib-ri ša ni-il-la-ku-[šum] | 14 Jetzt, mein Freund, (derjenige), zu dem wir gehen, |
| 15 ú-ul ša-du-um-ma-a nu-uk-ku-ur[200] mi-[im-ma] | 15 ist er (etwa) nicht (der) Berg? Er ist etwas sehr Fremdartiges![201] |
| 16 i-na-an-na ᵈHU.WA ša ni-[il]-la-ku-šu[m ú-u]l šadûm(KUR)-[m]a nu-[uk-ku]-ur m[i-im]-[ma] | 16 Jetzt, Huwawa, zu dem wir gehen, ist er (etwa) nicht (der) Berg? Er ist etwas sehr Fremdartiges! |

Es handelt sich um die von Enkidu vorgetragene Erklärung des Traums, der Gilgameš beunruhigt. Er sah nämlich, wie ein Berg auf ihn fiel und ihn „gürtete" (i-si-ha[202]-an-[ni]; Obv. 6) und wie ein Mann, „hell/strahlend im Lande", ihn rettete. Die Fragepartikel –mā (15) kennzeichnet die Wortgruppe ú-ul ša-du-um-ma-a als rhetorische Frage.[203] Für Enkidu ist es also klar, wer sich hinter dieser Metapher verbirgt.

Das Beispiel par excellence stellt ein für die alttestamentliche Forschung besonders bedeutsamer Text dar, nämlich die sog. Akkadische Sargon-Legende, deren Hauptprotagonist eine historische Königsgestalt ist. Sie schildert den Aufstieg und das

---

197 H. VANSTIPHOUT, Epics of Sumerian Kings. The Matter of Aratta (Atlanta, GA 2003) 104–105.
198 Für die Reise zum Zedernwald und die Träume von Gilgameš vgl. auch Bogazköy-Fragment KUB 4,12 Vorderseite; in der ninivitischen Fassung Tafel IV, Kol. i-iii.
199 Vgl. A. R. GEORGE, The Babylonian Gilgamesh Epic. Introduction, Critical Edition and Cuneiform Texts (Oxford 2003) 225.
200 Zu diesem altbab. Stativ vgl. AHw II, 720.
201 Mit GEORGE, Gilgamesh, 235: „Is he not the mountain? He is something very strange!".
202 Nach der in dieser Monographie gebrauchten Transkription müsste es i-si-ḫa-an-[ni] heißen. Die zitierte Form entstammt SEAL 1.1.7.9.
203 Ebd., 226.

ruhmreiche Leben Sargons von Akkad, dem – abgesehen von der Legende – ein ambitioniertes Vorhaben gelang, indem er in der Frühzeit der politischen Weltgeschichte ein imposantes Staatsgebilde schuf. Daher war seine Persönlichkeit dazu vorherbestimmt, auch nach etwa fünfzehn Jahrhunderten als ideales Propagandainstrument zu dienen – dies, wenn man der Datierung in die Sargonidenzeit, konkret in die von Sargon II. (721–705 v. Chr.), zustimmt.[204] Nachdem Sargon autobiographisch von seiner Kindheit und seinem Leben bei Akki erzählt hat (1–11), kommt er über die Erwähnung der Liebe Ištars zum Bericht über seine Herrschaft (12–21), an den sich eine Reihe von Wünschen (22 ff.) für einen zukünftigen König (22: „Welcher König auch immer nach mir an die Macht kommt, 23 er möge …") anschließt, die inhaltlich dem vorausgehenden Bericht entsprechen. Das folgende Zitat aus dem Bericht beinhaltet hauptsächlich die die Berge betreffende Reihe:

| Kol. I, 15 KUR-*e* (*šadê*) KALA.MEŠ (*dannūti*) AŠ (*ina*) *ak-ku-la-te šá* URUDU. ḪI.A (*erê*) *lu-u ár-ḫi-iṣ* | 15 Steile Berge überwand ich mit kupfernen Spitzhacken. |
|---|---|
| 16 *lu e-tel-li šá-di-i e-lu-ti* | 16 Die Gipfel erklomm ich immer wieder. |
| 17 *lu at-ta-tab-lak-ka-ta šá-di-i šap-lu-ti* | 17 Die Gebirge durchzog ich immer wieder. |
| 18 *ma-ti ti-amat lu-ú al-ma-a 3-šú* | 18 Die Küstenregion belagerte ich dreimal.[205] |

Die Gebirge stellten ein natürliches Hindernis für die Expansionspolitik der neuassyrischen Könige dar. Um mit dem eigenen Heer expandieren zu können, mussten sie sich der Herausforderung der verschiedenen Gebirgszonen des Nahen und Mittleren Ostens stellen. Ein weiterer Aspekt des Motivs ist der Sieg über die politische und militärische Opposition, insbesondere über die Rebellen, die das assyrische Joch abzuschütteln versuchten, weil sie – den neuassyrischen Königsinschriften zufolge – u. a. auf die starken Berge vertrauten (s. unten).[206] Als Beispiel kann der Fall von Muttallu von Kummuḫi angeführt werden, der sich „auf hochragende Berge" verließ und Sargon II. den Tribut verweigerte (Ann. 398–401).[207]

Das Motiv der Bezwingung der Berge ist ursprünglich nicht neuassyrisch, da es schon in den Inschriften des 3. Jahrtausends v. Chr. belegt ist, wie z. B. ein Passus über den Feldzug von Naram-Sin von Akkad (etwa 2255–2218) zeigt: „… er bezwang den

---

204 Vgl. S. M. MAUL, Altorientalische Tatenberichte, *La Biographie Antique* (Hrsg. W. W. Ehlers; Vandœuvres – Genève 1998) 20; E. OTTO, Mose und das Gesetz. Die Mose-Figur als Gegenentwurf politischer Theologie zur neuassyrischen Königsideologie im 7. Jh. v. Chr., *Mose. Ägypten und das Alte Testament* (Hrsg. E. Otto; SBS 189; Stuttgart 2000) 43–83.
205 Text und Übersetzung bei OTTO, Mose und das Gesetz, 52–53.
206 Vgl. P. JUHÁS, *bārtu nabalkattu ana māt Aššur īpušma uḫaṭṭâ… Eine Studie zum Vokabular und zur Sprache der Rebellion in ausgewählten neuassyrischen Quellen und in 2Kön 15–21* (KUSATU 14; Kamen 2011) 61–62.
207 A. FUCHS, *Die Inschriften Sargons II. aus Khorsabad* (Göttingen 1994) 177, 338. Vgl. des Weiteren auch den Fall von Sanda-uarri, dem König von Kundi und Sissû (Asarhaddon, RINAP 4 1 iii 20–23; *TUAT* I, 396).

Amanus, das Gebirge der Zedern".[208] In einer Inschrift seines Nachfolgers findet man wieder eine enge Verbindung zwischen der Aktion gegen die Berge und einer weiteren politisch relevanten Größe: *nišē u sa-tu-e kalašunuma ana Enlil u-ra-iš* „(Šar-kali-šarrī) smote the people and the mountains in their totality for Enlil."[209] Als Bezwinger der Bergländer wird auch der berühmte Pharao der 12. Dynastie, Sesostris/Senwosret III. (19. Jh. v. Chr.)[210], besungen (ASSMANN Nr. 228, 3-4): „Der das Land schützt, seine Grenzen breit macht, der die Bergländer niederzwingt durch seine Uräusschlange."[211]

Das erwähnte Motiv der Bezwingung ist zu einem zentralen Motiv der neuassyrischen Königspropaganda geworden. In einer Reihe von „Segenswünschen" für den assyrischen König (STT 2, 340)[212] wird gleich am Anfang erbeten (o 1), dass mittels des Geräusches seines Bogens „die feindlichen Berge in Zittern/Erregung gebracht werden" (*liš-tar-i-bu* KUR.MEŠ *nak-ru-tu*). Mehrere Beispiele aus den neuassyrischen Königsinschriften[213] lassen sich anführen (vgl. Jes 37,24!):

*Tiglat-pileser III*
„… They (the enemy) took to a high mountain peak in the mountainous terrain of Mount Ḫaliḫadri. I pursued them and defeated them …" (RINAP 1 7,1)
„… Ušuru of [the city …] …ruta (and) Burdada of the city Nirutakta became frightened and took to the mountains. I went up after them, defeated them, (and) [carried] off their booty …" (15,10b)
„In my ninth palû, I ordered (my troops) to march against the Medes. I conquered the cities of city rulers who were unsubmissive. I defeated them (and) carried off their booty. I firmly placed my steles in […], the city Bīt-Ištar, the city Ṣibar (Ṣibur), (and at) Mount Ariarma (and) Mount Silḫazu, mighty mountains …" (35, ii 25′)

*Sanherib*
„To make (those) planted areas luxuriant, I cut with iron picks a canal straight through mountain and *valley*, from the border of the city Kisiru to the plain of Nineveh." (RINAP 3 1,89; 3,59)
„… In the high mountains, difficult terrain, I rode on horseback and had my personal chariot carried on (men's) necks. In very rugged terrain I roamed about on foot like a wild bull." (3,20; vgl. auch 4,18)

*Asarhaddon*
„I trod on the necks of the people of Cilicia, mountain dwellers who live in inaccessible mountains in the neighborhood of the land Tabal, evil Hittites,

---

208 R. BORGER, Historische Texte in akkadischer Sprache, TUAT I/4, 355.
209 *CAD* Š1, 51.
210 Zu diesem Pharao vgl. P. TALLET, *Sésostris III et la fin de la XII*ᵉ *dynastie* (Paris 2005).
211 J. ASSMANN, *Ägyptische Hymnen und Gebete* (OBO; Fribourg – Göttingen ²1999) 515.
212 O. R. GURNEY – P. HULIN, *The Sultantepe Tablets II* (London 1964).
213 Zugänglich über: http://oracc.museum.upenn.edu/rinap/.

(iii 50) who trusted in their mighty mountains and who from earliest days had not been submissive to the yoke." (RINAP 4 1 iii 47–51 und par.)
„[In 10. palû] In Nisannu (I), the first month, I set out from my city, Aššur, (and) crossed the Tigris (and) Euphrates Rivers when they were at flood level, (and) marched over difficult mountains like a wild bull." (34, o 11′–12′)

*Assurbanipal*
„[Ummanaldašu] He (then) fled alone from the rebellion that his servants had incited against him and he took to the mountain(s). From the mountain(s), his place of refuge where he had always fled, I caught him like a falcon and took him alive to Assyria." (RINAP 5 11 x 11–16)

Die späteren neubabylonischen Inschriften Nebukadnezzars und Nabonids haben meistens einen etwas anderen Charakter, da es sich hauptsächlich um Bauinschriften handelt. Gerade im Kontext seiner Bautätigkeit erwähnt Nebukadnezzar II. in seiner Wadi-Brisa-Inschrift, wie er „hohe Berge durchbrach … Gebirgssteine spaltete" und „Zugänge öffnete", um „einen Weg für Zedern" des Libanons zu bahnen.[214] Bemerkenswerterweise lautet eines der wichtigsten Epitheta Nabonids „conqueror of the lofty mountains".[215] Auch wenn sich Darius später in seiner Behistun-Inschrift des Sieges über seine rebellischen Feinde rühmt, spielt das Motiv der Bezwingung der Berge keine Rolle. Allerdings gebraucht das vierte Buch der Sibyllinen dieses Motiv, wenn es die militärische Kampagne von Xerxes schildert (vgl. auch Sib 5,336 und 11,180). Die Sibyllinen stellen in 4,49–101 unter der Anwendung des Zehn-Generationen- und des Vier-Reiche-Schemas den Verlauf der Geschichte dar. Als drittes Königsreich tritt das der Perser auf. Dabei wird auf einige historische Begebenheiten zurückgegriffen. Die erwähnte Kampagne von Xerxes wird folgendermaßen beschrieben (4,76–78):

„Ankommt von Asien her mit erhobener Lanze ein König, machtvoll mit zahlreichen Schiffen; zu Fuß überschreitet er nasse Pfade der Tiere, zu Schiff den hohen Berg durchschneidend."[216]

Hier muss der Autor wohl jenes Unternehmen von Xerxes vor Augen gehabt haben, in dem er Schiffbrücken über den Hellespont bauen und einen Kanal durch die Athos-Halbinsel treiben ließ (Herodot, Hist. 7,22ff).[217]

Auch bei hellenistischen Herrschern taucht das Motiv der „bezwungenen" Berge auf, wie es dem Zeugnis Plutarchs zu entnehmen ist, der auch einiges zur Natur dieser

---

214 *TUAT* I/4, 405.
215 Vgl. D. S. VANDERHOOFT, *The Neo-Babylonian Empire and Babylon in the Latter Prophets* (HSM 59; Atlanta, GA 1999) 55 Anm. 201.
216 GAUGER, *Sibyllinische Weissagungen*, 117.
217 Vgl. COLLINS, Book 4, 386; GAUGER, *Sibyllinische Weissagungen*, 504.

Herrscher mitteilt. Nachdem sich Pyrrhus und Lysimachos auf eine Aufteilung der Gebiete geeinigt haben, bedeutete das kein Ende ihrer Feindseligkeiten, denn – so bemerkt Plutarch (*Pyrrh.* 12.2–3) –:

> „[...] Männer, deren Herrschsucht kein Meer, kein Gebirge, keine unbewohnte Einöde ein Ziel setzt (οἷς γὰρ οὐ πέλαγος, οὐκ ὄρος, οὐκ ἀοίκητος ἐρημία πέρας ἐστὶ πλεονεξίας), deren Begierden nicht vor den Grenzen, die Europa und Asien trennen, Halt machen, wie die, wenn sie als Nachbarn einander berühren, sich mit ihrem Besitz begnügen sollten, ohne einander Unrecht zu tun, das ist nicht zu sagen; nein, sondern sie sind immer im Krieg, da sie Hinterlist und Neid eingewurzelt in sich tragen, und von den zwei Worten Krieg und Frieden gebrauchen sie – wie Münzen – dasjenige, das ihnen jeweils zum Vorteil dient, nicht, wie es das Recht erheischt; ja, sie sind noch redlicher, wenn sie sich offen als Feinde bekennen, als wenn sie das zeitweilige Pausieren und Ruhen des Unrechttuns Gerechtigkeit und Freundschaft nennen."[218]

So ergeben sich grundsätzlich zwei Subtypen des Motivs der Bergbezwingung: 1) Zum einen stellen die Berge ein natürliches Hindernis dar, das auch aus Gründen sozioökonomischer Natur überwunden wird; 2) zum anderen müssen die Berge besiegt werden, weil sie als eine natürliche Schutzwehr der Feinde bzw. der rebellischen Könige dienen. In diesem Zusammenhang ist die Verbindung zwischen den unbegrenzten imperialen Ambitionen der hellenistischen Herrscher und ihrer militärischen Aktivitäten, wie es Plutarch aufzeigt, bemerkenswert. Gerade dieser Subtyp des Motivs ist dann für 1Hen 52 aufschlussreich, da die Bezwingung bzw. Beseitigung der metallischen Berge – durch das Zerschmelzen – ein substanzieller Schritt zur Entmachtung der Könige ist (s. Kap. 3).

---

218 Die Übersetzung von K. Ziegler, *Plutarch. Grosse Griechen und Römer. Band VI* (Zürich – Stuttgart 1965) 20–21; der griechische Text aus: Plutarch. *Plutarch's Lives with an English Translation by Bernadotte Perrin* (Cambridge, MA. – London 1920).

# 2 Der Berg in Sach 4,6aβ-7

Da dieses Orakel, in dem der Berg in einem Verhältnis zu Serubbabel steht, in eine umfangreichere Vision eingebettet ist, erweist es sich als notwendig, auch die Vision selbst zu untersuchen und darin das Miteinander von Vision und Orakel zu erfassen.

## 2.1 Der Kontext des Orakels: die Vision von dem Leuchter und den beiden Ölbäumen

In synchroner Perspektive ist das Orakel Sach 4,6aβ-7 mit seinem Anhang (V.8–10a) ein Teil der vierten Vision vom Leuchter (Kap. 4). Wie der Ausdruck „synchrone Perspektive" andeutet, ließ die literar- und redaktionskritische Arbeit den Text nicht unberührt. Die literarkritische Herauslösung der beiden Orakel scheint ein mehr oder weniger etablierter Konsens der Forschung zu sein. Bevor man zu den notwendigen literar- und redaktionskritischen Überlegungen kommt, sind bestimmte syntaktische Textprobleme anzusprechen.

### 2.1.1 Syntaktische Probleme von Sach 4

Da sich das erste relevante Problem direkt auf den Berg in V. 7a bezieht, wird es in 2.2 behandelt. Für das Verhältnis der Orakel zur Vision selbst ist Vers 10, der eben ein anderes syntaktisches Problem darstellt, von besonderem Interesse:

| | |
|---|---|
| כִּי מִי בַז לְיוֹם קְטַנּוֹת וְשָׂמְחוּ וְרָאוּ אֶת־הָאֶבֶן הַבְּדִיל בְּיַד זְרֻבָּבֶל שִׁבְעָה־אֵלֶּה עֵינֵי יְהוָה הֵמָּה מְשׁוֹטְטִים בְּכָל־הָאָרֶץ: | Denn wer hat den Tag kleiner (Dinge) verachtet? Und [sie⸱] werden sich freuen und den Stein des Senkbleis in der Hand Serubbabels sehen [.⸱] [d/D⸱]iese sieben [Sie⸱] sind die Augen des HERRN, sie schweifen auf der ganzen Erde umher. |

Erhebliche Probleme verursacht zunächst die Gliederung dieses Verses (in syntaktischer sowie prosodischer Hinsicht) und folglich auch die Zuordnung einer exegetisch sehr wichtigen Wortgruppe, nämlich שִׁבְעָה־אֵלֶּה „diese sieben". Die masoretische Akzentsetzung hat die Lage noch etwas verkompliziert, weil der Atnach, der einen Vers halbiert, unter אֵלֶּה gesetzt wurde. Demnach müsste die oben angeführte, durch einen Maqqef markierte Wortverbindung zum ersten Teil des Verses gehören. Betrachtet man sowohl die antiken als auch die modernen Bibelübersetzungen, ergibt sich ein ganz anderes Bild. Die Septuaginta (und ähnlich auch die Vulgata) bietet für den problematischen Passus den folgenden Text: … ἑπτὰ οὗτοι ὀφθαλμοὶ κυρίου εἰσὶν οἱ ἐπιβλέποντες ἐπὶ πᾶσαν τὴν γῆν.[1] Auch die modernen Übersetzungen folgen einer solchen Gliederung,[2] die eigentlich dem Vorschlag im kritischen Apparat der *BHS* entspricht, den Atnach unter זרבבל zu setzen.

Die Pšīṭtā zeigt in mancher Hinsicht ihr eigenes Verständnis der hebr. Vorlage:

| | |
|---|---|
| ܡܛܠ ܕܡܢܘ ܐܫܛ ܠܝܘܡܬܐ ܙܥܘܪܬܐ ܘܢܚܙܘܢ ܘܢܚܘܪܘܢ<br>ܠܟܐܦܐ ܕܦܘܪܫܢܐ ܒܐܝܕܘܗܝ ܕܙܘܪܒܒܠ ܗܠܝܢ ܐܢܝܢ<br>ܫܒܥ ܥܝܢܘܗܝ ܕܡܪܝܐ ܕܚܙܝܢ ܒܟܠܗ ܐܪܥܐ | Denn wer ist es, der die kleinen Tage verachtet? Und sie werden schauen und sehen den Stein der Trennung in den Händen Serubbabels. Diese sind (die) sieben Augen des HERRN, die auf die ganze Erde schauen. |

Die fragliche Zäsur ist – ähnlich den oben genannten Übersetzungen – hinter Serubbabel gesetzt. Die Pšīṭtā löst aber die problematische Wortverbindung und ihre Stellung im Vers syntaktisch anders, indem sie eine für das Syrische typische dreiteilige Struktur der Nominalsätze verwendet, wobei sie der Wortstellung des hebräischen Satzes (anders als die LXX) nicht folgt. Wenn die funktionale Interpretation der syrischen Nominalsätze von T. Muraoka zutrifft, dann kann man in ܗܠܝܢ ܐܢܝܢ ܫܒܥ ܥܝܢܘܗܝ ܕܡܪܝܐ einen „identifizierenden" *(identificatory)* Satztyp sehen, der die Struktur Prädikat – Kopula – Subjekt aufweist,[3] d. h. „*Diese* sind (die) sieben …". Die Wortverbindung שִׁבְעָה־אֵלֶּה, die im hebräischen Text – zunächst ungeachtet ihrer Zuordnung zu 10a oder 10b – die Funktion eines Subjekts erfüllt, wird hier getrennt. Folglich wird den beiden Gliedern jeweils die Funktion eines Prädikats und eines Attributs des Subjekts zugeordnet. Außerdem macht die Pšīṭtā aus der Constructus-Verbindung „Tag der kleinen (Dinge)" eine Verbindung von Substantiv und attributivem Adjektiv (wie schon die LXX: ἡμέρας μικράς) und hat den Plural „Hände Serubbabels". Eine etymologisierende Wiedergabe zeigt sie bei dem „Stein der Trennung", da der syrische Übersetzer die Bedeutung „Zinn, Antimon"[4] des hebr. בְּדִיל wahrscheinlich nicht gekannt und stattdessen die Form von der Wurzel בדל (Hif.) abgeleitet zu haben scheint.

Der Targum zu den kleinen Propheten stellt eine originelle und interessant interpretierende Übersetzung dar:

1 *LXX.D* 1218: „… Diese sind (die) sieben Augen des Herrn, die auf die ganze Erde *schauen*."
2 Vgl. etwa NRSV, ELB, EÜ, IEP, FBJ, TOB, Leidse Vertaling.
3 Vgl. T. Muraoka, *Classical Syriac* (Porta 19; Wiesbaden $^{2}$2005) 83–86.
4 Ges[18] 125.

„Denn wer ist jener, der diesen Tag wegen des Baus verachtet hat, der [*oder:* weil er, d. h. der Bau] klein ist? Wird er sich etwa nicht wieder freuen, wenn er das Lot [wörtl. den Stein des Lots] in der Hand Serubbabels sieht – sieben Schichten/Lagen (נִדְבְּכִין) wie diese? Vor dem Herrn sind die Taten der Menschen auf der ganzen Erde enthüllt."

Was die Zuordnung der problematischen Wortverbindung שִׁבְעָה־אֵלֶּה angeht, ähnelt das targumische Verständnis der masoretischen Akzentsetzung. Allerdings bietet der Targum einige neue Elemente, die den schwierigen hebräischen Text erhellen sollen. Mit Rücksicht auf den Kontext (Wiederaufbau des Tempels) wurde das Zahlwort „sieben" mit den Schichten (von Ziegeln oder Steinen) verbunden, die aber kein Pendant im hebräischen Text haben. Interessanterweise liegt damit eine Spannung zum Kyros-Edikt in Esra 6 vor, das von *drei* Lagen/Schichten (נִדְבְּכִין) von Quadersteinen und einer Lage von Holz spricht (V. 4).[5]

Wie schon die modernen Übersetzungen erahnen lassen, neigen viele Ausleger dazu, die Wortverbindung שִׁבְעָה־אֵלֶּה zu 10b zuzuordnen und den Halbvers in literarkritischer Hinsicht als Fortsetzung von 6aα zu betrachten (s. 2.1.2). Obwohl Tiemeyer (mit Verweis auf Merrill) mit ihrer Vorsicht nicht zu ignorieren ist,[6] müssen hier die syntaktischen mit den literarkritischen Überlegungen Hand in Hand gehen. Wenn man also die tiberische Setzung des Atnach akzeptiert, müsste die Übersetzung folgendermaßen lauten: „... diese sieben werden sich freuen, wenn sie den Stein des Senkbleis in der Hand Serubbabels sehen ...".[7] Eine solche Übersetzung entspricht zwar neben der tiberischen Akzentsetzung auch der erwarteten Numeruskongruenz, die Worte „diese sieben" bleiben aber änigmatisch.[8] Wegweisend scheinen die Überlegungen van der Woudes und deren Kritik vonseiten Tigchelaars zu sein. Auch van der Woude betrachtet die Verbindung שִׁבְעָה־אֵלֶּה als Subjekt der Verben „sich freuen" und „sehen", wobei er auf die interessante Tatsache aufmerksam macht, dass die Deutungsformeln mit einem Demonstrativpronomen beginnen. Daher konnte diese Wortverbindung seiner Analyse zufolge die Deutung des Engels nicht einführen.[9] Hätte der Halbvers 10b ursprünglich die Einleitung in V. 6aα fortgesetzt, müsste der Satz nach van der Woude אלה שבע עיני יהוה lauten. Im Unterschied dazu meint Tigchelaar, die Verbindung שִׁבְעָה־אֵלֶּה habe eine Doppelfunktion („double duty"), sie gehöre also zu den beiden Sätzen.[10] Diese attraktive Erklärung scheint auf synchroner Ebene, d. h.

---

5 Vgl. R. P. Gordon, *The Targum of the Minor Prophets* (Aramaic Bible 14; Edinburgh 1989) 195 Anm. 19.
6 Tiemeyer, *Zechariah and His Visions*, 156: „[...] it is methodologically flawed to let a prior assumption of the historical development of the text guide the understanding of its syntax."; vgl. auch E. H. Merrill, *Haggai, Zechariah, Maleachi* (Chicago, IL 1994) 136.
7 Vgl. Merrill, *Zechariah*, 136.
8 Vgl. Tiemeyer, *Zechariah and His Visions*, 156.
9 Vgl. A. S. van der Woude, Zion as Primeval Stone in Zechariah 3 and 4, *Text and Context: Old Testament and Semitic Studies for F. C. Fensham* (Ed. W. Claassen; JSOT.S 48; Sheffield 1988) 239.
10 Tigchelaar, *Prophets*, 31: „This interpretation sheds light on the identification of the seven lamps with Yahweh's eyes in Zech 4:10b. [...] The hypothesis that שבעה אלה is also the grammatical subject of Zech 4:10a corroborates the interpretation of Yahweh's eyes as members of the heavenly council."

im vorliegenden Wortlaut, zu funktionieren. Jedoch ist schon hier eine literar- und redaktionskritische Bemerkung notwendig. Die Beobachtung, dass die Deutungsformel mit einem Demonstrativpronomen beginnt, ist ernst zu nehmen. Außerdem korreliert die Deutungsformel mit dem Kontext der betreffenden Vision, nämlich mit den Fragen, die in den Versen 4–5 gestellt werden (מָה־אֵלֶּה bzw. אֵלֶּה מָה־הֵמָּה). Die ursprüngliche Fortsetzung von V. 6aα muss also אלה עיני יהוה gelautet haben, da auch in keiner der Fragen eine Zahl vorkommt; selbst in der Frage nicht, die der *angelus interpres* wiederholt. Dazu ist noch zu bemerken, dass zunächst unklar bleibt, worauf sich die Fragen beziehen: auf den Leuchter samt seinen Komponenten oder auf die Ölbäume (erst in V. 11 wird ganz konkret nach den Ölbäumen gefragt)? Eine solche Unklarheit könnte zum Nachtrag von שבעה in V. 10 geführt haben. Erst dann konnte die problematische Wortverbindung eine Doppelfunktion übernommen haben. In der ursprünglichen Fortsetzung war אֵלֶּה das Subjekt des ersten Nominalsatzes von V. 10b.

### 2.1.2 Diachrone Perspektive

Die ersten Überlegungen aus diachroner Perspektive waren schon bei der Behandlung der syntaktischen Probleme notwendig. Hier sollen die literarkritisch relevanten Beobachtungen nur kurz skizziert werden. Die Meinung vieler Forscher zu diesem Kapitel aus literar- und redaktionskritischer Sicht lässt sich folgendermaßen formulieren: „Dass […] V. 4,6aβ–7 + V. 8–10a zwei Einzelworte sind, die in die ursprüngliche Visionseinheit eingeschoben worden sind, liegt auf der Hand."[11] Das Orakelmaterial unterbricht eindeutig die Antwort des *angelus interpres*, die in V. 6a eingeleitet und ursprünglich mit אֵלֶּה in V.10b fortgesetzt wurde (s. o.). Die Verse 11.13–14 werden meistens als Bestandteil der ursprünglichen Gestalt angesehen.[12]

Komplexer sind Vers 12 und die zeitliche Korrelation der beiden Orakel. Der genannte Vers bringt einige schwer lösbare Fragen mit sich, die hauptsächlich seinen unklaren Inhalt betreffen. Im Apparat der BHS wird der Teil des Verses ab אֲשֶׁר als Textverderbnis betrachtet und ein Korrekturvorschlag geboten. Auf Anhieb ins Auge springt ein neues Element, das in der Vision selbst keine Rolle spielt, nämlich שִׁבֳּלֵי הַזֵּיתִים. Ferner fällt auf, dass „hier, das einzigemal in allen Nachtgesichten, der Prophet zum zweiten mal das Wort ergreift"[13], um nach dem erwähnten, in der Vision überhaupt nicht präsenten Element zu fragen, wodurch er nicht nur die Antwort auf die gestellte Frage unterbricht, sondern die Antwort sogar überflüssig macht. Demnach ist dieser Vers wahrscheinlich redaktionell erweitert[14] (zum Inhalt s. 2.1.3).

---

11  I. WILLI-PLEIN, *Haggai, Sacharja, Maleachi* (ZBK AT 24/4; Zürich 2007) 92. Vgl. schon J. WELLHAUSEN, *Die kleinen Propheten* (Berlin ⁴1963; ursprünglich 1892) 182.
12  Anders z. B. H.-G. SCHÖTTLER (*Gott inmitten seines Volkes* [Trier 1987] 113–125), der die ursprüngliche Fortsetzung in V. 14 (ohne וַיֹּאמֶר) und die genannten Verse als Teil einer Erweiterung ansieht.
13  H. Graf REVENTLOW, *Die Propheten Haggai, Sacharja und Maleachi* (ATD 25/2; Göttingen 1993) 60.
14  Vgl. TIEMEYER, *Zechariah and His Visions*, 167 und Anm. 93.

Bevor die zeit- und theologiegeschichtliche Einordnung der Orakel bzw. eine redaktionsgeschichtliche Synthese möglich ist, sind noch einzelne Elemente der Vision und ihrer Deutung näher in den Blick zu nehmen.

### 2.1.3 Deutung der zentralen Elemente

Da dieses Unterkapitel nur den Kontext der Orakel behandeln soll, soll hier nicht auf die Einzelheiten der Forschungsdiskussion zu spezifischen Problemen eingegangen werden.[15] Das Ziel lautet, in den Spuren der neueren Forschung eine nach der Meinung des Autors plausible Deutung der wichtigsten Visionselemente zu bieten.

#### 2.1.3.1 Der Leuchter

Der Prophet sieht einen Leuchter, dessen Kernbestandteil eine Schale ist (auf einer nicht näher beschriebenen Basis), an deren Rand sieben siebenschnauzige Lampen angebracht sind, sodass sich insgesamt 49 Flammen ergeben. Die Gestalt des Leuchters muss nicht als völlig imaginär gelten, da einige seiner Charakteristika sich auch archäologisch plausibilisieren lassen.[16]

Welche Funktion übernimmt dieser Leuchter in der Vision? Die Schauung dokumentiert u. a. eine Entwicklung des Symbolsystems. Die ältere Tradition – wie etwa verkörpert von Jes 6 und Ez 1 – stellte die Majestät Gottes mithilfe einer thronenden anthropomorphen Gestalt dar. In Sach 4 wird dieses traditionelle Bild durch einen Kultgegenstand ersetzt (vgl. die spätbabylonischen Siegel des 6. Jh. v. Chr.: ein Spaten für Marduk, eine Lampe für Nusku usw.).[17] Alt ist nicht nur der Gebrauch eines Leuchters oder einer Lampe als Metapher für Gott, sondern auch ihre kultische Realisierung (vgl. die Lampe in 1Sam 3,3).[18]

Die Lampen werden in V. 10b als die „Augen JHWHs" gedeutet, die die ganze Erde „durchstreifen" (מְשׁוֹטְטִים). Das komplexe Bild hat wiederum zu verschiedenen Vorschlägen geführt, wie die „Augen JHWHs" zu verstehen sind.[19] Wenn man den Gebrauch der Wurzel שׁוט Pol. anschaut, bedeuten die „sieben Augen" nicht nur die Allwissenheit (vgl. Jer 5,1), sondern – im Licht von 2Chr 16,9 – ebenfalls wirksame Allgegenwart.[20] Da die Augen – als „Glänzende" – auch einen Lebenden charakterisieren

---

15 Für den Überblick vgl. TIEMEYER, *Zechariah and His Visions*, 147–170.
16 Dazu vgl. R. HACHLILI, *The Menorah, the Ancient Seven-armed Candelabrum. Origin, Form and Significance* (Leiden et al. 2001) 18–22.
17 Vgl. KEEL, *Geschichte*, 1018.
18 Ebd. KEEL (*Geschichte*, 1018-1020; *Jahwe-Visionen und Siegelkunst. Eine neue Deutung der Majestätsschilderungen in Jes 6, Ez 1 und 10 und Sach 4* [SBS 84–85; Stuttgart 1977] 274–320) sieht im Hintergrund dieser sacharjanischen Vision das Neumondemblem von Haran, das auf Siegelamuletten in der ganzen Levante Verbreitung fand.
19 Vgl. TIEMEYER, *Zechariah and His Visions*, 157–158.
20 Vgl. KEEL, *Jahwe-Visionen*, 316.

(vgl. etwa Spr 29,13; Ps 13,4; Esra 9,8), kündet der Leuchter mit seinen 49[21] Flammen zugleich „von der unerschöpflichen Lebenskraft Jahwes".[22]

### 2.1.3.2 Die Ölbäume und die Ölsöhne

Zu beiden Seiten des Leuchters steht jeweils ein Olivenbaum (V. 3). In V. 14 werden die beiden Bäume als die „Söhne des Öls" (בְּנֵי־הַיִּצְהָר) gedeutet. Bei der Interpretation dieser Constructus-Verbindung ist zwischen zwei verschiedenen Ebenen zu unterscheiden. Die erste, literarische Ebene bezieht sich auf die Funktion der Wortverbindung in der Vision selbst. Die zweite, die man als historisch bezeichnen kann, betrifft das Problem der eventuellen (!) historischen Identifizierung solcher Gestalten.

Das Öl legt die Assoziation der Salbung nahe, sodass man in den erwähnten Gestalten zwei Gesalbte sehen möchte. Auch in diesem Fall ergeben sich einige komplexe Fragen. In der Forschung wurde schon mehrmals die Wortwahl יִצְהָר hervorgehoben, da dieses Wort frisch gepresstes Öl,[23] also nicht das bearbeitete Endprodukt, bezeichnet. Falls es sich hier tatsächlich um einen Hinweis auf die Salbung handeln soll, würde man stattdessen eher das Wort שֶׁמֶן erwarten; zumindest als Bestandteil einer *circumlocutio,* da die Constructus-Verbindung בני־השמן\* etwas anderes ausdrücken würde (etwa „die beiden Fetten";[24] vgl. Jes 5,1). Wenn man aber in Betracht zieht, dass es sich im Falle von Sach 4,14 insofern um eine Ausnahme handelt, als יִצְהָר an allen übrigen Stellen zusammen mit anderen Ernteerzeugnissen vorkommt,[25] könnte man den Grund für diese Wortwahl im Bemühen entdecken, den Aspekt der frischen Kraft, der Fruchtbarkeit und des Segens[26] oder den des Neuanfangs[27] anklingen zu lassen.[28]

Ein weiteres Problem betrifft die Identifizierung der beiden Gestalten – zunächst unabhängig davon, ob sie als „Gesalbte" aufzufassen sind. Die Identifizierungsversuche[29] folgen grundsätzlich zwei Pfaden: Entweder man findet hinter den „Ölsöhnen" konkrete historische Gestalten oder man rechnet sie einer anderen Sphäre zu. Bevor

---

21 Die höchste damals bekannte Steigerung der Zahl Sieben als Quadratzahl. Vgl. GESE, Anfang, 29.
22 KEEL, *Jahwe-Visionen,* 316–317.
23 Vgl. A. S. VAN DER WOUDE, Die beiden Söhne des Öls (Sach 4,14): Messianische Gestalten?, *Travels in the World of the OT. Studies Presented to Professor M. A. Beek on the Occasion of his 65th Birthday* (Ed. M. S. H. G. Heerma van Voss et al.; SSN 16; Assen 1974) 265.
24 WILLI-PLEIN, *Haggai, Sacharja, Maleachi,* 94.
25 Vgl. M. HALLASCHKA, *Haggai und Sacharja 1–8. Eine redaktionsgeschichtliche Untersuchung* (BZAW 411; Berlin – New York 2011) 232.
26 Vgl. VAN DER WOUDE, Die beiden Söhne, 265; WILLI-PLEIN, *Haggai, Sacharja, Maleachi,* 94; HALLASCHKA, *Haggai und Sacharja 1–8,* 232.
27 Vgl. KEEL, *Geschichte,* 1020; DERS., *Jahwe-Visionen,* 320: „[…] so charakterisiert *jishār* die beiden Gestalten als Träger einer neuen Salbung."
28 TIGCHELAAR (*Prophets,* 40–43) etwa sieht in den „Ölsöhnen" zwei zukünftige, Prosperität bringende Gestalten.
29 Für einen forschungsgeschichtlichen Überblick vgl. LUX, *Sacharja,* 370–373.

man auf die beiden Lösungswege eingeht, ist auf zwei Beobachtungen hinzuweisen. Die erste betrifft die Flussrichtung des Öls. L.-S. Tiemeyer macht auf die folgende Tatsache aufmerksam:

> „Within the larger imagery of Zech 4, the oil serves as fuel for the lamp-stand [...] by translating the phrase בני היצהר as "the anointed ones," the translators reverse the flow of the oil. Normally, the one being anointed *receives* the oil, instead of providing it as the two "sons of oil" do in v. 12."[30]

Jedenfalls ist die Vorsicht berechtigt, in den beiden Gestalten nicht automatisch die Gesalbten zu sehen. Allerdings wird im Text auch nirgendwo gesagt, die beiden Gestalten versorgten den Leuchter mit Öl. Vers 12, der in der Forschung sowieso mehrheitlich als redaktioneller Zusatz gilt, ist wegen seiner vielen Textprobleme nicht belastbar.[31]

Ein wichtiges Element bei der Deutung der beiden „Ölsöhne" ist das Ineinander des Orakelmaterials (s. 2.2) und der Vision. Diese Verbindung dürfte auch die Perspektive geändert haben (s. unten).[32] Wenn man also in den „Ölsöhnen" der selbständigen Vision nicht zwingend zwei historisch identifizierbare Gesalbte sehen muss, liegt ein solches Verständnis nach der erwähnten Verbindung nahe. Zieht man zunächst nur die selbständige Vision in Betracht, dann ist der Deutung, die die beiden Gestalten aufgrund der Semantik und der Verbalvalenz als Diener Gottes interpretiert, generell zuzustimmen. Die Bestimmung der „Ölsöhne" als הָעֹמְדִים עַל־אֲדוֹן כָּל־הָאָרֶץ „(die) neben dem Herrn der ganzen Erde stehen" (V. 14) evoziert Stellen wie Sach 6,5 (מֵהִתְיַצֵּב עַל־אֲדוֹן כָּל־הָאָרֶץ ... [bezogen auf die vier Winde]) einerseits und Jes 6,2 (שְׂרָפִים עֹמְדִים מִמַּעַל לוֹ); 1Kön 22,19 (וְכָל־צְבָא הַשָּׁמַיִם עֹמֵד עָלָיו מִימִינוֹ וּמִשְּׂמֹאלוֹ) andererseits (vgl. auch עמד in Sach 1 und 3). In Anlehnung an W. Rose meint L.-S. Tiemeyer, dass die „Ölsöhne" „two members of the Divine Assembly" seien, „who ‚stand by,' i. e. ‚attend to' God".[33] Ihre Funktion beschreibt sie folgendermaßen: „Their task, as implied by their position on both sides of the lamp-stand, is to supply oil to the lamp stand. Heavenly beings are thus being envisioned as sustaining and supporting the community of God's people who worship in the temple in Jerusalem."[34] Sollte dies zutreffen, wäre zumindest zu klären, was „sustaining and supporting" heißen soll. Wenn eine himmlische Gestalt wie etwa ein JHWH-„Engel" das Volk Gottes auf die eine oder andere Art unterstützt, nimmt dies meistens konkrete Formen an und hat weitreichende Implikationen (etwa der verheerende Zug durch das assyrische Lager in 2Kön 19,35 oder der Kampf Michaels in Dan 10,13.21;12,1).

---

30 TIEMEYER, *Zechariah and His Visions*, 160.
31 Für eine neue Deutung vgl. P. JUHÁS, צִנְתְּרוֹת הַזָּהָב und das *Imaginarium* von Sach 4,12, *BiOr* 73 (2016) 636–644.
32 Vgl. H. DELKURT, *Sacharjas Nachtgesichte. Zur Aufnahme und Abwandlung prophetischer Traditionen* (BZAW 302; Berlin – New York 2000) 214.
33 TIEMEYER, *Zechariah and His Visions*, 163–165.
34 TIEMEYER, *Zechariah and His Visions*, 164.

Man kann aber wohl der Formulierung zustimmen, dass die Ölsöhne (in Analogie zum irdischen Tempelkult) „das Dienstpersonal JHWHs im himmlischen Thronrat repräsentieren. Implizit mag man dabei auch bereits an Serubbabel und Joschua gedacht haben."[35] Es ist zu bedenken, dass die Stellung der beiden zur Rechten und zur Linken Gleichrangigkeit bedeutet.[36] Nach dem Einschub der Orakel dürfte sich der Sinn der Passage, wie oben erwähnt, gewandelt haben, sodass man Serubbabel und Josua als eine plausible Identifizierungsmöglichkeit der „Ölsöhne" betrachten kann.[37] Die erwähnte Gleichrangigkeit der „Ölsöhne" ließe also eine Gleichstellung von Serubbabel und Josua vermuten. Diese ist aber nur ein Idealkonstrukt, da eine vermutete nachexilische Dyarchie sich bislang nicht verifizieren ließ. Das Ineinander der Vision und des Orakelmaterials in Sach 4 dürfte aber die dem Orakelmaterial inhärente Vorrangstellung Serubbabels relativiert haben (s. 2.2.7).

## 2.2 Die Deutung des Berges: ein forschungsgeschichtlicher Überblick

Die Forschungsgeschichte hat mehrere Deutungsversuche hervorgebracht. Vorab ist es unentbehrlich, das zentrale Problem, also die Wortverbindung הַר־הַגָּדוֹל, auf der syntaktischen und der semantischen Ebene zu analysieren.

### 2.2.1 Die Syntax und Semantik von הַר־הַגָּדוֹל

Das Orakel, dessen Anfang in V. 6b zitiert wird, setzt sich in V. 7aα mit einer rhetorischen Frage fort: מִי־אַתָּה הַר־הַגָּדוֹל. Die Übersetzung hängt freilich vom Verständnis der problematischen Wortverbindung הַר־הַגָּדוֹל ab. Im Apparat von BHS wird vorgeschlagen, den letzten Buchstaben des Personalpronomens dem Wort הַר („Berg") als Artikel zuzufügen.[38] Daraus ergibt sich dann auch die übliche Übersetzung: „Wer bist du, großer Berg?" (EÜ und ELB). Ähnliche Lösungen vertreten auch mehrere moderne Übersetzungen in andere Sprachen, wobei allerdings zu bemerken ist, dass manche beim Fragepronomen den wichtigen Unterschied zu מָה verwischen (vgl. z. B. NRSV: „What are you …?"; mehr s. 2.2.7). Tiemeyer meint, „[t]he phrase has an unusual syntax. As it stands, the phrase appears to be a genitive construct, due to the

---

35 Lux, *Sacharja*, 373.
36 Vgl. Graf Reventlow, *Die Propheten*, 60.
37 Vgl. Lux, *Sacharja*, 373: „Spätere Bearbeiter von N[achtgesicht] 5 machten dann diese nur implizit zu erschließende Identität der Ölsöhne explizit, indem sie die Serubbabelworte [...] in N5 einfügten und diesem in noch späterer Zeit in Sach 3 das Joschuakapitel (N4) voranstellten [...]."
38 Im Unterschied dazu betrachtet D. L. Petersen (*Haggai & Zechariah 1–8* [London 1985] 238) den Artikel am Adjektiv als „probably a dittographic addition from the *h* in *har*".

lack of a definite article on the first word, but such an expression would be difficult to translate ("the mountain of big")."[39] Obwohl die oben erwähnte Lösung vielleicht als attraktiver erscheinen mag, ist die Syntax alles andere als ungewöhnlich.[40] Ob hier eine Adjektiv- oder Constructus-Verbindung vorliegt, ist – statistisch gesehen – irrelevant. Sach 4,7 ist nämlich die einzige Stelle in der Hebräischen Bibel, an der sich das determinierte Adjektiv הַגָּדוֹל auf das Substantiv הַר (mit oder ohne Artikel) bezieht. Aber auch das indeterminierte Adjektiv גָּדוֹל bezieht sich auf das genannte Substantiv an keiner Stelle. Ungewöhnlich ist also die Auswahl auf der Ebene der Semantik. Um die Berge zu beschreiben, werden in der Hebräischen Bibel (Verbal-)Adjektive gebraucht, die die Höhe eines Berges bzw. der Berge ausdrücken (גָּבֹהַּ: Jes 30,25; 40,9; 57,7; Jer 3,6; Ez 17,22; 40,2; הַגְּבֹהִים: Gen 7,19; Ps 104,18; הָרָמִים: Dtn 12,2; Jes 2,14).[41] Aus den Größen der Natur wird mit הַגָּדוֹל meistens „das Meer" bezeichnet (z.B. Num 34,6; Jos 1,4; 9,1; 15,12.47[Q]; 23,4; Ez 47,10.15.19.20; 48,28), manchmal auch eine andere Größe (z.B. „die Wüste": Dtn 1,19; „der Fluss": Jos 1,4; Dan 10,4). Häufig dient das determinierte Adjektiv zur Charakterisierung einer Person (eines älteren Bruders: z.B. Gen 10,21; 1Sam 17,28; 1Kön 2,22; einer fürstlichen Gestalt: Dan 12,1; des assyrischen Königs: 2Kön 18,19.28//Jes 36,4.13),[42] am häufigsten aber der des Hohenpriesters (הַכֹּהֵן הַגָּדוֹל: Jos 20,16; 2Kön 22,4.8; 23,4; 2Chr 34,9; Neh 3,1.20; 13,28; Hag 1,1.12.14; 2,2.4; Sach 3,1.8; 6,11). Ein solcher Befund und der Gebrauch des Fragepronomens מִי (statt מָה) legen nahe, dass es durchaus eine plausible Möglichkeit ist, den „großen Berg" als Bild für einen persönlichen Widersacher zu betrachten (weiter s. unten). Was die Übersetzung und die Deutung der problematischen Wortverbindung הַר־הַגָּדוֹל angeht, ist es möglich, sie mit „der Berg des Großen" zu übersetzen und הַגָּדוֹל als einen epexegetischen/explikativen Genitiv zu deuten (s. 2.2.7). Die Identität eines solchen Widersachers zu entdecken, bleibt natürlich eine Herausforderung.

Schließlich ist auf die Syntax des ganzen Satzes einzugehen. Diesmal stellt die Position des Atnachs kein Problem dar. Schwierig ist jedoch die Bestimmung der Satzgrenzen in 7a: מִי־אַתָּה הַר־הַגָּדוֹל לִפְנֵי זְרֻבָּבֶל לְמִישֹׁר. Die Wortverbindung הַר־הַגָּדוֹל ist am wahrscheinlichsten als „Vokativ" bzw. als Anrede aufzufassen (Pace Petersen, s. 2.2.3). Besonders problematisch ist aber der Präpositionalausdruck לִפְנֵי זְרֻבָּבֶל. Er kann sowohl mit den vorausgehenden Satzgliedern als auch mit dem folgenden לְמִישֹׁר verknüpft werden. Wie dem auch sei, der letztgenannte Präpositionalausdruck hat die Funktion des Prädikats, während das Subjekt kontextgetilgt ist. Deutet man die Präposition als *Lamed revaluationis*,[43] dann ist der Satz zu übersetzen: „Neben

---

39 Tiemeyer, *Zechariah and His Visions*, 171 Anm. 106.
40 GK § 126x führt einige analoge Fälle an, obwohl manche textkritisch unsicher sind.
41 In Ex 20,18 handelt es sich um den „rauchenden Berg" (הָהָר עָשֵׁן) und in Dtn 3,25 um „dieses gute Berg(land)" (הָהָר הַטּוֹב הַזֶּה). Der „kahle Berg" (הָהָר הֶחָלָק) in Jos 11,7 und 12,7 wird von vielen als Eigenname aufgefasst.
42 An einigen Stellen dient das Adjektiv גָּדוֹל zur Charakterisierung Gottes bzw. seiner Herrlichkeit oder seiner Gnade. Ein paar Beispiele: JHWH (Ps 48,2; 96,4; 99,2; 108,5; 135,5; 138,5); Elohim (Neh 8,6); El (Dtn 10,17; Neh 1,5; 9,32; Jer 32,18; Dan 9,4).
43 Vgl. E. Jenni, *Die hebräischen Präposition. Band 3: Die Präposition Lamed* (Stuttgart 2000) 39.

Serubbabel (giltst du) als (eine) Ebene!" In diesem Kontext ist aber auch eine rare und etwas umstrittene Funktion der Präposition in Betracht zu ziehen, nämlich die asseverative bzw. emphatische.[44] Dann wäre der Satz zu übersetzen: „Wer bist du ... vor Serubbabel? Fürwahr, eine Ebene!"[45]

### 2.2.2 Trümmerhaufen

Als typischer Verfechter der These, hinter dem „großen Berg" verberge sich der zu räumende Schuttberg des alten Tempels, kann vielleicht K. Galling gelten.[46] Eines seiner Argumente, die Antithese Berg-Ebene sei nur sinnvoll, wenn es sich um einen wirklichen Berg handle,[47] ist allerdings wenig glaubhaft. Obwohl der Vergleich mit Textparallelen, die altorientalische Tempel betreffen, hilfreich sein kann (s. unten auch Laato), scheint er für die Deutung von „durch meinen Geist" (בְּרוּחִי) in V. 6b verfehlt zu sein. Galling interpretiert nämlich den hebräischen Ausdruck als „durch meinen Sturmwind" und wertet die vier Winde, die Marduk kommen lässt, um die Sandhügel fortzuwehen, als eine Parallele.[48] Schon der Charakter der beiden Vorstellungen ist jedoch völlig verschieden, da man sich das Fortwehen eines Sandhügels – auch wenn es sich um eine literarische Hyperbel handelt – durchaus realiter vorstellen kann, nicht aber das eines Trümmerhaufens aus Steinen. Außerdem steht das Konzept der רוּחַ JHWHs (vgl. z. B. Gen 6,3; Jes 42,1; Joel 3,1f) der babylonischen Vier-Winde-Vorstellung diametral gegenüber.

Im Gefolge Gallings meint auch Beuken, dass der Berg „vielleicht [...] ganz konkret den ‚Schuttberg' des zerstörten Heiligtums" bezeichnet.[49] Schon im Voraus bemerkt er aber: „Auf jeden Fall ist deutlich, dass der Berg ein Sinnbild ist für den Widerstand, den Serubbabel beim Wiederaufbau des Tempels erfuhr, gleich von welcher Seite er kam."[50]

Eine ähnliche Zwischenposition einzunehmen, versucht auch A. Laato:

> „[...] I propose that *har gādôl* concretely refers to the ruins of the old temple which had to be cleared away before the foundation ritual could be performed (as indicated in the following phrase 7b) but it also contains – because of the personification of this "great mountain" – references to opposition to the building project of Zerubbabel. Zechariah prophesied in v. 7 that Zerub-

---

44 Vgl. R. J. WILLIAMS, *Williams' Hebrew Syntax* (revised and expanded by J. C. Beckman; Toronto ³2007) 111 [§ 283].
45 L. G. RIGNELL [*Die Nachtgesichte des Sacharja* (Lund 1950) 156–157] übersetzt zwar nicht mit „fürwahr", er versteht aber „eine Ebene" bzw. „nur eine Ebene" als Antwort auf die höhnische Frage.
46 Vgl. K. GALLING, *Studien zur Geschichte Israels im persischen Zeitalter* (Tübingen 1964) 127–148.
47 Ebd., 140.
48 Ebd., 141–142.
49 W. A. M. BEUKEN, *Haggai – Sacharja 1–8* (SSN 10; Assen 1967) 266.
50 Ebd.

babel would be successful in clearing away the ruins of the older temple and would eventually perform the important foundation ritual which symbolized the new beginning of the Judean community."[51]

Seine Interpretation stützt Laato auf einen Vergleich der betreffenden sacharjanischen Orakel (6b-10a) mit mesopotamischen Königsinschriften. Mit seinem lesenswerten Aufsatz versucht er, dieses epigraphische Material als mögliche traditionsgeschichtliche Verortung der betreffenden Orakel zu erweisen.[52] Einem solchen Bemühen ist prinzipiell zuzustimmen. Der Davidide Serubbabel als Erbauer des Tempels übernimmt die Rolle eines altorientalischen Königs. Ob „the spiritual atmosphere" von Sach 4,6aβ–10a etwas mit „the fervent messianic hopes at the beginning of the Persian period"[53] zu tun hat, sei an dieser Stelle dahingestellt.

T. Pola sieht in הָאֶבֶן הָרֹאשָׁה den Eckstein und damit auch den Grundstein,[54] der in dem Trümmerberg zu suchen war, wobei Serubbabel „als ‚Schirmherr' der Bauarbeiten" erscheint.[55] Nähme man die beiden Teile V. 4,6aβb und V.7 zusammen, dann würde das Herausziehen des Grundsteins eine Konkretion des Wirkens des Geistes JHWHs bedeuten; „und ‚vor Serubbabel' wird der ‚große', also mit menschlichen Mitteln unüberwindbare Trümmer-‚Berg' ‚zur Ebene' […]".[56] In seiner Deutung setzt Pola eine totale Zerstörung des salomonischen Tempels einschließlich seiner Fundamente durch die Babylonier voraus.[57]

Allerdings ist es gerade aufgrund des mesopotamischen Materials etwas problematisch, in dem „großen Berg" den Trümmerhaufen des Tempels zu erblicken. Zunächst ist auf den unterschiedlichen architektonischen Charakter des Jerusalemer Tempels einerseits und der mesopotamischen Tempel andererseits hinzuweisen. Wegen des wenig dauerhaften Baumaterials der mesopotamischen Heiligtümer war es mitunter nach mehreren Jahrhunderten erforderlich, einen Tempel auf seinen Fundamenten neu zu errichten. Dies gilt auch wegen der ideologischen Forderung, dass ein neuer Tempel auf dem Grundriss seines Vorgängers zu stehen habe. Was Jerusalem betrifft, so wird man generell an dem Bild der totalen Verwüstung „erhebliche Abstriche machen müssen. […] Im Tempel sind Dach und Mauern durch die Feuersbrunst eingestürzt, jedoch scheinen Priester – folgt man Jer 41,4-9; Sach 7,3; 8,19 – durch einen Opferkult und periodische Klagefeiern im Tempelareal oder sogar in den bereits wieder kultisch gereinigten Ruinen des Tempels eine reduzierte kultische Kontinuität zu wahren."[58] Die akkadischen Inschriften betonen ständig die Fundamente, während im Zusammenhang mit Ruinen das Wort „Berg" *(šadû)* nicht

---

51 A. Laato, Zachariah 4,6b-10a and the Akkadian royal building inscriptions, *ZAW* 106/1 (1994) 66.
52 Vgl. auch die von ihm zitierte Literatur in Anm. 1.
53 Ebd., 69.
54 Vgl. T. Pola, *Das Priestertum bei Sacharja* (FAT 35; Tübingen 2003) 115–122.
55 Ebd., 122 [kursiv auch im zitierten Werk].
56 Ebd. [kursiv auch im zitierten Werk].
57 Ebd., 117–118.
58 Ch. Frevel, *Geschichte Israels*, 305.

gebraucht wird. Wohl aber begegnet es beim Aufbau der Mauer u. ä., wenn man ihre Höhe betonen will (z. B. Samsuiluna B: *kīma* SA.TU-*im rabîm ulli* „I raised (the wall of Sippar) as high as mountain"),[59] oder metaphorisch, um die Beständigkeit eines Tempels oder einer Stadt zu veranschaulichen (vgl. etwa [É.S]AG.ÍL *duruš šamê* KUR-*ú kibrāti* „Esagil, the base of heaven, the mountain of the world").[60] Ähnlich formuliert man, wenn „Fundamente" und „Berg" in einem gemeinsamen Kontext vorkommen, um ihre Festigkeit zu beschreiben.[61]

Angesichts der angeführten Tatsachen lässt sich der „große Berg" allenfalls sekundär auf einen Trümmerhaufen beziehen,[62] und zwar im Sinne einer *double duty*.[63] Das stärkste Argument für eine solche Deutung des „Berges" ist der unmittelbare Kontext (besonders das zweite Orakel in 4,8–10a), der Serubbabel mit dem Tempelbau verbindet. Jedoch ist der „Berg" aufgrund der syntaktischen, semantischen und motivischen Beobachtungen (s. 2.2.1, 2.2.3 und besonders 2.3.1) primär als Metapher für eine Persönlichkeit zu verstehen. Unter dieser Rücksicht ist auch das Verständnis von הָאֶבֶן הָרֹאשָׁה in 4,7 (als dem „Grund-" oder „Schlussstein") von sekundärer Wichtigkeit.[64]

## Exkurs: „Großer Berg" als Epitheton

Eine ähnliche Deutung, derzufolge הַר־הַגָּדוֹל auf den Schuttberg verweise, vertritt auch A. Petitjean. Dabei macht er zusätzlich darauf aufmerksam, dass „großer Berg" (*šadû rabû*) ein Hoheitstitel Enlils war.[65] Dieses Epitheton, das später auch auf Marduk übertragen wurde, dürfte – so Petitjean – „la puissance du dieu mésopotamien" und somit die Vormacht Babylons evozieren.[66] Hallaschka meint, die Deutung als Götterepitheton habe den Vorteil, dass sich die beiden Wortverbindungen – die akkadische und die

---

59 Auch für weitere Beispiele s. *CAD* Š1, 57, vgl. auch S. 36.
60 *BMS* 33,7; *CAD* Š1, 57 (ebd. auch für weitere Beispiele).
61 Vgl. z. B. *CAD* Š1, 47: „(Sargon) established its (Eanna's) foundation in the depth of the nether world like a mountain …" (YOS 1, 38 i 40); *CAD* Š1, 56: „I made its foundation as solid as a rock" (… *kīma šá-pik* KUR-*e ušaršid*).
62 Dass in V. 7 „auf solche mesopotamischen Tempelbaukonzepten vergleichbare Vorgänge angespielt wird", vertritt in seinem vor kurzem erschienenen Kommentar auch R. Lux (*Sacharja*, 339). Des Weiteren fügt er hinzu (Ebd., 340): „Wenn allerdings in V 7a-b[ = seine Gliederung] die Verwandlung des ‚großen Berges' in eine ‚Ebene' angekündigt wird, dann handelt es sich dabei nicht allein um einen technischen Vorgang, der vorzunehmen wäre, sondern die Aussage impliziert darüber hinaus theologisch auch eine Wende zum Heil für Jerusalem."
63 Neben A. Laato (s. oben) vgl. M. Boda, *The Book of Zechariah* (NICOT; Grand Rapids, MI – Cambridge, UK 2016) 294–298: „Not only would the mountain of ruins be transformed into a plain for a temple, the mountain of priestly injustice would be reduced to the plain of royal justice." (S. 298).
64 Zu verschiedenen Deutungen (mit Lit.) vgl. Tigchelaar, *Prophets*, 32–33.
65 Vgl. A. Petitjean, *Les Oracles du Proto-Zacharie. Un programme de restauration pour la communauté juive après l'exil* (Paris – Louvain 1969) 258–263.
66 Ebd., 263. Des Weiteren schreibt er: „Ceci expliquerait que le prophète a assez fortement personnalisé […] la montagne de ruines qui rappelait aux rapatriés la puissance hostile et destructrice de Babylone."

hebräische – genau entsprechen.⁶⁷ Jedoch besteht zwischen den beiden ein syntaktischer Unterschied (eine Adjektiv- vs. eine Constructus-Verbindung; s. oben). Er hat aber recht, wenn er feststellt, „die Identifikation des großen Berges mit der durch Marduk repräsentierten Macht der Babylonier" habe „wenig Wahrscheinlichkeit für sich".⁶⁸ Allerdings ist sein Argument falsch, wenn er behauptet, dass der Hoheitstitel „nicht für Marduk übernommen" werde und „weiterhin Enlil vorbehalten" bleibe.⁶⁹ Dieser Hoheitstitel wurde später nicht nur auf Marduk, sondern auch auf andere Gottheiten angewandt.⁷⁰ Neben Aššur, der als *Enlil aššurû* („der assyrische Enlil")⁷¹ bezeichnet wird, ist noch Dagan zu nennen (A.1258+S. 160 SN, Z. 9–10: [ᵈd]a-gan kur-gal/ᵈ*da-gan ša-du-ú ra-bu-ú*⁷²). Zur Veranschaulichung kann das von S. M. Maul bearbeitete⁷³ (sumerische) *šuilla* mu-LU é(-a) ku₄-ra-zu-ta dienen, das beim Vergleich seiner Versionen „wichtige Informationen über assyrisch-babylonische Synkretismen" liefert.⁷⁴ Nach seiner Rekonstruktion sei das ursprünglich an Enlil gerichtete Lied, dessen *Sitz im Leben* im Kult von Nippur zu suchen sei, nach Assur und Babylon gelangt, „deren Götter Assur und Marduk mit dem sumerischen Götterkönig Enlil" identifiziert worden seien.⁷⁵ Marduk erhält in der an ihn gerichteten Fassung die Epitheta „Der ‚Große Berg', Vater Mullil (akk.: Enlil)" (Z. 13) und „Mächtiger Herr, der im Ekur wohnt" (Z. 29).⁷⁶ Die geringe Wahrscheinlichkeit der These Petitjeans gründet allerdings darin, dass sie sich historisch nicht plausibilisieren lässt. Wenn das sacharjanische Orakel nicht als Götterpolemik gemeint ist, fehlt für die zusätzliche Deutung Petitjeans der glaubhafte historische Kontext. Eine solche These wäre überzeugend, wenn sich eine engagierte babylonische Opposition (etwa der Marduk-Priester) gegen die Tätigkeit Serubbabels bzw. gegen den Wiederaufbau des Tempels belegen ließe.

### 2.2.3 Ein persönlicher Widersacher

Petersen, der diesen Interpretationszugang bevorzugt, grenzt die Sätze in V. 7a anders ab und übersetzt wie folgt: „What are you? A great mountain? Alongside Zerubbabel, you are a plain."⁷⁷ Dementsprechend unterscheidet er zwischen zwei Protagonisten,

---

67 Vgl. HALLASCHKA, *Haggai und Sacharja 1–8*, 224.
68 Ebd.
69 Ebd.
70 Vgl. P. JUHÁS, *Enlil 1a. Edition und Kommentar* (SOAL-Arbeit; PIB Rom 2013) 15–16, 35.
71 Vgl. K. TALLQVIST, *Der assyrische Gott* (St. Orientalia IV/3; Helsingforsiae 1932) 12–13.
72 D. CHARPIN, Les Malheurs d'un Scribe, *Nippur at the Centennial* (35. CRRAI; Philadelphia 1992) 9.
73 Die vorherige Bearbeitung bei J. S. COOPER, *Iraq* 32 (1970) 51–67.
74 S. M. MAUL, Marduk, Nabû und der assyrische Enlil. Die Geschichte eines sumerischen Šu'ilas, *tikip santakki mala bašmu* (= Fs Borger, Cuneiform Monographs 10; Groningen 1998) 159–197.
75 Ebd., 193–194. Für die weitere Geschichte des *šuilla* vgl. ebd. das Schema.
76 MAUL, Marduk, Nabû und der assyrische Enlil, 172. Vgl. auch Z. 1′ in der Assur-Fassung. Zur Identifikation Marduks mit Enlil vgl. des Weiteren V. A. HUROWITZ, Reading a Votive Inscription Simbar-Shipak and the Ellilification of Marduk, *RA* 91 (1997) 39–45.
77 PETERSEN, *Haggai & Zechariah 1–8*, 237.

d.h. zwischen Serubbabel und einem „you". Serubbabel ist „a mountain, when compared to the 'you,' who is labeled 'a plain.' […] Verse 7 contrasts Zerubbabel with another person, the 'you' to whom the oracle is addressed."[78] Petersen meint, ein solcher Adressat müsse jemand mit Autorität sein, „someone, whom we might expect to challenge Zerubbabel's initiative in temple reconstruction".[79] Einen offensichtlichen Kandidaten sieht Petersen im Hohenpriester Josua, „who is here being warned to leave matters of reconstruction to the royal house".[80]

Wie oben bereits erwähnt, verdient dieser „Personalisierungszugang" Beachtung, weil hier einerseits das Fragepronomen מִי gebraucht wird und andererseits das determinierte Adjektiv הַגָּדוֹל häufig mit menschlichen Bezugswörtern vorkommt. Allerdings bedarf die Deutung Petersens einer Klärung auf der syntaktischen Ebene. Insgesamt hinterlässt sein Verständnis einige ungelöste Probleme. Obwohl ein Fragesatz nicht notwendigerweise einer Fragepartikel bedarf, wäre sie hier – falls „(ein) großer Berg" eine Frage sein soll – sehr hilfreich, um mehreren Unklarheiten vorzubeugen. Außerdem wünschte man sich eine linguistische Plausibilisierung der gebotenen Übersetzung. Was die inhaltliche Seite der „Hohepriester-These" angeht, ist A. Laato zuzustimmen: „[…] the Book of Zechariah gives no clear indication that Joshua and Zerubbabel opposed each other. Indeed, all the Old Testament sources (Hag, Zach und Ezr) indicate that these two central figures cooperated with each other at the beginning of the Persian period."[81]

Auch M. Rogland bleibt mit seiner vor kurzem veröffentlichten Interpretation im Bereich der Priesterschaft.[82] Allerdings bezieht er die problematische Wortverbindung הַר־הַגָּדוֹל, deren Syntax er wahrnimmt und die er als „mountain of the great one" übersetzt (s. 2.3.1), auf den Tempelberg als die Wohnstätte des Hohenpriesters. Der Deutung Roglands zufolge wird nicht spezifisch Josua angesprochen, sondern die Priesterschaft als Institution, wobei das Wort מִישֹׁר als „Rechtschaffenheit" verstanden wird. Das Orakel „What do you signify for uprightness before Zerubbabel, O mountain of the great one?" zeige also, „that Zerubbabel holds a place of superiority over priesthood in respect of מִישֹׁר".[83]

Die oben besprochenen Thesen, wonach der große Berg den Schutthaufen des zerstörten Tempels repräsentiere, weist W. Rudolph unter Verweis auf Hag 2,1ff zurück, wo noch vor dem Auftreten Sacharjas festgestellt wird, wie groß der Unterschied zwischen dem bescheidenen „neuen" Bau und der Pracht des alten Tempels ist.[84]

---

78 Ebd., 239.
79 Ebd.
80 Ebd., 239–240. Des Weiteren bemerkt er: „If the other party was in fact the high priest, the *har-haggādôl* is a deft play on *hakkōhēn haggāddôl*."
81 Laato, Zachariah, 65.
82 Vgl. M. Rogland, The „Mountain" of Zechariah 4,7: Translation and Interpretation, *BN* 162 (2014) 75–82.
83 Ebd., 79.
84 W. Rudolph, *Haggai – Sacharja – Maleachi* (KAT; Berlin 1981) 112–113.

Dazu sei die Anrede an den „großen Berg" „natürlich rein rhetorisch".[85] Daher sei zunächst „ganz allgemein an Schwierigkeiten und Hindernisse zu denken, die sich Serubbabel beim Tempelbau in den Weg stellten [...]"[86] (s. 2.2.5). Dabei komme vor allem „*ein Ereignis* in Frage [...], das uns als einziges bedrohliches während des Tempelbaus berichtet wird: Der Besuch des persischen Statthalters Tatnai, der den Nachweis der Bauerlaubnis verlangte (Esra 5,3 f.)".[87] Die Zeit der Unsicherheit, als man auf das Eintreffen des königlichen Bescheids wartete, bezeichnet Rudolph als „Damoklesschwert des Bauverbots".[88] Obwohl Rudolph die These Rosts (s. unten 2.2.4) nicht teilt, ist Tattenai/Tatnai immerhin ein Repräsentant der persischen Imperialmacht. Allerdings wirft die Darstellung in Esra 3–6 manche schwer lösbare Fragen auf,[89] sodass man diese Texte nur mit großer Vorsicht als Grundlage einer (historischen) Argumentation heranziehen kann.

## 2.2.4 Eine politische (Welt)macht

Ein weiterer Deutungsversuch erkennt im „großen Berg" eine politische Macht. „Dass dieser große Berg die persische Weltmacht ist", daran ist nach L. Rost nicht zu zweifeln.[90] Den Grund für ein solches Orakel findet er in der betreffenden Krisensituation (als Antwort auf die von ihm gestellte Frage: „Warum aber dieser beschwörende Ton?"):

> „Sichtlich deshalb, weil die allzu offen ausgesprochenen messianischen Erwartungen die ersten Gegenmaßnahmen der persischen Behörden gebracht haben. [...] Zerubbabel will mutlos den Bau liegen lassen. Da setzt Sacharja nun seine ganze Autorität ein und verkündet im Namen Jahwes, dass Zerubbabel das eben begonnene Werk vollenden werde [...]. Gottes Geist steht gegen die militärische Macht der Weltmacht."[91]

An diese Deutung, die in einiger Hinsicht wegweisend ist, wird später nochmals anzuknüpfen sein.

Eine solche Deutung ist nicht nur eine Theorie der modernen Forschung, da schon der Targum zu Sach 4,7 den „großen Berg" auf ein Königreich bezieht. Allerdings ist seine Deutung theologiegeschichtlich weit fortgeschritten.

---

85 Ebd., 112.
86 Ebd., 113.
87 Ebd.
88 Ebd.
89 Vgl. B. BECKING, *Ezra, Nehemiah, and the Construction of Early Jewish Identity* (FAT 80; Tübingen 2011) 8–12.
90 L. ROST, Bemerkungen zu Sacharja 4, ZAW 63 (1951) 220. Vgl. auch E. SELLIN, Noch einmal der Stein des Sacharja, ZAW 59 (1942/1943) 70.
91 Ebd.

> מָא אַתְּ חֲשִׁיבָא <רומי> מַלְכוּתָא טַפְשְׁתָא <רומי> דַעֲתִידָה לְמִיחֲרַב> קֳדָם זְרוּבָּבֶל הֲלָא כְמֵישְׁרָא <תמאכין> וִיגַלֵּי יָת
> מְשִׁיחֵיהּ <משיחא דיי> דַאֲמִיר שְׁמֵיהּ מִלְּקַדְמִין וְיִשְׁלוֹט בְּכָל מַלְכְוָותָא <וּתְהִי מַלְכוּתָא דייי קיימא לעלמא ולעלמא
> ולעלמי עלמיא>:

> Wofür hältst du dich, (o) törichtes Königreich, vor Serubbabel? Wirst du etwa nicht wie eine
> Ebene <niedrig sein>? Er wird aber seinen Messias offenbaren, dessen Name von Anfang an
> (aus)gesprochen wurde, und (dieser) wird über alle Königreiche regieren.[92]

Hier wird der „große Berg" direkt durch das „törichte Königreich" ersetzt. Dabei kommt zusätzlich der Messias ins Spiel, dem die Macht über alle Königreiche vorbehalten ist. Der Text im kritischen Apparat 2 der Edition Sperbers (oben in spitzen Klammern) bringt das „törichte Königreich" in einen Zusammenhang mit dem Römischen Reich (nach dem *Codex Reuchlinianus* der Badischen Landesbibliothek, Karlsruhe, und dem Ms. p. 116 der Montefiore-Bibliothek, London).[93] Der Einbezug des Messias und eventuell des Römischen Reiches stellt diese targumische Deutung in eine Reihe mit den apokalyptischen Aussagen, die wir aus den pseudepigraphischen Schriften der jüdischen Apokalyptik kennen (dazu s. Kap. 3–5). Eine eschatologische Deutung des Verses kommt später auch bei den syrischen Vätern wie etwa Ephräm („Warum glaubst du, Gog, dass man dich mit einem großen Berg vergleiche[?]") und Ischodad von Merw („Der große Berg: Gog") vor.[94]

Nach L. G. Rignell, der u. a. auch auf Jer 51,24ff verweist, wo Babel als Berg des Verderbens bezeichnet wird, liegt es nahe, „zu denken, dass der Prophet mit ‚dem großen Berg' in [Sach] 4,7 Babel oder richtiger die Weltmächte überhaupt meint, die Israel widerstanden haben, die aber in der neuen Zeit nichts bedeuten".[95]

### 2.2.5 Ein Bild für Schwierigkeiten

Dass es sich bei Sach 4,7 ganz konkret um den Trümmerberg handelt (s. oben 2.2.2), bezweifelt K. Elliger. Seiner Meinung nach ist eher „an alle möglichen Schwierigkeiten zu denken, denen Serubbabel mit Macht und Gewalt begegnen möchte, so dass er in einem an ihn persönlich gerichteten Gottesspruch sich sagen lassen muss: Nicht durch Gewalt, sondern durch meinen Geist (6)!"[96] Doch denkt Elliger weiterhin auch an Konkretes, indem er die „Samaritaner" ins Spiel bringt, deren Widerstand sich hier bemerkbar mache, also „jener Kreise in Samaria, die auf alle mögliche Weise den Tempelbau zu hintertreiben suchten, weil sie durch die damit verbundene

---

92 Der aramäische Text ist zitiert nach: http://cal1.cn.huc.edu/.
93 Vgl. A. SPERBER, *The Bible in Aramaic III. The Latter Prophets according to Targum Jonathan* (Leiden 1962) 482.
94 RIGNELL, *Nachtgesichte*, 155; vgl. auch T. CHARY, *Aggée-Zacharie-Malachie* (Sources Bibliques; Paris 1969) 95.
95 RIGNELL, *Nachtgesichte*, 156.
96 ELLIGER, *Das Buch der zwölf Kleinen Propheten II*, 126. Ähnlich auch Graf REVENTLOW, *Die Propheten*, 61.

Konsolidierung der jüdischen Gemeinde eine Minderung ihrer eigenen politischen und wirtschaftlichen Machtstellung befürchteten".[97]

Einer „Schwierigkeiten-Auslegung" hat sich schon vorher E. Sellin angeschlossen, indem er schreibt: „Man antwortet gewöhnlich: ein Berg der Hindernisse, Schwierigkeiten und feindlichen Gewalten, und trifft sachlich damit gewiß das Richtige."[98] Jedoch mutet uns das Bild nach Sellins Meinung „etwas sehr modern" an, weswegen er weiter die älteren Mythologoumena in Betracht zieht.[99] Den Stein, von dem V. 7 spricht, werde Serubbabel aus dem Berg herausholen. Bei Sacharja schimmere also „noch ein Mythus von dem wunderbaren Herausholen eines Wundersteins aus einem Berge" hindurch, wobei diese Vorstellung „vielleicht auch auf Sach 14,4; Dan 2,45; 4Esra 13,6 eingewirkt" habe.[100]

Jüngst ist auch A. R. Petterson in seiner Dissertation der „Schwierigkeiten-Auslegung" gefolgt, wobei er sich auf mehrere Autoren des angelsächsischen Raumes beruft, die eine solche Deutung des „großen Berges" bevorzugen.[101] Im Zusammenhang mit dieser Auslegung ist noch auf das Verhältnis zu Jes 40,4 einzugehen. Für R. Hanhart erlaubt die Bergmetapher keinen Rückschluss auf ein geschichtliches Phänomen und lässt sich nur „als die Serubbabel [...] vorgestellte Last bestimmen", „die Israel im Angesicht seiner nachexilischen Wiederherstellung niederdrückt und ängstigt"[102]. Demgemäß formuliert er das Verhältnis zwischen Sach 4,7a und Jes 40,4 (mit Blick auf den Ruf in Sach 4,7b) folgendermaßen:

> „Der Jubelruf über die im Gehorsam der Grundsteinlegung offenbar gewordene Gnade Jahwes [...] entspricht so jenem Ruf der Tröstung, mit dem das deuterojesajanische Zeugnis beginnt [...]: Was dort in der Metapher des im Angesicht der Prachtstraße niederfallenden Berges (Jes 40,4) als Israels Furcht vor dem erscheint, was Heimkehr und nachexilische Wiederherstellung hindert, das erscheint hier in der Metapher des ‚hohen Berges', der vor Serubbabel zur Ebene wird, konkret als jene Bedrängnis der Schuld des Säumens mit dem Wiederaufbau und des oberherrlichen Widerstandes, die mit der geschehenen Grundsteinlegung und mit der verheißenen Anerkennung des persischen Oberherrn überwunden ist."[103]

---

97 ELLIGER, *Das Buch der zwölf Kleinen Propheten II*, 126.
98 E. SELLIN, *Das Zwölfprophetenbuch* (Leipzig – Erlangen 1922) 455.
99 Ebd.
100 Ebd. Die Veröffentlichungen Sellins zeigen aber, wie sich sein Verständnis dieses problematischen Textes im Laufe der Zeit änderte. Dazu vgl. RUDOLPH, *Haggai – Sacharja – Maleachi*, 112 Anm. 4.
101 Vgl. A. R. PETTERSON, *Behold Your King. The Hope for the House of David in the Book of Zechariah* (LHBOTS 513; New York – London 2009) 70, besonders Anm. 92. A. WOLTERS formuliert in seinem rezenten Kommentar (*Zechariah* [HCOT; Leuven 2014] 123) zurückhaltend: „[...] a significant obstacle which stood in the way of rebuilding the temple. Why that obstacle was called 'great mountain' remains tantalizingly obscure."
102 R. HANHART, *Sacharja 1,1–8,23* (BK XIV/7.1; Neukirchen-Vluyn 1998) 282.
103 Ebd., 283.

Freilich sieht Hanhart dieses Verhältnis als eine Analogie, „ohne daß sich eine literarische Berührung nachweisen ließe".[104] Ob man eine solche Analogie behaupten kann, hängt natürlich auch von dem Verständnis der deutero-jesajanischen Stelle selbst ab. Versteht man aber diese Stelle in einer Reihe mit Jes 57,14 und 62,10 als Metapher für ethische Wandlung, wonach es „bei der Bereitung des דרך um die ethische Vorbereitung der Zionsbevölkerung" geht, „die so das Kommen JHWHs erwartet"[105] – in Jes 40,3–5 ist ohnehin die Rede von einer Straße für JHWH, nicht für die Gola –, dann bleibt von der oben angeführten Analogie wenig übrig.[106]

## 2.2.6 Ein holistischer Zugang

Zumindest Ansätze zu einem solchen Zugang sind schon bei jenen Forschern erkennbar, die mit dem Berg jegliche Art von Schwierigkeiten verbinden. Mit seinem als „holistisch" bezeichneten Zugang hat D. F. O'Kennedy die einzelnen Interpretationsversuche kategorisiert, evaluiert und seine eigene Interpretation – in Anlehnung an frühere Forscher[107] – vorgelegt.[108] Ihm zufolge kann man zur untersuchten hebräischen Wortverbindung feststellen:

> „[הַר־הַגָּדוֹל] must be understood in a holistic or multi-faceted way. It does not merely refer to a single person, world power or object. This symbol or metaphor refers to all the obstacles that stood in the way of the temple building (people like Tattenai and the others; and objects like the heap of temple rubble). Finally, one can perhaps say that the intention of the author was not to refer to a specific circumstance or person, but to have a more 'open' approach."[109]

O'Kennedy mag damit recht haben, dass die Leser und Hörer im nachexilischen Jehud „may have interpreted this verse in different ways".[110] Allerdings erscheint

---

104 Ebd., 269.
105 U. BERGES, *Das Buch Jesaja. Komposition und Endgestalt* (HBS 16; Freiburg i. Br. et al. 1998) 383.
106 Es ist nicht klar, in welchem chronologischen Verhältnis die beiden Texte (Sach 4,7 und Jes 40,4) zueinander stehen. Nach Berges (*Das Buch Jesaja*, 384–385) gehören die Prologverse Jes 40,1–5.9–11 der ersten Jerusalemer Redaktion an, die in die Zeit falle, „als im Zuge der persischen Restaurationspolitik unter anderem auch das Jerusalemer Heiligtum wieder seinen Dienst hatte aufnehmen können". Was das Verständnis der Bergmetapher in Sach 4,7 angeht, zitiert Berges den Kommentar von Graf Reventlow und sieht in dem Berg daher auch das Bild für verschiedene Schwierigkeiten. Vgl. U. BERGES, *Jesaja 40–48* (HThKAT; Freiburg i. Br. et al. 2008) 108.
107 Vgl. oben LAATO und E. W. CONRAD, *Zechariah* (Readings: A New Biblical Commentary; Sheffield 1999) 106; J. G. BALDWIN, *Haggai, Zechariah, Malachi* (TOTC; Leicester 1981) 121.
108 Vgl. D. F. O'KENNEDY, The Meaning of 'Great Mountain' in Zechariah 4:7, *Old Testament Essays* 21/2 (2008) 404–421.
109 Ebd., 418.
110 Ebd.

zweifelhaft, ob es die ursprüngliche Intention des Autors war, einen losen „Freiraum" zu schaffen. Da das sacharjanische Orakel ganz spezifisch Serubbabel in seiner Tätigkeit unterstützen sollte, scheint es plausibler, dass das Prophetenwort auf ein konkretes Problem zielte, das auch Serubbabel selbst als solches – ja als bedrohliches – wahrgenommen haben kann. Andernfalls sähe das sacharjanische Orakel wie eine etwas schlichte Vertröstung im Sinne von „Alles wird schon gut!" aus. Außerdem sind manche wissenschaftstheoretischen Argumente O'Kennedys (wie etwa die Probleme mit der Übersetzung im Laufe der Forschungsgeschichte; ein mangelnder Konsens unter den Forschern) fragwürdig.

## 2.3 Die vertretene Deutung: „der Berg ‚der Große'" als Darius I.

### 2.3.1 Syntax, Semantik und Metaphorik

Die folgende Deutung[111] fußt zunächst auf syntaktischen und semantischen Beobachtungen. Obwohl das Fragepronomen מִי an manchen Stellen auch „was?" bedeuten kann (vgl. z. B. Mi 1,5),[112] ist seine primäre Bedeutung „wer?". Immer, wenn es direkt auf ein Personalpronomen der zweiten Person (Sg. oder Pl.) bezogen ist, richtet es sich an einen bzw. an mehrere Menschen (Gen 27,18.32; Jos 9,8; Rut 3,9.16; 1Sam 26,14; 2Sam 1,8; 2Kön 10,13; Jes 51,12; vgl. auch Gen 24,23.47; 1Sam 17,58). Daher leuchtet es eher ein, die Frage מִי־אַתָּה הַר־הַגָּדוֹל auf einen menschlichen Protagonisten zu beziehen. Eine zweite Beobachtung betrifft die von vielen als ungewöhnlich betrachtete Constructus-Verbindung הַר־הַגָּדוֹל. Wie oben angedeutet, kann sie nach Analogie eines *genitivus epexegeticus* bzw. *appositionis* verstanden werden. Obwohl I. Willi-Plein diese Constructus-Verbindung inhaltlich anders interpretiert, deutet sie sie grammatisch ähnlich.[113] Sie ist also in Analogie zu Constructus-Verbindungen wie etwa

---

111 Die Idee, dass sich der persische König hinter dem „großen Berg" verbirgt, ist nicht ganz neu. Sie ist auch bei Julian MORGENSTERN (Jerusalem – 485 B. C., *HUCA* 31 [1960] 5) zu finden. Allerdings liefert er nur wenige bzw. wenig plausible Argumente. Er meint, dass es sich bei dem „großen Berg" um eine Übersetzung des akkadischen Titels *šadû rabû* [s. den Exkurs in 2.2] handelt. Des Weiteren ist Morgenstern der Ansicht: „Here quite clearly it designates some human being, though certainly one of exalted rank. Assuredly this can be only the king of Persia, who functioned likewise as a ruler of Babylonia, and as such identified himself in some measure with the supreme Babylonian deity, the god particularly of the city of Babylon, Bel-Marduk." Eine solche Selbstidentifizierung war aber den altpersischen Königen fremd. Vgl. etwa den Kyros-Zylinder, in dem Kyros als Verehrer, der auf Befehl Marduks handelt, dargestellt wird (*TUAT* I/4, 407–410). Außerdem geht Morgenstern in seinen (auch plausiblen) Überlegungen über die frühnachexilische Zeit z. T. in den Bereich der Spekulationen über. Vgl. Kap. 2 Anm. 138.
112 Vgl. Ges[18] 665 e.
113 Vgl. WILLI-PLEIN, *Haggai – Sacharja – Maleachi*, 100.

יוֹם הַשִּׁשִּׁי „der Tag des Sechsten" (Gen 1,31), also „der Tag, der ‚der Sechste' heißt"[114], oder נְהַר־פְּרָת „der Fluss Euphrat", אֶרֶץ כְּנַעַן „das Land Kanaan" usw., aufzufassen. So ergibt sich aus der vorläufigen Übersetzung „der Berg des Großen" eine das oben erwähnte Verständnis integrierende Übersetzung „der Berg ‚der Große'". Dafür spricht auch der Gebrauch des Adjektivs גָּדוֹל, das normalerweise nicht zur Beschreibung von הַר verwendet wird, wohl aber für die einer Person (auch des Königs, s. 2.2.1). Mit dem soeben Gesagten korreliert auch die altorientalische Königstitulatur. Aus den verschiedenen Epitheta gehört „großer König" zu den verbreitetsten. Den Hoheitstitel *šarru rabû* behalten auch Darius I. und weitere Achämeniden bei.[115]

Ein weiteres Argument liefert die im Alten und Neuen Testament gebrauchte Metaphorik (zu 1Hen 52 s. Kap. 3).[116] Dass ein Herrscher mit einem Berg gleichgesetzt werden konnte, zeigt schon ein außerbiblischer Beleg, ein Lied auf den Pharao Sesostris III (s. 1.4.2). Im dritten Lied eines an ihn gerichteten Hymnenzyklus, der „wohl zur Begrüßung des Königs beim feierlichen Einzug [...] abgefasst"[117] wurde und auf einem Papyrus aus der Stadt Kahun erhalten ist (pKahun LV.1), wird der Pharao folgendermaßen besungen (ASSMANN Nr. 230,16-17): „Wie groß ist der Herr für seine Stadt! Ein Berg ist er, der den Sturm abwehrt, wenn der Himmel tobt."[118]

Das bekannteste Beispiel der betreffenden Metaphorik ist wohl die Perikope von der „Hure Babylon" (Offb 17). In der allegorischen Vision sieht Johannes eine auf einem scharlachroten Tier sitzende Frau. Dieses Tier hat sieben Köpfe (V. 3), die in der Deutung der Vision als sieben Berge und zugleich als sieben Könige erklärt werden (V. 9). Den Grund für die doppelte Identifizierung suchen manche Forscher in Fortschreibungsprozessen.[119] Jene, die sieben Berge nicht wörtlich auffassen, werten sie als ein weiteres Symbol für die repressive politische Macht.[120] Aus dem Alten Testament sind besonders Jer 51 und Dan 2 zu nennen. Der erstgenannte Text, der das Gericht

---

114 Ebd.
115 Vgl. M. J. SEUX, *Épithetes royales sumériennes et akkadiennes* (Paris 1967) 300. Interessanterweise ist es (u. a.) gerade der Titel „großer König", der die babylonische und die altpersische Fassung der Behistun-Inschrift an ihrem Anfang unterscheidet. Der Titel findet sich nämlich nur in der altpersischen Fassung: xšāyaθiya: vazarka: xšāyaθiya: xšāyaθiyānām: xšāyaθiya: Pārsaiy: xšāyaθiya: dahayūnām [„Ich bin Darius,] *der große König*, der König der Könige, der König Persiens, der König der Länder" (DB I, 1-2). Der persische Text (hier leicht bearbeitet): R. G. KENT, *Old Persian. Grammar, Texts, Lexicon* (New Haven 1950) 116. Für den babylonischen Text vgl. W. C. BENEDICT – E. VON VOIGTLANDER, Darius' Bisitun Inscription, Babylonian Version, Lines 1-29, *JCS* 10 (1956) 1-10.
116 Wenn die Deutung von F. García Martínez (*DJD* XXIII, 230) richtig ist, dann werden vom fragmentarischen Pescher 11Q13 (Col. II, 17) die Propheten den Bergen gleichgesetzt (als Interpretation von Jes 52,7). Vgl. FABRY, הַר *har*, 815.
117 J. OSING, Zu zwei literarischen Werken des Mittleren Reiches, *The Heritage of Ancient Egypt. Studies in Honour of Erik Iversen* (Ed. J. Osing – E. K. Nielsen; Copenhagen 1992) 101. Zu Aufbau und Konzeption ebd., 101-109.
118 ASSMANN, *Ägyptische Hymnen und Gebete*, 517.
119 Vgl. z. B. D. E. AUNE, *Revelation 17-22* (WBC 52C; Dallas, TX 1998) 944-945.
120 Vgl. A. K. W. SIEW, *The War between the Two Beasts and the Two Witnesses* (JNTS Sup 283; London – New York 2005) 259-264. Siew macht u. a. besonders auf Sach 4,7 aufmerksam, wo auch er eine politische – aber nicht konkretisierte politische – Macht sieht.

über Babylon beschreibt und auch im Hintergrund von Offb 17 steht,[121] bezeichnet die militärisch-politische Macht „Babylon" als „Berg des Verderbens" (הַר הַמַּשְׁחִית), den die Strafe Gottes in einen „verbrannten Berg" (לְהַר שְׂרֵפָה) verwandelt (Jer 51,25). Im zweiten Kapitel des Buches Daniel, das unter Verwendung des Vier-Reiche-Schemas den Verlauf der politischen Geschichte im östlichen Mittelmeerraum zeichnet und auf ein endgültiges Gottesreich hofft, ist der losgebrochene und das Standbild zermalmende Stein, der zu einem großen Berg wurde (V. 35: הֲוָת לְטוּר רַב), das Symbol eben dieses Gottesreiches (Dan 2,44).

## 2.3.2 Der historische Kontext

Mit der vorgeschlagenen Deutung korreliert aber auch der historische Kontext.[122] In seiner Behistun-Inschrift berichtet Darius, dass er nach der Beseitigung von Gaumata (im Jahr 522) etliche Rebellionen zu überwinden hatte. Seine Darstellung konzentriert sich auf die zentralen Reichsgebiete bzw. auf die Gebiete Zentralasiens, während er über den Westen schweigt; sogar die Rebellion in Ägypten wird nur angedeutet.[123] Trotz des propagandistischen Tons der Behistun-Inschrift sind aber die Reichskrise und die erheblichen Schwierigkeiten bei manchen Rebellionen zu erkennen.[124] Den Ernst der Lage dokumentieren auch die brutalen Maßnahmen gegen manche besiegten Rebellen bzw. gegen – wie es nach dem Darius'schen Sprachgebrauch heißt – „Lügenkönige" (vgl. z. B. den Fall von Fravartiš). Noch 519 führte Darius selbst eine Expedition gegen den Sakenkönig Skunkha, um ihn durch einen anderen König zu ersetzen. Im Anschluss an diese Expedition wurde die 5. Kolumne zur Behistun-Inschrift hinzugefügt.[125]

Gerade in jener Zeitspanne, in der Darius die komplizierte politische Lage zu bewältigen und seinen Thron zu sichern hatte, kommt eine Gruppe der babylonischen Exilanten zusammen mit Serubbabel nach Jerusalem zurück.[126] Im Folgenden knüpfe ich z. T. an die Ausführungen von R. Albertz an.[127] Seiner Deutung zufolge „müssen der Wiederaufbau des jerusalemer Tempels und die Repatriierung der judäischen Volksgruppe als Herrschaftssicherungsmaßnahmen des Darius verstanden werden".[128]

---

121 Vgl. SIEW, War, 261–262 mit Lit.
122 Zwar sind die alttestamentlichen Texte gegenüber der persischen Herrschaft generell positiv gestimmt, mancherorts schimmert aber eine gewisse Kritik durch. Vgl. J. WIESENHÖFER, Persien, WAM, 328–331.
123 Vgl. P. BRIANT, From Cyrus to Alexander. A History of the Persian Empire (Winona Lake, IN 2002) 115.
124 Ebd., 117.
125 Ebd., 127.
126 Zumindest der Meinung vieler Forscher zufolge. Für andere Vorschläge vgl. z. B. J. KESSLER, The Book of Haggai. Prophecy and Society in Early Persian Yehud (VT.S 91; Leiden et al. 2003) 71–72. Nach Esra 2,2; 3,8; Neh 7,7; 12,1 hat Serubbabel die Rückkehrer schon im Jahr 538 angeführt.
127 Vgl. R. ALBERTZ, Die Exilszeit (BE 7; Stuttgart 2001) 102–112.
128 Ebd., 106.

Es ist durchaus plausibel anzunehmen, dass die Sicherung der Loyalität einer Volksgruppe in einem – spätestens nach der Ägyptenexpedition Kambyses' II. – strategisch wichtigen Raum des westlichen Reichsteils für die Pläne Darius' attraktiv erscheinen musste. Dass er Serubbabel, einen Davididen, mit den Vollmachten eines persischen Statthalters ausgestattet und mit dem Tempelbau beauftragt haben soll – nach Albertz eine bis heute zu wenig gewürdigte Tatsache –, bedeute, dass „Darius anfangs gewillt war, auf die Wünsche der judäischen Volksgruppe nach Restauration der davidischen Monarchie ziemlich weit einzugehen".[129] Allerdings ist angesichts der Quellenlage und der mit dem Titel bzw. der Funktion von פֶּחָה (etwa „Statthalter") gegebenen Probleme[130] mit solchen allzu konkreten Annahmen Vorsicht geboten. Dass Darius im Interesse der Loyalitätssicherung bereit war, der judäischen Volksgruppe auf die eine oder andere Art entgegenzukommen, leuchtet ein. Dagegen scheint die konkretere, die Restauration der davidischen Monarchie betreffende Vermutung wenig glaubhaft. In einer Zeit der politischen Instabilität, als mehrere Rivalen die Königswürde beanspruchten, wäre es politisch nicht besonders vernünftig gewesen, die monarchischen Hoffnungen einer Volksgruppe zu wecken. Zwar gibt es einige Beispiele für die Existenz von Vasallenkönigtümern, wie etwa in Kilikien, in den phönizischen Stadtstaaten oder auf Zypern;[131] wie Albertz allerdings selbst bemerkt, handelt es sich dabei „entweder um Privilegien für außergewöhnliche Loyalitätserweise oder um Anerkennung lokaler Gegebenheiten".[132] Da der Tempelbau bzw. die Tempelrenovierung im Alten Orient in die Zuständigkeit des Königs fiel, scheint Darius, sollte er Serubbabel tatsächlich mit dem Tempelbau beauftragt haben,[133] ein Risiko eingegangen zu sein. Mit Sicherheit festzustellen ist die Tatsache, dass das Buch Esra Serubbabel im Kontext der Fertigstellung des Tempels nicht mehr erwähnt, ja, dass er einfach von der Bildfläche verschwindet. Angesichts der Informationslücke bleiben nur Vermutungen, um die erwähnte Tatsache zu erklären. Die Versuche reichen von der mutmaßlichen Hinrichtung[134] über die Pensionierung nach der Tempeleinweihung[135] bis zum natürlichen Tod.[136] Einige Forscher rechnen mit Serubbabels Abberufung, die die prophetisch wachgehaltenen monarchischen Hoffnungen habe dämpfen sollen.[137] Obwohl die Abberufungstheorie auch Schwächen

---

129 Ebd., 107. Gefolgt auch von KEEL, *Geschichte*, 1000.
130 Dazu vgl. B. HENSEL, Serubbabel: https://www.bibelwissenschaft.de/stichwort/28453/ (Zugang: 20.2.2016).
131 Vgl. M. LEUENBERGER, *Haggai* (HThKAT; Freiburg i. Br. 2015) 67; KEEL, *Geschichte*, 1000.
132 ALBERTZ, *Exilszeit*, 107.
133 Vgl. LEUENBERGER, *Haggai*, 73–74.
134 Vgl. A. T. OLMSTEAD, *History of the Persian Empire* (Chichago – London 1948) 142.
135 Vgl. Graf REVENTLOW, *Die Propheten*, 63.
136 Vgl. K.-M. BEYSE, *Serubbabel und die Königserwartungen der Propheten Haggai und Sacharja: Eine historische und traditionsgeschichtliche Untersuchung* (Arbeiten zur Theologie 1.48; Stuttgart 1972) 48–49.
137 Vgl. ALBERTZ, *Exilszeit*, 109.

hat,¹³⁸ denn letztlich bleibt ja im Dunkeln, warum Serubbabel von der Bildfläche verschwindet, erscheint glaubhaft, dass dabei „auch ‚messianische' Hoffnungen, die sich mit dem Davididen verbinden, eine Rolle gespielt haben" dürften.¹³⁹ Albertz geht noch einen Schritt weiter und stellt fest: „Soweit wir erkennen können, nahmen die Perser nach dieser enttäuschenden Erfahrung davon Abstand, jemals wieder einen Davididen mit einem Staatsamt zu betrauen."¹⁴⁰

Zugunsten der Loyalitätssicherung und der Abberufungshypothese könnte eine interessante Parallele aus Babylon sprechen. C. Waerzeggers hat in ihrem RAI-Beitrag von 2007 (St. Petersburg) den Aufstieg der Ša-nāšišu-Familie nachgezeichnet.¹⁴¹ Drei aus dieser Familie stammende Brüder gelangten während der Regierungszeit Darius' I. fortschreitend an wichtige religiös-politische Positionen. Der älteste der Brüder wurde schon im ersten Regierungsjahr šangû von Ebabbar in Sippar, nachdem sich sein Vorgänger wahrscheinlich während der Rebellion von Nebukadnezzar IV. inkriminiert hatte. C. Waerzeggers stellt fest: „The replacement of the šangû of Sippar should be seen as part of Darius' effort to win and secure the support of the Babylonian population after their challenge of Persian rule at Darius' accession. [...] Given the instability of the region, it was vital for Darius to speak correctly to the local sentiment."¹⁴² In Darius' 25. Regierungsjahr erreicht diese Familie den Gipfel ihres Erfolgs. Ina-Esaggila-lilbur wird šatammu von Esaggila, Guzānu šākin ṭēmi von Babylon und Nabû-balassu-iqbi šangû in Sippar. Was diese Parallele interessant macht, ist der plötzliche Abbruch ihrer Machtposition. Während der Erstgenannte sein Amt wohl aus natürlichen Gründen im 26. Jahr des Darius niederlegt (Alter, Tod), verlassen die beiden anderen ihre Positionen mehr oder weniger zur gleichen Zeit (im 28. Jahr). Ihr gleichzeitiges und definitives Verschwinden aus den Quellen könnte darauf hinweisen, dass „they were forcefully removed from office. The complete silence around the post of šākin ṭēmi of Babylon and the quick succession in the post of šangû of Sippar after their disappearance enforces the impression of some kind of upheaval."¹⁴³

Die Serubbabel betreffenden Orakel (Sach 4,6aβ–10a) fallen etwas aus dem Rahmen, nicht nur, weil sie als redaktionelle Einschübe erkennbar sind (s. 2.1.2), sondern auch in ihrem Charakter. Obwohl allgemein behauptet wird, die proto-sacharjanische Schrift propagiere wie Haggai den Tempelbau, ist einer solchen Auffassung gegenüber Vorsicht geboten. Die proto-sacharjanische Schrift hat „eine viel

---

138 Dazu vgl. W. H. ROSE, Zemah and Zerubbabel. Messianic Expectations in the Early Postexilic Period (JSOT.S 304; Sheffield 2000) 33–36.
139 LEUENBERGER, Haggai, 74.
140 ALBERTZ, Exilszeit, 109.
141 C. WAERZEGGERS, Local Government and Persian Rule in Babylonia. The Rise of Ša-nāšišu Family during the reign of Darius I (Vortrag, gehalten auf der 53. RAI in St. Petersburg [2007]). Ich danke Frau Dr. Waerzeggers für die Zusendung des Pdf-Files; die Zahl in den eckigen Klammern bezieht sich auf die Seitenzahl im Pdf-File.
142 Ebd. [11].
143 Ebd. [5].

umfassendere Vision, die [...] ein ganz neues Handeln Gottes erwartet, eine neue, von Gott gereinigte und gestiftete und von ihm geschützte Volksgemeinschaft, die erst sekundär der Leitung der beiden Gestalten Serubbabel und Jeschua anvertraut wird".[144] Dabei wird der Tempelbau, den Sach 4,8–10 – atypisch für die Sacharja-Schrift – als menschliche Leistung Serubbabels sieht, „höchstens *ein* Merkmal des neuen Äons sein".[145] Die Orakel in Sach 4,6aβ-10a stehen also in ihrem Charakter denen des Haggai sehr nahe.[146] Sollte der Passus trotz seiner späteren Einfügung aus ehemals unabhängigen authentischen Worten Sacharjas bestehen,[147] so dürfte der Prophet sie zur Unterstützung bzw. Ergänzung der haggaischen Hoffnungen ausgesprochen bzw. verfasst haben. Hier denkt man besonders an Hag 2,20–23, an eine der bekanntesten Stellen, die aber redaktionskritisch verschieden beurteilt wird:

> „Und das Wort des HERRN geschah zum zweitenmal zu Haggai, am 24. des Monats folgendermaßen:
> [21] Sage zu Serubbabel, dem Statthalter von Juda: Ich werde den Himmel und die Erde erschüttern.
> [22] Und ich werde den Thron der Königreiche umstürzen und die Macht der Königreiche der Nationen vernichten; und ich werde die Streitwagen und ihre Fahrer umstürzen, und die Pferde und ihre Reiter sollen *zu Boden* sinken. Jeder *fällt* durch das Schwert des anderen.
> [23] An jenem Tag, spricht der HERR der Heerscharen, werde ich dich <u>nehmen</u>, Serubbabel, Sohn des Schealtiel, <u>mein Knecht</u>, spricht der HERR, und werde dich einem <u>Siegelring</u> gleich machen; denn ich habe dich <u>erwählt</u>, spricht der HERR der Heerscharen." (ELB)

Manche Forscher halten den ganzen Textabschnitt für eine „authentic passage",[148] während andere in ihm verschiedene Redaktionen unterscheiden.[149] Auch wenn man redaktionelle Schichten zu unterscheiden vermag, schließt dies nicht aus, dass die eine oder die andere Schicht aus der Wirkungszeit Serubbabels herrührt. Im Gegenteil macht die Analyse der einzelnen Begriffe sogar wahrscheinlich, dass

---

144 KEEL, *Geschichte*, 1009.
145 Ebd.
146 L. CARLSON (Zechariah, Zerubbabel, and *Zemah*: Ideological Development in Early Postexilic Judah, *Sibyls, Scriptures, and Scrolls: John Collins at Seventy* [Ed. J. Baden et al.; Leiden 2016] 268–270) spricht von *„Haggai-like" Zerubbabel Insertion*.
147 WILLI-PLEIN, *Haggai – Sacharja – Maleachi*, 98–99 vermutet, dass zumindest das erste Serubbabelwort ursprünglich am Anfang der Prophetie Sacharjas ergangen sein dürfte. Anders z. B. R. G. Kratz (Serubbabel und Joschua, Das Judentum im Zeitalter des Zweiten Tempels [FAT 42; Tübingen 22013] 80–81), der die Sprüche in Sach 4 für „Nachinterpretationen der Visionen im Lichte von Hag 1-2" hält.
148 A. LAATO, *Josiah and David Redivivus. The Historical Josiah and the Messianic Expectations of Exilic and Postexilic Times* (ConBOT 33; Stockholm 1992) 224.
149 Vgl. BEUKEN (*Haggai – Sacharja 1-8*, 79–80) sieht in V. 21-23a das Prophetenwort. Dagegen erwägt er (ebd., 80–83) im Falle von V. 23b „eine chronistische Begründung".

zumindest der Vers 23 zu Wirkungszeiten Serubbabels ausgesprochen wurde. Der Analyse M. Leuenbergers zufolge gehört V. 23 (außer 23aα) zwar zur „chronologisch-narrativen Redaktion" (neben anderen Texten noch 2,20–21a)[150], die aber der Zeitspanne „zwischen Anfang 517 v. Chr. und der Tempelweihe im Frühjahr 515 v. Chr." entstamme.[151] M. Leuenberger konnte zeigen, wie die durchdachte Wahl der Begriffe „Knecht", „Siegel(ring) JHWHs", „nehmen" und „erwählen" den königstheologischen Horizont vergegenwärtigt, wobei der Königstitel und die Salbungsterminologie (mit Absicht) vermieden werden.[152] Der Vers 23 stellt somit ein Gegenorakel zu Jer 22,24 dar (ELB: „So wahr ich lebe, spricht der HERR, wenn auch Konja, der Sohn Jojakims, der König von Juda, ein Siegelring an meiner rechten Hand wäre, würde ich dich doch von dort wegreißen.").[153]

Die betonte Verbindung Serubbabels mit dem Tempelbau passt genau zu solchen monarchischen Hoffnungen. Andererseits dürften sie als Ermutigung direkt auf Serubbabel gezielt haben, dem die politischen Konsequenzen solcher Hoffnungen inzwischen klar geworden sein mussten. Das Wort vom „Berg", der mit „dem Großen" – also nach der hier vorgeschlagenen Deutung mit Darius I. – zu identifizieren ist und der vor Serubbabel zu einer „Ebene" werden soll, sollte Serubbabel Mut zusprechen, nicht nur den Tempelbau voranzutreiben, sondern obendrein nicht auf die monarchischen Hoffnungen bestimmter Kreise in der Bevölkerung zu verzichten.[154] Darauf, dass solche Hoffnungen jedoch unerfüllt blieben, weist nicht nur die politische Geschichte Jehuds hin, sondern man kann im Textmaterial – vor allem in Sach 6,9–14 – Spuren einer redaktionellen „Rettungsaktion" entdecken, die auf die Korrektur der sacharjanischen Prophetie zielte. Da 6,13b von einem Thron und einem Priester neben ihm spricht, ist zu schließen, dass „der Angesprochene ursprünglich eine königliche Gestalt war, konkret sehr wahrscheinlich – wie in Sach 4,6b–10a – Serubbabel."[155] Nach O. Keel wurde der Name „vermutlich aus politischen Gründen durch den des Priesters Jeschua ersetzt".[156] Solche Überlegungen erfordern einen näheren Blick auf Sach 6,9–15 und Sach 3.

---

150 Die V. 21b–23aα schreibt Leuenberger (*Haggai*, 55–57) den „universal-eschatologischen Fortschreibungen" zu.
151 Leuenberger, *Haggai*, 54. Anders z. B. Hallaschka, *Haggai und Sacharja 1–8*, 101–120: hellenistische Zeit.
152 Vgl. Leuenberger, *Haggai*, 244–250.
153 Vgl. Leuenberger, *Haggai*, 248 mit Lit.
154 Auch wenn man hier keine direkte Rebellion behauptet, wie manche Forscher im Falle von Haggai vermuten. Vgl. etwa Morgenstern, *Jerusalem*, 5–6 und 13. Für weitere Literaturhinweise vgl. Leuenberger, *Haggai*, 246.
155 Keel, *Geschichte*, 1025. Vgl. auch Albertz, *Exilszeit*, 109 Anm. 237.
156 Keel, *Geschichte*, 1025. Es handelt sich um eine seit J. Wellhausen (*Die kleinen Propheten* [Berlin ⁴1963; ursprünglich 1892] 185) viel rezipierte These: „[…] das Diadem ist von Zacharia für Zerubabel als künftigen König bestimmt, erst von einem späteren Diaskeuasten auf den Hohenpriester Josua. Der Diaskeuast trug den Verhältnissen Rechnung, wie sie sich tatsächlich gestalteten: der Priester wurde das Haupt der Theokratie, nicht der Davidide." Für weitere Literatur vgl. R. Rothenbusch, Serubbabel im Haggai- und im Protosacharja-Buch. Konzepte der Gemeinde-

## 2.3.3 Das Verhältnis des Orakelmaterials in Sach 4 zu Sach 6,9-15 und Sach 3,1-10

Ähnliche Gründe können auch im Hintergrund des redaktionellen Einschubs von Sach 4,6aβ-10a in die Leuchter-Vision gestanden haben, unbeschadet der Frage, wer den Nachtrag vorgenommen hat. Die Korrektur der sacharjanischen Prophetie ist jedoch anders als bei den „Textverstümmelungen in Sach 6,9-14"[157] verlaufen. Die Einfügung des Orakelmaterials in die Vision lieferte einen hermeneutischen Schlüssel für das Verständnis sowohl der Vision als auch der Orakel. Obwohl die Identität der beiden „Ölsöhne" in V. 14 nicht eindeutig zu bestimmen ist, kann man in ihnen aufgrund der Orakel menschliche Protagonisten erkennen. Dabei liegt der Gedanke an Serubbabel nahe, dem das Orakel gilt. Da der Hohepriester Josua eine weitere zentrale Gestalt der frühnachexilischen Zeit war, ist seine Identifikation mit dem zweiten „Ölsohn" die überzeugendste Option. Selbst wenn man weitreichende Schlüsse über eine mutmaßliche Dyarchie vermeidet, lässt sich festzustellen, dass diese Identifikationen die prominente Rolle Serubbabels relativieren.

Konkret folgt daraus für die redaktionsgeschichtliche Rekonstruktion, dass zunächst die Visionen und das Orakelmaterial (4,6aβ-10a und 6,12-13* [s. unten]) als zwei unabhängige literarische Größe vorlagen. Ob die Visionen noch in Babylon entstanden, wie P. Redditt meint, sei offen gelassen, obwohl er ihr Anliegen treffend formuliert: „to urge them [ = the Jews] to return home and participate in God's new order".[158] Die Orakel ergingen, wie oben dargelegt, unabhängig von den Visionen als Ergänzung und Unterstützung der haggaischen Bemühungen einerseits und der monarchischen Hoffnungen andererseits an Serubbabel bzw. an das Volk. Erst nachdem die monarchischen Hoffnungen ins Leere gelaufen waren und Serubbabel von der Bühne abgetreten war, wurde das Orakel Sach 6,12-13* in die neu verfasste עֲטָרָה-Episode Sach 6,9-11.14-15* eingearbeitet und zusammen mit Sach 4,6aβ-10a in die Visionen eingefügt, was die Stellung Serubbabels relativierte[159] – dazu passt auch

---

leitung im frühnachexilischen Juda, *Literatur- und sprachwissenschaftliche Beiträge zu alttestamentlichen Texten* (Hrsg. S. Ö. Steingrímsson – K. Ólason; ATSAT 83; St. Ottilien 2007) 231 Anm. 78.
157 ALBERTZ, *Exilszeit*, 109 Anm. 237.
158 P. L. REDDITT, Zerubbabel, Joshua, and the Night Visions of Zechariah, *CBQ* 54 (1992) 255. Vgl. auch JUHÁS, „Center" and „Periphery", 446.
159 Mit der Einfügung des Orakels Sach 6,12-13* in die עֲטָרָה-Episode hat sich gleichzeitig eine Zukunftsperspektive eröffnet. Der „Spross", hinter dem sich ursprünglich Serubbabel verbarg, ist jetzt zu einer zukunftigen Heilsgestalt und damit zum Träger der messianischen Hoffnungen geworden. LUX (*Sacharja*, 492–495) etwa hält den ganzen Abschnitt Sach 6,9–15 (mit Ausnahme eines Teiles von V. 15: ab „damit ihr erkennt ...") für kohärent. Der Text spreche von Anfang an (d.h. im Rahmen der sog. zweiten Sacharjaredaktion) von einer zukünftigen Heilsgestalt, dem „erwartete[n] messianische[n] Heilskönig aus dem Haus Davids" (S. 492). Des Weiteren merkt Lux an (S. 493): „Der Abschnitt unterscheidet […] deutlich zwischen einer in der Krönung Joschuas symbolisch zum Ausdruck gebrachten gegenwärtigen Einzelherrschaft des Hohenpriesters und einer zeitlich nicht näher zu bestimmenden Doppelherrschaft von Priester und König, auf die es in Zukunft hinauslaufen soll."

die „demokratisierende" Formulierung in V. 15a (bis וִידַעְתֶּם)[160] – und die Rolle des Priesters Josua aufwertete.[161] Das impliziert aber keine reale Existenz der priesterlichen Theokratie – zumindest nicht zu diesem Zeitpunkt.[162]

An dieser Stelle sind zumindest ansatzweise die diachronen Überlegungen darzustellen, die zur vorausgesetzten Rekonstruktion geführt haben. Sach 6,9–15 enthält mehrere text- und literarkritische Probleme, sodass bei jedem Ansatz und Lösungsvorschlag ein Unsicherheitsfaktor bleibt. W. Rose hat die Forschungsgeschichte dargestellt und kritisch evaluiert.[163] Obwohl er manche Argumente, die einer literarkritischen Chirurgie die Grundlage boten, zu Recht entkräftet, scheint er zu weit gegangen zu sein, wenn er resümiert:

> „I conclude that once one takes a closer look at the hyphothesis of a rewritten text and thinks through its implications, it loses any attractiveness which it might have had at first sight."[164] „[...] the attempt to distinguish within the oracles between original and secondary material should be abandoned."[165]

Zieht man die vielen Probleme von Sach 6,9–15 in Betracht,[166] überzeugt der Verzicht auf einen diachronen Lösungsvorschlag noch weniger. Wendet man eine vorsichtige Literarkritik an, ist keine Streichung bzw. Ersetzung des Namens Serubbabel in V. 11 anzunehmen, wie sie viele literar- und redaktionskritische Lösungen vornehmen. Es genügt, die Verse 12 (ohne 12aα)[167] und 13 (wahrscheinlich ohne 13aα)[168] aus dem Kontext herauszulösen[169] und sie als selbstständiges Orakel – ähnlich wie Sach 4,6b–10a – zu lesen:

---

160 Ist der Tempelbau in 6,12–13* ausdrücklich mit dem „Spross" verbunden und das Orakel daher singularisch formuliert, sind es in V. 15a „Ferne", die kommen und am Tempel des Herrn bauen werden.
161 Ähnlich Petersen, Haggai & Zechariah 1–8, 273, obgleich meine Gesamtinterpretation und -rekonstruktion in manchen Aspekten verschieden ist.
162 Dazu vgl. Rose, Zemah, 30–33.
163 Ebd., 151–176. Für den Überblick vgl. auch Lux, Sacharja, 491–494.
164 Rose, Zemah, 172.
165 Ebd., 176.
166 Von den Wichtigsten sei nur auf die Verbindung der Krone für Josua mit einem Orakel über Zemah, der den Tempel bauen wird, hingewiesen. Vgl. Lux, Sacharja, 491.
167 Redaktionell zur Verbindung des Orakels mit der עֲטָרָה-Episode.
168 V. 13aα liest: וְהוּא יִבְנֶה אֶת־הֵיכַל יְהוָה „Und er wird den Tempel des Herrn bauen …". Der Versteil fehlt in LXX. Obwohl die Pšīṭtā die Lesung von V. 13aα belegt, hat sie keinen entsprechenden Text zu וּבָנָה אֶת־הֵיכַל יְהוָה von V. 12. Daher ist es mit Recht in Erwägung zu ziehen, dass es sich in einem der Fälle um eine varia lectio handelt (vgl. den Apparat der BHS).
169 Vgl. Petersen, Haggai & Zechariah 1–8, 273 und 275–278. Bei der Textanalyse von Sach 6,9–15 meint Laato (Josiah, 249) Folgendes: „In my judgment, the original core consisted of at least vv. 12–13 and 15a."

| | |
|---|---|
| כֹּה אָמַר יְהוָה צְבָאוֹת לֵאמֹר | So spricht JHWH der Heerscharen: |
| הִנֵּה־אִישׁ צֶמַח שְׁמוֹ | Siehe, ein Mann, „Spross" ist sein Name! |
| וּמִתַּחְתָּיו יִצְמָח | Da wird es unter ihm sprossen, |
| וּבָנָה אֶת־הֵיכַל יְהוָה | und er wird den Tempel JHWHs bauen, |
| וְהוּא־יִשָּׂא הוֹד | er wird Hoheit tragen |
| וְיָשַׁב וּמָשַׁל עַל־כִּסְאוֹ | und auf seinem Thron sitzen und herrschen. |
| וְהָיָה כֹהֵן עַל־כִּסְאוֹ | Und ein Priester wird *neben seinem Thron* sein, |
| (LXX: ἐκ δεξιῶν αὐτοῦ) | |
| וַעֲצַת שָׁלוֹם תִּהְיֶה בֵּין שְׁנֵיהֶם | und ein Rat des Friedens wird zwischen ihnen sein. |

Versteht man den auf die Botenformel folgenden Nominalsatz als eine Überschrift, dann wird das Orakel von drei Bikola (2+3; 3+3; 3+4) gebildet, in denen sich auch die Verbalformationen abwechseln (*w-x-yiqtol – weqatal; w-x-yiqtol – weqatal* (2x); *weqatal – w-x-yiqtol*; gerahmt von zwei *w-x-yiqtol*-Formationen). Zwar ist hier Serubbabel namentlich nicht erwähnt, eine klare Verbindung von צֶמַח mit dem Tempelbau – im Lichte von Sach 4,6aβ–10a – macht diese Identifikation aber wahrscheinlich. Auch dieses Orakel sollte die Position Serubbabels stärken und dem Volk Hoffnung machen, dass die (königliche Aufgabe der) Tempelrenovierung erfolgreich sein und Serubbabel sich auf den Thron setzen werde. Der Platz des Priesters, der mit ihm in Eintracht kooperieren soll, ist an seiner Seite (vgl. V. 13[LXX]).[170]

Die Krone, von der im Kontext die Rede ist (V. 11: „Und nimm Silber und Gold, mach eine Krone [MT: עֲטָרוֹת][171] und setze sie auf das Haupt des Hohenpriesters Josua, des Sohnes Jozadaks!"), hat mit Serubbabel nichts zu tun. Dies hat schon die literarkritische Herauslösung von V. 12–13* nahegelegt. Das Wort עֲטָרָה wurde wegen seines breiten semantischen Feldes gewählt.[172] Zwar kann es sich in seinem Fall um eine königliche Krone handeln (z. B. 2Sam 12,30//1Chr 20,2; Ps 21,4; Jer 13,18), es kann aber auch das Diadem eines anderen Würden- oder Amtsträgers bezeichnen (Mordechai in Est 8,15) oder metaphorisch gebraucht werden (z. B. Ijob 19,9). Im Kontext von Sach 6,9–11.14–15* dient es als Zeichen der Autorität – aber keiner politischen – des Hohenpriesters Josua, die jetzt (nach Serubbabel) in den Mittelpunkt rückt. Die Wortwahl (עֲטָרָה) sensibilisiert die Adressaten, weil dieses Wort normalerweise nicht mit einem Priester verbunden ist.[173] Diese Krone soll auch nicht auf dem Kopf bleiben, sondern als Zeichen (לְזִכָּרוֹן „zur Erinnerung") für die

---

170 Es muss einen Unterschied zwischen den zwei Ausdrucksweisen (וְיָשַׁב וּמָשַׁל עַל־כִּסְאוֹ und וְהָיָה כֹהֵן עַל־כִּסְאוֹ) geben. Vgl. dazu ROTHENBUSCH, Serubbabel, 236–237; ROSE, *Zemah*, 61–64, 130, 250–251; vgl. auch POLA, *Priestertum*, 226 [Anm. 21] und 254.

171 Der Plural muss nicht auf zwei Kronen hinweisen, sondern kann als Plural der Ausdehnung bzw. Größe verstanden werden. Vgl. ROTHENBUSCH, *Serubbabel*, 231–232 mit Literatur.

172 Vgl. D. KELLERMANN, עֲטָרָה/עֲטָר, *ThWAT* VI (1989) 24: „Wie der Parallelismus zeigt, können sehr unterschiedliche Kopfbedeckungen oder Kopfzierden unter [diesen] Überbegriff [...] gestellt werden [...]."

173 Vgl. ROSE, *Zemah*, 55–56. Er führt aber eine Stelle im hebräischen Text von Sir 45,12 an. Vgl. auch die phönizische Inschrift KAI 60.

Genannten,[174] die als Repräsentanten verschiedener Volksgruppen auftreten,[175] im Tempel deponiert werden (V. 14).[176]

Die עֲטָרָה-Episode ist die zweite Szene eines redaktionellen Diptychons, das die Position des Hohenpriesters Josua und dessen Autorität thematisiert. Die erste findet sich in der jetzigen vierten Vision (Sach 3*),[177] die die Entsühnung und Amtseinsetzung Josuas beschreibt. Sie hebt sich formal von den anderen Visionen ab. Die wichtigsten Unterschiede sind das Fehlen des *angelus interpres* und des Frage-Antwort-Dialogs. Die Ausleger des Buches Sacharja ziehen aus diesen Differenzen divergierende Schlüsse. Viele Forscher vertreten die Ansicht, dass diese Vision kein ursprünglicher Teil des Visionenzyklus war.[178] Das Fehlen des *angelus interpres*, der in den Visionen eine zentrale Rolle spielt und mit Sacharja kommuniziert, ist meines Erachtens der entscheidende formale Grund dafür (vgl. den Unterschied zwischen Dan 1–6 und 7–12), dieser Forschungsmeinung zu folgen. Weiterhin werden Josua Bedingungen gestellt (vgl. V. 6–7), während die übrigen Visionen keine Bedingungen kennen.[179] Laut der Redaktion hinter der vierten Vision wurde Josua also zunächst von seiner Schuld gereinigt und in seinen Rang eingesetzt, um dann in der zweiten Szene (Sach 6,9–11.14–15*) „gekrönt" zu werden, wenngleich nicht für ein politisches Amt. Dabei ist eine Entwicklung festzustellen: Betonen die Reinigung und der Empfang der neuen Kleider und des reinen Turbans (צָנִיף) die spezifisch priesterliche Rolle Josuas, so stellt der Empfang der „Krone" (עֲטָרָה), die ohnehin als Memorialartefakt im Tempel dienen soll, die Autorität Josuas (in religiösen Angelegenheiten) in den Vordergrund.

Der Text von Sach 3 wirft mehrere Fragen auf, die die Forschung beschäftigen. An dieser Stelle soll nur auf das Problem von צֶמַח (V. 8) eingegangen werden.[180] Dass der Vers 8 aus literarkritischer Sicht sekundär ist, ist weniger an dem durch שְׁמַע־נָא vollzogenen Neueinsatz ablesbar, als vielmehr an den inhaltlichen Differenzen zu seinem Kontext. Plötzlich tauchen im Text die „Gefährten" Josuas (רֵעֶיךָ) auf, die vor ihm „sitzen" (הַיֹּשְׁבִים לְפָנֶיךָ). Sie haben mit den Figuren der himmlischen Szene (V. 1–7), die durch das Verb עמד charakterisiert werden, nichts zu tun. Laut dem

---

174 Zur leichten Variation in der Namenliste in V. 10 und 14 vgl. C. L. MEYERS – M. E. MEYERS, *Haggai, Zechariah 1–8. A New Translation with Introduction and Commentary* (AB; Garden City, NY 1987) 340 und A. DEMSKY, The Temple Steward Josiah ben Zephaniah, *IEJ* 31 (1981) 100–103.
175 Vgl. MEYERS – MEYERS, *Haggai, Zechariah 1–8*, 339–343.
176 In einem religiösen Kontext können Erinnerungszeichen verschiedene Objekte: so etwa die „Erinnerungssteine" (אַבְנֵי זִכָּרֹן) auf den Schulterstücken des Efod (Ex 28,12; 39,7) oder „das im Midianiterkrieg erbeutete Gold" (Num 31,54: זִכָּרוֹן לִבְנֵי־יִשְׂרָאֵל לִפְנֵי יְהוָה). LUX, *Sacharja*, 517–518.
177 Nach LUX (*Sacharja*, 494) gehört sowohl Sach 3 als auch 6,9a-15b[= seine Gliederung] der sogenannten zweiten Sacharjaredaktion (R²) an. Allerdings hält er einerseits den letztgenannten Text für kohärent, andererseits verweist er bei seiner Datierung auf die späte Phase der Perserzeit (Ebd., 525).
178 Die Vertreter anderer Meinung sind auch zahlreich. Vgl. die Literatur in TIEMEYER, *Zechariah and His Visions*, 116 Anm. 1.
179 Vgl. DELKURT, Sacharja/Sacharjabuch.
180 Eine ausführliche Behandlung des Kapitels wird ein Teil meiner Monographie *Natur und Heilsbringer. Studien zu Jes 11, Am 9 und Sach 3* (im Rahmen des DFG-Projektes 1986 *Natur in politischen Ordnungsentwürfen*) sein.

zweiten Versteil (V. 8b) wird Gott den „Spross" kommen lassen, der hier zusätzlich als „mein Knecht" bezeichnet ist. Näheres über eine konkrete Funktion oder Handlung des צֶמַח wie etwa in Sach 6,12–13 (Tempelbau und Herrschaft!) erfährt man nicht. Im Kontext tritt er als eine geheimnisvolle Gestalt auf. Vielleicht ist der letzte Satz von V. 9[181] („und ich tilge die Schuld jenes Landes an einem Tag") mit V. 8b zu verknüpfen, da diese Verbindung inhaltlich wesentlich besser passen würde als diejenige in der vorliegenden Textgestalt.[182] Demnach wird Gott, wenn er den „Spross" bringt, die Schuld des Landes entfernen. V. 10 schildert die Verhältnisse „an jenem Tag": „An jenem Tag werdet ihr, spricht der Herr der Heerscharen, einander unter Weinstock und Feigenbaum einladen." Die beiden Verse 3,8 und 3,10 machen den Eindruck eines literarischen Patchworks, weil sie die Titulatur עַבְדִּי „mein Knecht" aus Ez 34,23f und 37,24[183] (V. 8) mit der geprägten Kennzeichnung einer Periode ungestörten Friedens[184] (V. 10) kombinieren. Der Titel „mein Knecht" bezeichnet im Alten Testament vor allem wichtige Persönlichkeiten (Abraham [Gen 26,24], Jakob [Ez 28,25], Mose [Num 12,7–8; Jos 1,2.7; 2Kön 21,8; Mal 3,22], Ijob [1,8; 2,3; 42,7f]), meistens (den König) David (2Sam 3,18; 7,5.8//1Chr 17,4.7; 1Kön 11 [mehrmals]; 14,8; 2Kön 19,34//Jes 37,35; 20,6; Ps 89, 4.21; Jer 33,21–22.26;[185] so auch in Ez 34 und 37).[186] Dabei ist aber zu betonen, dass „David" in den beiden Ezechielkapiteln zur Bezeichnung des zukünftigen idealen (davidischen) Herrschers dient.[187] Die leicht abgewandelte Formulierung „ihr werdet einander einladen unter Weinstock und unter Feigenbaum" rezipiert die Königsideologie, ganz konkret die *pax salomonica*, während derer „Juda und Israel in Sicherheit wohnten, jeder unter seinem Weinstock und seinem Feigenbaum [...]" (1Kön 5,5).[188] In hasmonäischer Zeit hat man diesen Topos mit der klaren politischen Intention verwendet, die Herrschaft des Makkabäers Simeon als Heilszeit zu zeichnen

---

181 Die systematische Analyse des schwer verständlichen V. 9 (vgl. dazu z. B. ROTHENBUSCH, Serubbabel, 243–247), den manche Forscher als ursprünglichen Teil von Sach 3, andere aber als Teil einer redaktionellen Erweiterung in V. 8–10 ansehen, soll für die oben genannte Monographie reserviert bleiben.
182 Vgl. ROTHENBUSCH, Serubbabel, 247.
183 Vgl. R. L. SMITH, *Micah – Malachi* (WBC 32; Dallas, TX 1984) 200–201. Der Kontext der ersten angegebenen Stelle enthält auch eine Beschreibung der Sicherheit und Fruchtbarkeit des Landes (Ez 34,25–31).
184 Vgl. Graf REVENTLOW, *Die Propheten*, 56.
185 In Jer gehört der Knechttitel zum prämasoretischen Idiolekt. Vgl. H.-J. STIPP, Der prämasoretische Idiolekt im Jeremiabuch, *Studien zum Jeremiabuch* (FAT 96; Tübingen 2015) 95.
186 Im Buch Jesaja bezeichnet „mein Knecht" verschiedene Personen, oft das Kollektiv Jakob/Israel (auch Jer 30,10; 46,27–28) und den Ebed-JHWH. In Jer 25,9; 27,6 und 43,10 trägt diese Bezeichnung der König Nebukadnezzar.
187 Vgl. J. J. ROBERTS, The Old Testament's Contribution to Messianic Expectations, *The Messiah. Developments in Earliest Judaism and Christianity* (Ed. J. H. Charlesworth; Minneapolis 1992) 44; ROTHENBUSCH, Serubbabel, 247–248, Anm. 175.
188 Ob der sacharjanische Text auch Mi 4,4 im Blick hat, wie etwa R. HANHART (*Sacharja*, 179–180) meint, lässt sich wegen der Problemen der Datierung schwer entscheiden. Jedenfalls geht der vielleicht zeitgleiche Micha-Text mit seinem universalen Zug über die auf Israel beschränkte Verheißung von Sach 3,10 hinaus. Vgl. R. KESSLER, *Micha* (HThKAT; Freiburg i. Br. 1999) 186.

(1Makk 14,12).[189] Der Befund lässt vermuten, dass der „Spross" von Sach 3,8–10* Züge einer zukünftigen Heilsgestalt trägt und daher ursprünglich mit dem „Spross" von Sach 6,12–13 nicht identisch war (s. Kap. 2 Anm. 168).[190] M. Hallaschka ist zuzustimmen, dass der Vers 3,8 von Sach 6,9–15 abhängig ist, selbst wenn man seiner Datierung dieser Einheit in die hellenistische Zeit nicht zu folgen braucht.[191] Das gilt ebenfalls für die Datierung von Hag 2,20–23, einen Text, der Serubbabel als Knecht und Siegelring JHWHs bezeichnet und im Hintergrund von Sach 3,8 gestanden haben dürfte.[192] Nach R. Lux wird die „Serubbabelweissagung Haggais […] auf den künftigen ‚Sproß' übertragen".[193]

Verwiesen werden muss auf Jer 33,14–26, einen Textabschnitt, der kein Pendant in der LXX besitzt und eine Heilszusage an Israel enthält, die zwei Größen eine immerwährende Existenz zuspricht: dem davidischen Königs- und dem levitischen Priestergeschlecht. Die Heilszusage beginnt mit der Ankündigung (V. 15–16) eines „gerechten Sprosses für David" (צֶמַח צְדָקָה אַצְמִיחַ לְדָוִד), die eine frühere Prophetie über den „Spross" aufnimmt (Jer 23,5–6), wobei der ganze Abschnitt (33,14–26) einige neue Akzente setzt.[194] Im Zusammenhang mit Sach 3,8–10* ist auf das Miteinander von davidischem צֶמַח und Priestern aufmerksam zu machen. Allerdings handelt es sich in diesem jeremianischen Kontext nicht um den צֶמַח als Einzelperson, sondern um eine unaufhörliche davidische Dynastie. Obwohl die theologischen Profile des sacharjanischen und des jeremianischen Textes divergieren, scheinen sie einem ähnlichen geistigen Milieu zu entstammen. Vielleicht hat Ch. Levin recht, dass in Jer 33,14–26 „die jüngsten Davidverheißungen des Alten Testaments" vorliegen, wobei der Text eventuell in mehrere Fortschreibungen zerfällt.[195] Ob in Sach 3,8 auch die Herrscherverheißungen Jer 33,14–26 im Hintergrund stehen, wie z. B. M. Hallaschka meint,[196] lässt sich meines Erachtens nicht eindeutig entscheiden.[197] Da Jer 33,14–26 dem masoretischen Sondergut angehört, ist dies eher unwahrscheinlich.

---

189 Vgl. S. von Dobbeler, Die Bücher 1/2 Makkabäer (NSK AT 11; Stuttgart 1997) 131–133.
190 Vgl. Rothenbusch, Serubbabel, 247–248.
191 Vgl. Hallaschka, Haggai und Sacharja 1–8, 197.
192 Ebd., 197–198.
193 R. Lux, Das Zweiprophetenbuch. Beobachtungen zu Aufbau und Struktur von Haggai und Sacharja 1–8, Prophetie und Zweiter Tempel (FAT 65; Tübingen 2009) 13 Anm. 33.
194 Dazu vgl. etwa W. H. Schmidt, Das Buch Jeremia (ATD 21; Göttingen 2013) 171–172; W. Werner, Das Buch Jeremia. Kapitel 25–52 (NSK AT 19/2; Stuttgart 2003) 90–91 und jüngst besonders H.-J. Stipp, Jeremia 25–52 (HAT I/12,2; Tübingen 2019) 362–376.
195 Ch. Levin, Die Verheißung des neuen Bundes in ihrem theologiegeschichtlichen Zusammenhang ausgelegt (FRLANT 137; Göttingen 1985) 255–256.
196 Vgl. Hallaschka, Haggai und Sacharja 1–8, 197.
197 Unter den Texten Jer 23,5–6, Sach 3,8, Sach 6,12 und Jer 33,14–26 sieht Ch. Maier (From Zedekiah to the Messiah: A Glimpse at the Early Reception of the Sprout, Sibyls, Scriptures, and Scrolls: John Collins at Seventy [Ed. J. Baden et al.; Leiden 2016] 857–873) den letztgenannten als den jüngsten an, der „clearly messianic" sei. Allerdings wurden nach der Meinung Maiers die anderen Texte – also auch Sach 3,8 – ursprünglich nicht geschrieben, „to foster messianic hopes, but to promote certain political claims" (S. 872).

Zum Verhältnis der behandelten sacharjanischen Texte untereinander lässt sich resümieren: Die alten Serubbabel-Orakel (Sach 4,7f; 6,12–13*), die mit dem Wirken des Propheten Sacharja zu verbinden sind, wurden nach dem Zusammenbruch der mit Serubbabel verbundenen Hoffnungen in das Visionenkorpus eingearbeitet – das gilt zumindest für Sach 4,7 f. Die dafür verantwortliche Redaktion hat auch das Josua-Diptychon (Sach 3,1–7* und Sach 6,9–15*) hervorgebracht, das die Rolle des Hohenpriesters in den Vordergrund stellen und im Gegenzug die Bedeutung Serubbabels relativieren sollte. Deshalb wurde auch das Orakel 6,12–13*– vielleicht nicht ganz gelungen – in das Diptychon eingearbeitet. Bei Josua wurde zunächst seine rituelle Rolle (Sach 3,1–7*; der Begriff צָנִיף) und dann seine allgemeine Autorität (Sach 6,9–15*; der Begriff עֲטָרָה) profiliert. Sach 3,8–10* ist eine spätere Fortschreibung, die wohl der hellenistischen Epoche entstammt.

## 2.4 Zusammenfassung

Ein großer Teil der Forschung ist der Meinung, dass die für Serubbabel bestimmten Orakel in Sach 4 sekundär mit der dortigen Leuchter-Vision verknüpft worden sind. Bei der Deutung der jeweiligen Elemente gehen die Ansichten hingegen auseinander. Insbesondere trifft dies auf die Deutung des Berges in Sach 4,7 zu, wofür ganz unterschiedliche Vorschläge vorliegen. Nach der in dieser Studie vertretenen Interpretation ist die Constructus-Verbindung הַר־הַגָּדוֹל zu belassen und als „Berg ‚der Große'" zu verstehen. Hinter dieser Bezeichnung verbirgt sich der persische König Darius I., der als potenzieller Widersacher auftritt. Eine solche Deutung lässt sich aus einer Reihe von syntaktischen, semantischen und motivischen Beobachtungen ableiten. Sie wird auch vom historischen Kontext gestützt. Das Orakel Sach 4,6aβ–7 sollte Serubbabel ermutigen, nicht nur den Tempelbau voranzutreiben, sondern zudem den monarchischen Hoffnungen eines Teils der Bevölkerung entgegenzukommen. Nachdem aber die monarchischen Hoffnungen versandet waren, haben redaktionelle Eingriffe die Gestalt Serubbabels relativiert und die Rolle des Hohenpriesters aufgewertet.

## Exkurs: Die ehernen Berge in Sach 6

Die Relevanz eines solchen Exkurses zeigt sich besonders in 1Hen 52, wo die metallischen Berge zusammen mit einer „messianischen" Gestalt die Hauptprotagonisten sind. Obwohl die politischen Implikationen in Sach 6 nicht gleicher Art sind wie diejenigen von 1Hen 52, soll dem Kapitel und insbesondere der Vorstellung eines metallischen Berges bzw. der metallischen Berge etwas Aufmerksamkeit gewidmet werden.

Zwei eherne Berge bilden in der letzten sacharjanischen Vision (Sach 6,1–8) eine Art Tor, aus dem vier Wagen hervorkommen (V. 1: וְהִנֵּה אַרְבַּע מַרְכָּבוֹת יֹצְאוֹת מִבֵּין שְׁנֵי הֶהָרִים וְהֶהָרִים הָרֵי נְחֹשֶׁת). Diese werden von Pferden verschiedener Farben gezogen (Vv. 2–3) und später dem Propheten als „vier Winde des Himmels" erklärt, „die herauskommen, nachdem sie vor dem Herrn der ganzen Erde gestanden haben" (V. 5). Im Anschluss daran wird berichtet, in welche Richtungen sich diese Wagen bewegen (Vv. 6–8).

Man kann zunächst das Konzept der zwei Berge und ihre Funktion in den Blick nehmen, um anschließend ihrer ungewöhnlichen näheren Bestimmung als „ehern" nachzugehen. H. Graf Reventlow fasst zusammen: „Die neuere Auslegung ist sich einig, dass es sich dabei um mythologische Berge am Tor des Himmels handelt, zwischen denen nach altbabylonischen und ägyptischen Darstellungen der Sonnengott hervorkommt [...]."[198] Dabei geht er auf die Beschreibung als „ehern" nicht näher ein. Seiner zitierten Feststellung ist generell zuzustimmen. Allerdings scheint der prophetische Autor mehrere Elemente kombiniert zu haben, wie es auch an anderen proto-sacharjanischen Stellen zu beobachten ist (vgl. etwa die Epha-Vision in Sach 5).[199] Obwohl man vielleicht keine genaue traditionsgeschichtliche Parallele entdecken kann,[200] ist das kein Grund, auf eine Suche nach den einzelnen Elementen zu verzichten.

Die Interpretation Petersens ist in vielerlei Hinsicht wegweisend. Neben den Hinweisen auf die mesopotamische Glyptik, wo Šamaš zwischen zwei Bergen aufsteigt, macht er auf mehrere für Sach 6 relevante alttestamentliche Stellen aufmerksam.[201] In 2Kön 23,11 wird berichtet, wie Joschija die Pferde, „die die Könige von Juda der Sonne (zu Ehren) aufgestellt hatten am Eingang des Hauses des Herrn" (ELB), entfernte und die Sonnenwagen mit Feuer verbrannte.[202] Des Weitern werden in Jes 66,15 und in Jer 4,13 „seine [d. h. Gottes] Streitwagen" mit dem Sturmwind (וְכַסּוּפָה) verglichen. In dem dort gegebenen Kontext symbolisieren die Streitwagen „the attacking

---

198 Graf Reventlow, *Die Propheten*, 68. Für einen Überblick über weitere (weniger plausible) Vorschläge vgl. Tiemeyer, *Zechariah and His Visions*, 244–246.
199 Dazu vgl. Juhás, „Center" and „Periphery", 442–446.
200 Vgl. Hanhart, *Sacharja*, 389: „Die Beschaffenheit der beiden Orte [d. h. des in Sach 1,8 und des in 6,1] lässt sich über ihre Bestimmung als Hinweis auf den heiligen Bereich von Israels Gott hinaus weder von alttestamentlicher noch von allgemein altorientalischer Tradition her aufhellen [...]."
201 Vgl. Petersen, *Haggai & Zechariah 1–8*, 265–268.
202 Auf diese Stelle verweisen mehrere Forscher.

presence of the deity, a god approaching from preternatural heights."²⁰³ Wenn man noch Ps 68,18 hinzunimmt, sind die militärischen Konnotationen in Sach 6 nicht zu übersehen. Diese Tatsache ist zu unterstreichen. Die Streitwagen werden aber in der Vision mit den Winden nicht nur verglichen, sondern identifiziert. Dass die Winde auf die eine oder andere Art im Dienste Gottes stehen, ist auch anderweitig belegt (z. B. Ps 104,4). Die Winde in Sach 6 sind aber keine Boten, sondern Repräsentanten JHWHs als „Divine Warrior". Ohne dass damit eine literarische Abhängigkeit postuliert werden soll, kann das babylonische Weltschöpfungsepos als eine Parallele herangezogen werden. In *Enūma eliš* IV,41–42 gehören die vier Winde zur Ausrüstung Marduks in seinem Kampf gegen Tiamat:

| *i-pu-uš-ma sa-pa-ra šul-mu-ú qer-biš ti-amat er-bet-ti šá-a-ri uš-te-eṣ-bi-ta la a-ṣe-e mim-mi-šá* | [Marduk] machte ein Netz, um die Eingeweide von Tiamat einzukesseln; er ließ die vier Winde antreten, dass kein Teil von ihr entkomme.²⁰⁴ |
|---|---|

Schon in I,105–109 waren es gerade die vier von Anu geschaffenen Winde, die Tiamat verwirrten. Die Winde sollen auch Gilgameš als Waffen helfen, den mächtigen Ḫumbaba zu besiegen. Die Gottheit, die angerufen wird, sie aufzubieten, ist Šamaš (III, Kol. iii, 7′-13′):

„*Wenn dann* Gilgamesch, Enkidu und Chumbaba aneinander geraten, dann biete ihm, Schamasch, gegen Chumbaba große Sturmwinde auf: den Süd-, den Nord-, den Ost-, den Westwind [weitere Winde werden angeführt], 13 Winde sollen sich erheben und Chumbaba ins Gesicht schlagen, und die Waffen von Gilgamesch Chumbaba treffen!"²⁰⁵

Eine ähnliche Verbindung der Winde mit dem Sonnengott dürfte dem prophetischen Autor erleichtert haben, die Elemente in seiner Vision zu kombinieren, sodass in der Deutung (Sach 6,5) das ursprüngliche Bild der aufsteigenden Sonnengottheit auf die Winde bezogen wurde.

Die im Dienste JHWHs stehenden Winde sind – repräsentativ – Instrumente seiner universalen Macht. Diese Feststellung korreliert auch mit der für den Text Sach 6,1–8 tragenden Nord-Süd-Achse. Der Text fasst die Aktivität der Wagen bzw. der Winde in den Blick, die „ins Land des Nordens ausgezogen sind" (6,6); dort lassen sie nämlich „meinen Geist Ruhe finden" (6,8). Die Frage, was sich hinter dem „Land des Nordens" verbirgt, versuchten Forscher mit mehreren Deutungen zu beantworten. L.-S. Tiemeyer unterscheidet zwischen diesen drei Zugängen – abhängig von den

---

203 PETERSEN, *Haggai & Zechariah 1–8*, 266.
204 Eine von *TUAT* III/4,584 (W. G. Lambert) etwas abweichende Übersetzung.
205 K. HECKER, Das akkadische Gilgamesch-Epos, *TUAT* III/4, 688–689.

Konnotationen, die das „Land des Nordens" bzw. der Norden im Alten Testament haben:[206]
1. Babylon als militärischer Feind Judas[207].
2. Babylon als Ort der Diaspora.
3. Der mythische Feind aus dem Norden.

Da die Beschreibung der Szenerie in Sach 6,1–8 an kosmologische Texte erinnert, sollte man nachprüfen, ob solche Texte auch zum Verständnis von „Land des Nordens" beitragen können. Bei der Vorstellung der Winde, die aus den Toren herauskommen, muss man an die kosmologischen Spekulationen des Astronomischen Buches (1Hen 72–82) denken, die ihrerseits mesopotamische Einflüsse aufweisen.[208] Freilich lassen sich solche Einflüsse im Astronomischen Buch klarer als in Sach 6 zeigen. Trotzdem sollte die Möglichkeit einer eventuellen Rezeption der mesopotamischen kosmologischen Spekulationen in Sach 6 – über eine generelle Vorstellung der mythologischen Berge hinaus – offen gehalten werden. Sach 6 könnte also ein früherer Zeuge einer solchen Rezeption in der Zeit des zweiten Tempels sein, wobei damit nicht ausgesagt wird, der prophetische Autor müsse die mesopotamischen Texte gekannt haben. Manche Vorstellungen und Konzepte dürften auch einem breiteren Publikum bekannt gewesen sein. Es beträfe z. B. die Grundvorstellung, dass es für die Winde bestimmte Orte gibt, an denen sie sich aufhalten und aus denen sie herauskommen bzw. herausgelassen werden, um jeweils eigene Funktionen zu erfüllen[209] (in Sach 6 personifiziert).

Die erwähnte Nord-Süd-Achse in Sach 6 und die im Text dem Norden gewidmete Aufmerksamkeit ließe sich mit der Rolle erklären, die der Norden in der mesopotamischen Kosmologie hatte. Des Weiteren können manche mit Šamaš verbundenen Gegenstände der mesopotamischen Kunst bzw. der Architektur, die auch zu den kosmologischen Vorstellungen in Beziehung stehen, mehr Licht auf die Tatsache werfen, dass die zwei Berge in Sach 6,1 aus Bronze sind. M. Huxley hat in ihrer Studie zum Aššur-Tempel in der gleichnamigen assyrischen Hauptstadt mehrere Hinweise zusammengestellt, aus denen hervorgeht, dass der Norden als „Kopf" der Welt verstanden und mit dem Königtum assoziiert wurde.[210] Einige Hinweise sollen angeführt werden. Die Sammlung der astronomischen Omina *Enūma Anu Enlil* gebrauchte das Wort „Viehpferch" als Metapher für die Welt: „… the road of the sun at the head of

---

206 Vgl. Tiemeyer, *Zechariah and His Visions*, 262–264.
207 Tiemeyer (Ebd., 262) bemerkt dazu, dass Babylon in der Zeit der Abfassung von Sach 6 kein militärischer Feind mehr war.
208 Im Falle des Astronomischen Buches wurde in der Forschung auf die Relevanz des *Enūma Anu Enlil*, einer Sammlung der astronomischen Omina, und eines weiteren astronomischen Werkes MUL. APIN hingewiesen. Dazu vgl. den Überblick in Nickelsburg – VanderKam, *1 Enoch 2*, 373–383.
209 Zu Ijob 37,9 vgl. N. C. Habel, *The Book of Job* (OTL; Philadelphia 1985) 513; vgl. auch H. Lewy – J. Lewy, The Origin of the Week and the Oldest West Asiatic Calendar, *HUCA* 17 (1942–1943) 8–10, 15–21.
210 Vgl. M. Huxley, The Gates and Guardians in Sennacherib's Addition to the Temple of Assur, *Iraq* 62 (2000) 109–137, besonders 134–135.

the cattle-pen is that of Enlil."²¹¹ Dabei erwartete man, dass der Leser „Kopf" als einen Hinweis auf den Norden und „Fuß" als einen auf den Süden versteht (vgl. auch die Orientierung der babylonischen *Mappa mundi*).²¹² Der Gott Enlil, der aufs Engste mit dem Königtum verbunden wurde, „was allotted the most northerly of the three divisions of the sky, the Path of the Stars of Enlil".²¹³ Des Weiteren befanden sich die Cella des Hauptgottes Aššur am nördlichen Ende seines Tempels und das „Entrance of Kingship" im nördlichen Teil der babylonischen Stadtmauer.²¹⁴ Die Feststellung in Sach 6,8, dass die Winde den Geist JHWHs im Land des Nordens „Ruhe finden lassen", will also die universale – königliche – Macht JHWHs zum Ausdruck bringen bzw. sie betonen. Dass dabei eine Mehrdeutigkeit denkbar ist, wie etwa H. Graf Reventlow bemerkt,²¹⁵ ist als plausibel zu betrachten. Die Konnotationen, die das Land des Nordens als Repräsentant der feindlichen Mächte hat, sind einfach zu stark. Die Bezwingung der Feinde und die Etablierung der (königlichen) Macht können aber als zwei Seiten einer Medaille gesehen werden.

Kehrt man zum Problem des Materials, aus dem die Berge bestehen, zurück, so könnte auch dieses – unter einem spezifischen Aspekt – mit Šamaš in Verbindung stehen. Generell scheint es aber klar zu sein, dass Bronze als Material gewählt wurde, um die Vorstellung von zwei Bergen als einem Tor zusätzlich zu bekräftigen. Obwohl bei den ehernen Bergen die Idee der Festigkeit mitschwingen kann, ist sie nicht die allein erwägenswerte Möglichkeit.²¹⁶ Mehrere akkadische Texte erwähnen oft Bronze/Kupfer, wenn sie von verschiedenen Toren sprechen; entweder als einen Überzug der Tore aus einem Edelholz (vgl. etwa die Balawat-Tore) oder als das eigentliche Material ihrer substantiellen Bestandteile. Herodot berichtet – wohl phantasievoll – sogar von 100 ehernen Toren Babylons (*Hist.* 1.179.3: ... πύλαι δὲ ἐνεστᾶσι πέριξ τοῦ τείχεος ἑκατόν, χάλκεαι πᾶσαι ...), wobei die Zahl 100 eine homerische Reminiszenz ist (vgl. *Il.* X 383).²¹⁷ Das Beispiel *par exellence* sind die Inschriften des assyrischen Königs Sanherib. Wenn er über seine Bauaktivitäten in Ninive berichtet, rühmt er sich des Folgenden (RINAP 3, Sanherib 1: 83–84):

> „Eight striding lions, standing opposite one another, which were made from 11,400 talents of shining copper, cast by the god Ninagal, (and) were filled with radiance — upon (those) lion colossi I installed two identical columns that were cast from 6,000 talents of bronze, together with two large cedar

---

211 E. REINER – D. PINGREE, *Babylonian Planetary Omens 2. Enūma Anu Enlil 50–51* (Malibu 1981) 17. Der akkadische Text [S. 42]: KASKAL ᵈUTU SAG É.TÙR šu-u[t ᵈEnlil...] (III 24b).
212 Vgl. HUXLEY, Gates and Guardians, 113.
213 Ebd., 135.
214 Zu den weiteren Hinweisen vgl. ebd.
215 Graf REVENTLOW, *Die Propheten*, 70.
216 Vgl. Ch. JEREMIAS, *Die Nachtgesichte des Sacharja. Untersuchungen zu ihrer Stellung im Zusammenhang der Visionsberichte im Alten Testament und zu ihrem Bildmaterial* (FRLANT 117; Göttingen 1977) 113.
217 Vgl. D. ASHERI – A. LLOYD – A. CORCELLA, *A Commentary on Herodotus. Books I–IV* (Oxford 2007) 199.

columns, and I positioned cross-beams (upon them) as a cornice for their gate(s). I expertly fashioned four mountain sheep colossi of silver (and) bronze, together with mountain sheep colossi of massive mountain stone, and in four directions I had (them) hold their (the gates') suitable door bolt(s)."

Aus diesem und anderen ähnlichen Berichten (vgl. auch Sanherib 2: 60; 15: vi 61; 16: vi 74) ist ersichtlich, dass die Bronze/das Kupfer ein substantielles Material bei der Herstellung von Toren war. Die Tore des babylonischen E-Sangila-Tempels Ka-nun-abzu und Ka-nun-ḫegal werden ausdrücklich als Tore mit „ehernen Türen" bezeichnet (BM 38602//VAT 13817, 12′–13′: *bāb* ᵍⁱˢ*dalāt*(ig)ᵐᵉˢ *siparri*(zabar) *elâti*(an.ta)ᵐᵉ bzw. *šaplâti*(ki.ta)ᵐᵉ;[218] BM 35046, 9–10).

Wenn man – zumindest teilweise – die Šamaš-Ikonographie und die mit dieser Sonnengottheit verbundenen Vorstellungen als den traditionsgeschichtlichen Hintergrund der Vision in Sach 6 akzeptiert, könnte darin auch der Grund für die Wahl der Bronze als dem Material, aus dem die Berge bestehen, entdeckt werden. Die königlichen Inschriften beschreiben verschiedene Torwächter, die den Sonnendisk tragen und oft aus Bronze gegossen wurden. Man denkt vor allem an die „Stiermenschen" (*kusarikku*), „the guardians of a gate used by the sun god as he passed from the "interior of heaven" into the world each morning".[219] Diese werden logographisch GU₄ DUMU ᵈUTU geschrieben und damit in ein „Verwandtschaftsverhältnis" zu Šamaš gesetzt. Ähnlich wie die „Stiermenschen" waren auch „Skorpion-Menschen" „guardians of an entrance used for the rising and setting of the sun. As such, they [...] were invoked to protect the entrances of earthly palaces and temples by placing images of them at appropriate doorways."[220] Als einschlägiges Beispiel kann der Bericht Sanheribs über seine Bautätigkeit im Aššur-Tempel zitiert werden (RINAP 3, Sanherib 166,17–22; vgl. auch 209,7′–9′):

„I built anew the *bīt-šuḫūru* and widened its gate. At that gate of the *bīt-šuḫūru*, four bull-shaped son-of-Šamaš figures of reddish bronze [4 GU₄ DUMU ᵈUTU ZABAR ḪUŠ.A] raise up in their hands a sun disk (and) hold up the roof above, (while) below, their feet are firmly planted in place on two bronze daises, (one) of a bronze fish man (and one) of a bronze carp man. On the right and left of the gate, a lion-man figure and a scorpion-man figure hold the door bolt(s). I named that (lit. "those") gate "The Gate of the Path of the Enlil-Stars"."

Asarhaddon berichtet einige Jahre später über zwei eherne „Stiermenschen" (RINAP 4, 60,29′: 2 *ku-sa-rik-ki...šá* URUDU *nam-ri*).
Natürlich war Bronze nicht das einzige Material, aus dem solche Torwächter angefertigt wurden. Wenn man dazu aber die Bedeutung von Bronze für die antike

---

218 A. R. GEORGE, *Babylonian Topographical Texts* (OLA; Leuven 1992) 96.
219 HUXLEY, Gates and Guardians, 120.
220 Ebd., 120, 122.

Waffenindustrie bedenkt und die militärischen Konnotationen in Sach 6 in Betracht zieht, scheint die literarische Wahl dieses Metalls als das Material, aus dem die Berge in Sach 6 bestehen, nachvollziehbar zu sein. Der prophetische Autor dürfte also verschiedene Aspekte der Bronze berücksichtigt und eine einmalige Szenerie geschaffen haben.

# 3 Die metallischen Berge in 1Hen 52

Der zentrale Text, in dem das im Folgenden erörterte Motiv „Berge als Widersacher" auftritt, findet sich im Buch der Bilderreden (1Hen 37–71), also im jüngsten Bestandteil der bereits erwähnten henochischen Komposition (s. 1.2.1). Innerhalb der zweiten Bildrede (1Hen 45–57) beschreibt Henoch (1Hen 52), was er „im Westen" „von den verborgenen Dingen" sah, nämlich sechs Berge aus jeweils verschiedenen Metallen: Eisen (ኃፂን), Kupfer (V. 2.6: ብርት)¹, Silber (ብሩር), Gold (ወርቅ), (zunächst nicht identifiziertes) Gussmetall bzw. weiches Metall (ነሐብግብ) und Blei (ኣረር). Diese Metalle werden in der relativ kurzen Beschreibung dreimal genannt, wobei in der dritten Aufzählung ihre Anwendungsbereiche angeführt werden. Die Berge als Repräsentanten der Oppositionsmacht bzw. als deren Grundlage zerfließen in der Gegenwart einer messianischen Gestalt, die an dieser Stelle als „Erwählter" bezeichnet wird, „wie Wachs vor dem Feuer" (V. 6). Dieses Geschehen hat weitreichende Konsequenzen (Vv. 7–8):

> „Und in jenen Tagen wird (es) geschehen, dass man sich nicht retten kann, weder durch Gold noch durch Silber, und keiner wird entfliehen können. Und es wird kein Eisen (mehr) für den Krieg geben und Tuch für den Brustpanzer, Erz wird nichts nützen, und Zinn wird nichts nützen und nicht zählen, und Blei wird nicht begehrt sein."²

## 3.1 Die philologischen Probleme

Zunächst sind drei philologische Probleme zu klären. Das erste betrifft den Präpositionalausdruck, der in V. 6 das lokale Verhältnis zu dem Erwählten beschreibt. Befinden sich die Berge „vor" oder „unter" ihm? Die erste Lokalisierung bereitet

---

1 Zur Plausibilität der gleichen Übersetzung („Kupfer") im Falle der beiden Wörter vgl. NICKELSBURG – VANDERKAM, 1 Enoch 2, 192.
2 Die Übersetzung von UHLIG, Henochbuch, 596.

keine Probleme, da es klar „vor ihm" (ቅድ፡ሜሁ፡) heißt. Problematisch ist aber die zweite Lokalisierung, die sich im gleichen Vers (6) findet: „[...] Sie [= die Berge] werden schwach (ይትመሰዉ)³ vor/unter seinen Füßen." Obwohl die meisten von Nickelsburg herangezogenen Handschriften „unter" (ታሕተ) lesen, bezeugen die älteren die Lesart „vor" (በቅድመ).⁴ In seiner Übersetzung bevorzugt Nickelsburg die Lesart der älteren Handschriften.⁵ Von diesem scheinbar zu vernachlässigenden Problem hängt aber ein wichtiger religionsgeschichtlicher Aspekt ab, den der apokalyptische Autor im Blick auf die erwähnte messianische Gestalt – sicherlich veranlasst durch alttestamentliche Texte – evoziert haben dürfte. Es war nämlich der Wettergott des syrischen und hurro-hethitischen Milieus, der üblicherweise als ein über den Bergen/Berggöttern Stehender (bzw. über sie Schreitender) dargestellt wurde (vgl. etwa das Felsrelief aus Yazilikaya).⁶ Eine solche Vorstellung, d. h. „unter seinen Füßen", passt außerdem – wie noch zu zeigen sein wird – zu einer Theophanieschilderung. Ein anderes Bild zeichnet die *lectio difficilior* „vor seinen Füßen" – falls man eine Textverderbnis im Rahmen der Texttransmission ausschließt. Unter Einbeziehung von Stellen wie etwa Est 8,3 (וַתּוֹסֶף אֶסְתֵּר וַתְּדַבֵּר לִפְנֵי הַמֶּלֶךְ וַתִּפֹּל לִפְנֵי רַגְלָיו) „Und noch einmal redete Ester vor dem König und *fiel vor seinen Füßen nieder ...*") evoziert diese Ausdrucksweise ein Königsritual. Bei der Esther-Stelle handelt es sich um die Einleitung der großen Bitte Esthers, die in den anschließenden Versen – aus der Sicht der linguistischen Höflichkeitsforschung – sehr durchdacht aufgebaut und mit Blick auf Effizienz formuliert ist.⁷ Durch die Kombination der Elemente einer Theophanieschilderung (dazu s. unten) und die auf das Königsritual hinweisende Ausdrucksweise gelingt es dem Autor, der zu präsentierenden Gestalt einerseits göttliche und andererseits königliche Charakteristika zuzuschreiben.

Aus motivgeschichtlicher Sicht ist sodann auf den ungewöhnlichen Vergleich einzugehen, der sich aus dem altäthiopischen ከመ፡መዓረ፡ግራ *kama maʿāra gerā* ergeben könnte, wie ihn etwa Isaacs in seiner Übersetzung abbildet. Nach seiner Wiedergabe sollen die Berge wie „honeycomb" zerfließen.⁸ *Maʿār* bedeutet normalerweise „Honig" *(mel)*,⁹ *gerā* „Honigwabe" *(favus*; honeycomb).¹⁰ In seinem Lexikon führt aber Dillman eine Reihe von Stellen an, in denen die Wortverbindung *maʿāra gerā*

---

3 Vgl. LESLAU, *CDG*, 130.
4 Vgl. NICKELSBURG – VANDERKAM, *1 Enoch 2*, 188.
5 Ebd., 187. Viele bisher nicht berücksichtigte Handschriften der sog. älteren Rezension bestätigen, dass eher „vor" die ursprünglichere Lesart darstellt. Den Hinweis verdanke ich L. Stuckenbruck.
6 Vgl. D. SCHWEMER, The Storm-Gods of the Ancient Near East: Summary, Synthesis, Recent Studies. Part II, *JANER* 8/1 (2008) 36; Ders., Wettergott/Wettergötter: https://www.bibelwissenschaft.de/stichwort/34816/ (Zugang: 26.9.2019).
7 Dazu mehr in meinem Aufsatz: בקשה *oder vom Know-How Esters. Einige Überlegungen zum Wort* בקשה *im Buch Ester und zu seiner Wirkungsgeschichte* (in Vorbereitung).
8 E. ISAAC, 1 (Ethiopic Apocalypse of) Enoch, *OTP 1* (1983) 37.
9 DILLMANN, *LAE*, 207.
10 DILLMANN, *LAE*, 1153; LESLAU, *CDG*, 200.

als Übersetzungsäquivalent für κηρός *(cera)* „(Bienen)wachs" gebraucht wird.[11] Das gilt auch für die Stelle 1Hen 1,6, deren griechischer Text erhalten ist. Er lautet: καὶ τακήσονται ὡς κηρὸς ἀπὸ προσώπου πυρὸς ἐν φλογί. „Wie Wachs" ergibt sich daher als die plausibelste Übersetzung. Zur Konfusion kann beigetragen haben, dass *maʿār* auch für „Honigwabe" stehen kann. Ein Beispiel wäre Ps 117,18[LXX] (… ὡσεὶ μέλισσαι κηρίον … „… wie Bienen die Wabe …").

Das dritte Problem betrifft die nähere Bestimmung des „Gussmetalls" (Nickelsburg: „soft metall"). In der dritten Aufzählung der Metalle steht nicht das „Gussmetall", sondern „Zinn" (ܩܠܝ). Zinn ist aufgrund seiner Zusammenstellung mit dem Kupfer in V. 8 (vgl. die Zusammenstellung in Vv. 2 und 6) und aufgrund seiner Charakteristika in 65,7–8 der wahrscheinlichste Kandidat zur Identifizierung des „Gussmetalls" (eher als Quecksilber).[12]

## 3.2 Die theophanischen Aspekte

Zunächst ist auf das außergewöhnliche Motiv des Zerfließens der Berge einzugehen, das auch an einigen Stellen im Alten Testament belegt ist.[13] Den Weg in den untersuchten Text fand es über das Wächterbuch, also über den ersten und viel älteren Teil der henochischen Komposition. Gleich im 1. Kapitel wird eine Theophanie Gottes geschildert, der kommt, um die Menschheit und die Wächter zu richten. Von ihm wird ausdrücklich gesagt, dass er auf den Berg Sinai tritt, wobei später – als Folge dieser Theophanie – die Berge „erschüttert" und die Hügel „sich senken" werden.[14]

---

11  DILLMANN, *LAE*, 1153; ähnlich auch LESLAU, *CDG*, 200 („beeswax").
12  Vgl. NICKELSBURG – VANDERKAM, *1 Enoch 2*, 192; F. MARTIN, *Le Livre d'Hénoch* (Paris 1906) 105–107.
13  Wegen dieser Ungewöhnlichkeit reicht das reine Motiv des Zerschmelzens A. Schart, um einen direkten Bezug von Mi 1,3–4 zu Am 9,5–6 zu vermuten, ohne dass dasselbe Lexem in den beiden Texten gebraucht würde. Vgl. A. SCHART, *Die Entstehung des Zwölfprophetenbuches* (BZAW 260; Berlin 1998) 239.
14  Nach der Chronik von Georgios Synkellos werden nicht nur die Wächter, sondern auch der Berg Hermon bestraft. Unter anderem heißt es dort (47.29-31): „… In jener Zeit wird er verbrannt und erniedrigt werden, und er wird verbrannt und wie Wachs vor dem Feuer geschmolzen sein …" (… ἐν τῷ καιρῷ ἐκείνῳ κατακαυθήσεται καὶ ταπεινωθήσεται καὶ ἔσται κατακαιόμενον καὶ τηκόμενον ὡς κηρὸς ἀπὸ πυρός …). Der griech. Text: A. A. MOSSHAMMER (Ed.), *Georgii Syncelli Ecloga Chronographica* (Leipzig 1984) 26; vgl. auch MILIK, *Book of Enoch*, 318.

| 1Hen 52,6 | 1Hen 1,6 | Mi 1,4 |
|---|---|---|
| Und jene Berge, die deine Augen gesehen haben – der Berg von Eisen, der Berg von Kupfer, der Berg von Silber, der Berg von Gold, der Berg von Gussmetall und der Berg von Blei –, sie alle werden vor dem Erwählten wie Honigwachs vor dem Feuer sein und wie Wasser, das von oben über jene Berge herabfließt. Und sie werden schwach sein vor/unter seinen Füßen.[15] | Und die hohen Berge werden erschüttert, und die hohen Hügel werden sich senken, und sie werden schmelzen wie Honigwachs vor der Flamme. (Uhlig) | Und die Berge zerschmelzen unter ihm, und die Täler spalten sich, wie das Wachs vor dem Feuer, wie Wasser, ausgegossen am Abhang. (ELB) |

Der Text in 1Hen 1 ist klar nach Mi 1,4 modelliert. Die Texte verbinden nicht nur ähnliche Bilder, sondern auch der gemeinsame Kontext des Gerichts. Die spezifischen Bilder gehören zum Repertoire einer Theophanieschilderung, die in mehreren alttestamentlichen Texten vorzufinden ist (z. B. Ri 5,4–5; Ps 68,9; 97,5; Hab 3,6). Der Autor der Bilderreden greift aber nicht nur auf die Stelle im Wächterbuch zurück, dessen Aktualisierung die Bilderreden sind, sondern auch, wie dem gemeinsamen Wasserbild zu entnehmen ist, auf das eigentliche prophetische Buch selbst. Das Gericht, von dem die Bilderreden sprechen, zielt nicht nur auf die Sünder generell, sondern konkret auf die Könige und die Mächtigen. Das Gericht wird im folgenden Kapitel (53) beschrieben, das als Komplement zu Kapitel 52 fungiert.[16] In 53,5 wird die Aktivität der Strafengel erklärt: „Sie bereiten diese [d. h. die Marterwerkzeuge] zu für die Könige und für die Mächtigen dieser Erde, dass sie damit vertilgt werden."[17] Nachdem im folgenden Vers über das Erscheinen der Gemeindeversammlung des Erwählten berichtet wird (V. 6), wird das Schicksal der Berge, das für die Zukunft der Gerechten von höchster Bedeutung ist, nochmals bestätigt (V. 7): „Und diese Berge werden nicht bestehen vor seiner Gerechtigkeit wie die Erde, und die Hügel werden wie eine Wasserquelle sein, und die Gerechten werden vor der Bedrückung der Sünder Ruhe haben."[18]

Wie schon angedeutet, ist es nicht einfach, für das Motiv der zerfließenden Berge eine außerbiblische Parallele anzuführen. Bis jetzt ist nur auf Kuntillet Aǧrūd, genauer auf die aus dem 9. Jh. v. Chr. stammende Inschrift KAgr(9):7,[19] hinzuweisen. Der fragmentarische Text ist mit vielen Problemen belastet. Die Unterschiede zwischen den einzelnen von den Forschern vorgelegten Lesungen und Rekonstruktionen sind

---

15  Vgl. UHLIG, Henochbuch, 595–596.
16  Vgl. NICKELSBURG – VANDERKAM, *1 Enoch 2*, 194–197.
17  UHLIG, Henochbuch, 597.
18  Ebd.
19  So die Bezeichnung in *HAE* I. Die *Editio princeps* (Ahituv – Eshel) nutzt für diese Wandinschrift die Nummer 4.2.

z. T. erheblich.[20] Erfreulich ist, dass zumindest für das Motiv der zerfließenden bzw. der geschmolzenen Berge der Text klar ist, obgleich man im zweiten Teil des Parallelismus wiederum auf eine Rekonstruktion angewiesen ist. Die Zeile 3 lautet:

| ]r. wymsn. hrm. wydkn.?bnm[[21] | ]r. da werden die Berge schmelzen und die Hügel zermalmt werden[22][ |

Auch für E. Blum, der an mehreren Stellen anders als die *Editio princeps* liest und dementsprechend die ganze Inschrift deutet, steht außer Frage, dass in der Zeile 3 die Theophanie geschildert wird.[23] Stark diskutiert wird in der Forschung die Bestimmung der Sprache, in der die Wandinschrift geschrieben wurde, sowie ihre Gesamtinterpretation.

Die Paläographie – insbesondere die Form des Y (auch des B und des W) – verweist auf das phönizische Milieu.[24] A. Scriba zieht in seiner Studie zur Theophanie die Belege für den Gottesnamen YHWH in Kuntillet Aǧrūd in Betracht und meint, dass die Inschrift „möglicherweise phönizischen Ursprungs" sei, „da sie stattdessen [ = statt des Gottesnamens YHWH] אל bietet."[25] Trotz des anscheinend phönizischen Duktus der Schrift ist die Sprache der Inschriften – mehreren Forschern zufolge – jedoch hebräisch und aufgrund weiterer Beobachtungen höchstwahrscheinlich nördlicher Provenienz.[26] Dagegen wendet Blum dezidiert ein, dass „diverse Befunde der Ortographie, Morphologie, Lexematik und Syntax" die Sprache der Inschrift als Phönizisch ausweisen.[27] Sollte die Deutung Blums zutreffen, dann liegt in der Wandinschrift 4.2 ein sehr alter und nicht-israelitischer Beleg für das Motiv der zerfließenden bzw. geschmolzenen Berge vor.

Für das Phönizische scheint die Wurzel *mss* (nif. im Hebräischen „schmelzen; zerfließen")[28] jedoch nicht belegt zu sein.[29] Im Ugaritischen wird sie nur in den hippiatrischen Texten, d. h. in den Heilungsanweisungen für Pferde, gebraucht (*KTU* 1.85 Z. 3 [vgl. auch Z. 10]; 1.71 Z. 3 [vgl. auch Z. 9]).[30] Obwohl die mesopotamischen Quellen ein

---

20 Vgl. etwa die *Editio princeps* einerseits und E. BLUM, Die Wandinschriften 4.2 und 4.6 sowie die Pithos-Inschrift 3.9 aus *Kuntillet ʿAǧrūd*, ZDPV 129 (2013) 21–39 andererseits.
21 Die *Editio princeps* liest [g]bnm?, wobei Blum pbnm?.? zu entziffern vermag und für wahrscheinlich hält (mit Verweis auf MCCARTER, COS II, 173 Anm. 2), dass man darin mit einem Lehnwort aus dem Hurritischen zu tun hat (*pabani* „Berg"), das auch ins Hethitische übernommen wurde (vgl. BLUM, Wandinschriften, 32).
22 Wohl die Nifal-Form einer der Wurzeln: *dwk, dky* oder *dkk*. Vgl. BLUM, Wandinschriften, 32.
23 Vgl. BLUM, Wandinschriften, 36.
24 Vgl. *HAE* I, 57.
25 A. SCRIBA, *Die Geschichte des Motivkomplexes Theophanie* (FRLANT 167; Göttingen 1995) 22.
26 Vgl. B. A. MASTIN, Who Built and Who Used the Buildings at Kuntillet ʿAjrud?, *On Stone and Scroll. Essays in Honour of Graham Ivor Davies* (Ed. J. K. Aitken – K. J. Dell – B. A. Mastin; BZAW 420; Berlin – Boston 2011) 70.
27 Vgl. BLUM, Wandinschriften, 29–30.
28 Ges[18] 703; KAHAL 308.
29 Im Reichsaramäischen mit einer unsicheren Bedeutung. Vgl. *DNWSI* II, 665.
30 Vgl. O. LORETZ, *Hippologia Ugaritica* (AOAT 386; Münster 2011) 199, 204–205.

gewalttätiges oder vernichtendes Umgehen einiger Götter mit den Bergen – so etwa der Ištar und des Erras (IV, 142: „He raised his hand and levelled the mountain."[31]) – bzw. Elemente einer Theophanie kennen,[32] ist in solchen Fällen üblicherweise keine Rede vom Zerfließen der Berge (s. 1.4.1).[33]

## 3.3 Das iranische Milieu

Der Autor der Bilderreden arbeitet mit den ihm bekannten Motiven ziemlich kreativ. Das Zerfließen/Zerschmelzen der Metalle, die ausdrücklich mit den Bergen in Verbindung gebracht und im Kontext des Gerichts verwendet werden, kann dem Autor aus dem iranischen Milieu bekannt gewesen sein.[34] Eine Rezeption des Motivs wurde möglicherweise durch Stellen wie etwa Ez 22,18ff und Sach 6,1 erleichtert. Obwohl die ezechielische Stelle fünf Metalle (außer Gold) aufzählt und auch das Motiv des Schmelzens enthält, werden in ihr keine Berge erwähnt. Die Aufzählung der Metalle dient lediglich als Vergleichsgröße: „Das Haus Israel ist für mich zu Schlacken geworden; sie alle sind Kupfer und Zinn und Eisen und Blei im Schmelzofen; Silberschlacken sind sie geworden" (V. 18). So wird Israel dem Feuer des göttlichen Zorns ausgesetzt. Im Unterschied dazu werden in Sach 6,1 zwar zwei Berge aus Bronze erwähnt, nirgendwo ist aber die Rede vom Schmelzen oder – zumindest in Bezug auf die Berge – vom Gericht. Die beiden Texte können dem Autor höchstens die Rezeption eines Materials anderer (d. h. iranischer) Herkunft erleichtert haben.

Was die Vorstellungen in 1Hen 52 anlangt, so ist die Nähe zum Schicksal der Metalle bzw. zur Rolle von Šahrewar in Frašegird, d. h. in der eschatologischen Erneuerung der Schöpfung, nachdem das Böse besiegt wurde,[35] spürbar. Šahrewar, eines der gütigen göttlichen Wesen (pahl. Amešāspand),[36] das die legitime Herr-

---

31 Antizipiert im Handeln von Sebetti (I, 35). Vgl. CAGNI, Erra, 152–153; D. BODI, The Book of Ezekiel and the Poem of Erra (OBO 104; Fribourg – Göttingen 1991) 101.
32 Vgl. JEREMIAS, Theophanie, 73–90.
33 Vgl. aber die Beschreibung Assurnasirpals (RIMA 2, A.0.101.2, Z. 19–20; A.0.101.23, Z. 13–14) als „the king whose command disintegrates mountains and seas" (šarru ša ina qibīt pīšu ušḫarmaṭu šadê u tâmāti). Die Verben naḫarmuṭu und šuḫarmuṭu werden in den Zusammenhängen gebraucht, wo es u. a. ums Schmelzen von Eis, Wachs oder Lehm geht.Vgl. CAD N, 126–127.
34 Eine frühere Form des Kapitels zu 1Hen 52 habe ich als wissenschaftlichen Beitrag im Rahmen der Tagung „Natur und Herrschaft. Analysen zur Physik der Macht" (LMU München, 4.–6. Dezember 2014) vorgetragen. Erfreulich ist, dass R. V. RODRIGUES PEIXOTO (Confined by Mountains of Metal: The Translation Problem in 1 Enoch 67:4, New Vistas on Early Judaism and Christianity [Ed. L. Di Tommaso – G. S. Oegema; London et al. 2016] 99–111) unabhängig von meiner Analyse ähnlich argumentiert und im Hintergrund von 1Hen 67 die iranischen Traditionen sieht.
35 Zu Frašegird vgl. A. HINTZE, FRAŠŌ.KƎRƎTI, EI X/2, 190–192. Online: http://www.iranicaonline.org/articles/frasokrti (Zugang: 4.11.2014).
36 Zu Amešāspand vgl. M. BOYCE, AMEŠA SPƎNTA, EI I/9, 933–936; Online: http://www.iranicaonline.org/articles/amesa-spenta-beneficent-divinity (Zugang: 4.11.2014).

schaft repräsentiert, wird nach den Texten von *Rivayāt* (48.70) „the metal of all the mountains in the world up to the height of (a person's) mouth"[37] zum Schmelzen bringen. Der Text in *Bundahišn* bietet ein etwas abweichendes Szenario (34.18): „Then Fire and Ērmān-yazd will cause the (molten) metal which is in the hills and mountains to flow forth and it will stay on this earth like a river."[38] Diesem Szenario folgend dient der Metallfluss zur Läuterung der Menschheit (*Bundahišn* 34.19). Obwohl der Kontext des Gerichts und manche Motive als den iranischen Texten und 1Hen 52 gemeinsam angesehen werden können, ist die Funktion der zerflossenen Metalle ganz verschieden. In 1Hen 52 werden die Metalle als die zu beseitigende Größe verstanden, die in der Welt zu Leid und Ungerechtigkeit beiträgt. Ganz anders steht es in der iranischen Tradition, in der die Metalle als Schöpfung *Šahrewars* und deswegen als der Wertschätzung würdig angesehen wurden (vgl. *Bundahišn* 26). Obwohl die zitierten iranischen Quellen in Pahlavi erhalten und damit ein Teil des mittelpersischen religiösen Korpus sind, können sie (besonders das *Bundahišn*) die älteren (avestischen) Traditionen bewahrt haben.[39] Als Kontrolle bietet sich methodologisch ein Vergleich mit den anderen antiken Quellen (z. B. den griechischen Historikern) an.[40] Für die zitierte Tradition aus dem *Bundahišn* kann eine Stelle aus dem 2. Buch der Sibyllinischen Orakel angeführt werden, die die Gerichtsunterscheidung zwischen den Gerechten und den Gottlosen beschreibt (252-253): „Dann schließlich werden alle durch einen brennenden Strom [253] und durch eine unauslöschliche Flamme hindurchgehen."[41] Die Kommentatoren verweisen in diesem Fall gerne auf das iranische Milieu als den Herkunftsort solcher Ideen und ziehen eben das erwähnte *Bundahišn* als Beleg heran.[42] Die beiden ersten Bücher der Sibyllinischen Orakel – zumindest die aus dem jüdischen Milieu stammende Grundschrift – können wahrscheinlich in das 1. Jh. n. Chr. datiert werden.[43] Der apokalyptische Autor dürfte also die Motive bzw. die Imaginationskraft der iranischen Tradition gekannt, aber auch sehr kreativ, ja antithetisch, gebraucht haben.

---

37 W. W. MALANDRA, ŠAHREWAR, *EI*: http://www.iranicaonline.org/articles/sahrewar (Zugang: 4.11.2014). Im Fall von *Rivayāt* zitiert er A. V. WILLIAMS, *The Pahlavi Rivayāt Accompanying the Dādestān ī Dēnīg* (Copenhagen 1990).
38 Ebd.
39 Vgl. M. HUTTER, *Religionen in der Umwelt des Alten Testaments I. Babylonier, Syrer, Perser* (Stuttgart 1996) 189-190.
40 Vgl. J. M. SILVERMAN, *Persepolis and Jerusalem. Iranian Influence on the Apocalyptic Hermeneutic* (LHBOTS 558; New York et al. 2013) 48-61.
41 O. WASSMUTH, *Sibyllinische Orakel 1-2. Studien und Kommentar* (Leiden 2011) 377.
42 Vgl. WASSMUTH, *Sibyllinische Orakel*, 408; J. J. COLLINS, Sibylline Oracles, *OTP 1*, 351 Anm. t2.
43 Vgl. WASSMUTH, *Sibyllinische Orakel*, 487; COLLINS, Sibylline Oracles, 331.

## 3.4 Das spezifische Problem der jeweiligen Metalle

Die Aufzählung der einzelnen Metalle stellt für die Interpretation eine Herausforderung dar, weil die Referenzgrößen unbestimmt sind. Die Zahl der möglichen Parallelen ist ebenfalls gering. Für manche Ausleger ist ein Bezug zu Dan 2 offensichtlich,[44] also zu dem Traum Nebukadnezzars, in dem dieser eine Statue mit den Körperteilen jeweils aus Gold, Silber, Bronze, Eisen bzw. aus Eisen gemischt mit Ton sieht, die von einem losgebrochenen Stein zermalmt wird. Natürlich kann man eine solche Assoziation bei einem Textrezipienten nicht ausschließen, jedoch ist dieser Bezug zu hinterfragen. Die jeweiligen Metalle in Dan 2 (wie etwa auch die metallischen Baumzweige in dem mittelpersischen *Bahman Yašt*)[45] sind Repräsentanten einiger – zumindest virtuell – aufeinander folgender Königreiche, wobei der Autor ein spezifisches Schema, nämlich das sog. Vier-Reiche-Schema verwendet. Die die Zahl Vier übersteigende Aufzählung – plus Zinn und Blei – in 1Hen 52 muss also einen anderen Grund haben als den, dass ein Bezug zu Dan 2 hergestellt werden soll.[46] Im Folgenden wird eine von G. Nickelsburg vertretene These aufgegriffen[47] und weiter entfaltet. Es wird argumentiert, dass die metallischen Berge Repräsentanten zweier verschiedener Bereiche sind: der Idolatrie einerseits und – noch relevanter – der wirtschaftlichen Ressourcen der politischen Macht andererseits. Außerdem soll dem konkreten historischen und geografischen Horizont der henochischen Vision nachgegangen werden.

Eine schon von A. Dillmann in Umrissen angedachte Idee, die leider wenig Beachtung in der Forschung fand,[48] verdient es, entwickelt und untermauert zu werden. Nach Dillmann scheint der Autor unserer Vision in den metallischen Bergen „Sagen seiner Zeit und seines Volkes von Metallbergen, die im äußersten Westen der Erde sich finden, berücksichtigt zu haben, Sagen, die vielleicht durch die phönikischen Gruben in Spanien veranlasst waren".[49] Gerade Spanien ist das Land, in dem alle genannten Metalle vorhanden waren, deren Vorräte von jeweiligen „Kolonisatoren" abgebaut wurden. Schon der Prophet Ezechiel verbindet das ferne Taršiš mit Silber, Eisen, Zinn und Blei (Ez 27,12). Das Interesse der Phönizier an dem Land ist daher selbstverständlich,[50] wie später auch das der Karthager und insbesondere der Römer. Nach dem Sieg über die Karthager konnten sich die Römer in Spanien als absolute Herren behaupten. Spanien war für ihr Imperium die wichtigste Quelle der metallischen

---

44 Vgl. z. B. MARTIN, *Hénoch*, 105; BLACK, *The Book of Enoch*, 215.
45 Vgl. COLLINS, *The Apocalyptic Imagination*, 117–118.
46 Nickelsburg hält diesen Bezug ebenfalls für problematisch. Vgl. G. W. E. NICKELSBURG – J. C. VANDERKAM, *1 Enoch 2* (Hermeneia; Minneapolis 2012) 189.
47 Vgl. NICKELSBURG – VANDERKAM, *1 Enoch 2*, 189–192.
48 Black erwähnt sie, ohne aber einen Kommentar zu ihr beizusteuern. Vgl. BLACK, *The Book of Enoch*, 215.
49 DILLMANN, *Das Buch Henoch*, 167.
50 Vgl. E. LIPIŃSKI, *Itineraria Phoenicia* (OLA 127; Leuven 2004) 246; W. HUSS, *Die Karthager* (München ³2004) 11.

Rohstoffe, insbesondere von Gold (vgl. Las Medulas als hervorragendes Beispiel).[51] Obwohl nicht die einzige Quelle, da verschiedene Metalle auch in den anderen Teilen des Reiches vorhanden waren, wissen die antiken Historiographen von der Besonderheit der spanischen Gruben und der Qualität der dortigen metallischen Rohstoffe. Plinius der Ältere schreibt in Bezug auf das Silber, dass es sich zwar auch in den anderen Provinzen findet, in Spanien aber *pulcherrimum* („das vortrefflichste") ist.[52] Er bezeugt auch, dass die von Hannibal geöffneten Gruben in seiner Zeit immer noch im Gebrauch waren.[53] Vor ihm haben schon Diodoros und Strabo die Qualität der spanischen Silbergruben und die Quantität der aus ihnen gewonnenen Erträge betont. Diodoros hebt den Unterschied zu den attischen Minen hervor, indem er bemerkt, dass der Gewinn in Attika manchmal kleiner als der Aufwand war. Hingegen – so fährt er fort – „häufen die Ausbeuter der spanischen Minen […] die erhofften großen Schätze an".[54] Diese Gegenüberstellung folgt nach einem geschichtlichen Rückblick seiner Feststellung: „[…] Dieses Land [d. h. das der Iberer] verfügt so ziemlich über die meisten und besten Fundstätten und verschafft damit den Bergarbeitern reichen Gewinn."[55] Strabo beschreibt – unter Verweis auf Polybios – die großen Ausmaße der Silbergruben in Carthago Nova und gibt die Zahl von vierzigtausend Arbeitern an, die (zu Polybios' Zeiten) der Römischen Republik einen täglichen Gewinn von fünfundzwanzigtausend Drachmen verschafft haben sollen.[56]

Hinsichtlich der Metalle (nicht nur des Silbers) gibt Strabo eine beeindruckende Charakterisierung des iberischen Potenzials. Besonders hebt er die Region von Turdetania hervor:

> „[…] as for Turdetania and the territory adjoining it, there is no worthy word of praise left to him who wishes to praise their excellence in this respect. Up to the present moment, in fact, neither gold, nor silver, nor yet copper, nor iron,[57] has been found anywhere in the world, in a natural state, either in such quantity or of such good quality."[58]

Obwohl Strabo den Stil der Beschreibung des Poseidonios als blumig bezeichnet, zitiert er doch seinen Vorgänger: „And, in general, he says, anyone who had seen these regions would declare that they are everlasting storehouses of nature, or a never

---

51 „There are indications in some provinces, notably Spain, that mining activity reached an unprecedented scale for a pre-industrial society." D. MATTINGLY, The Imperial Economy, *A Companion to the Roman Empire* (Ed. D. S. Potter; Malden, Ma – Oxford – Chichester 2010) 291.
52 PLINIUS, *Nat. hist.*, 33.31.96: *Reperitur in omnibus paene provinciis, sed in Hispania pulcherrimum, id quoque in sterili solo atque etiam montibus, et ubicumque una inventa vena est, non procul invenitur alia*. Zugänglich über: www.perseus.tufts.edu.
53 Ebd.
54 DIODOROS, *GW*, V.37.1–2
55 Ebd., V.35.1.
56 STRABO, *Geographica*, 3.2.10.
57 Zur Zinngewinnung vgl. DIODOROS, *GW*, V.38.4; STRABO, *Geographica*, 3.2.9.
58 STRABO, *Geographica*, 3.2.8. [Die Übersetzung von H. L. Jones in LCL.]

failing treasury of an empire (θησαυροὺς εἶναι φύσεως ἀενάους ἢ ταμιεῖον ἡγεμονίας ἀνέκλειπτον)."⁵⁹

Wenn Plinius von den jährlichen Erträgen des Goldbergbaus in Gallaecia, Lusitania und besonders in Asturia spricht, die sich nach damaligen Schätzungen in einer Höhe von zwanzigtausend Pfund bewegt haben sollen, bemerkt er: *neque in alia terrarum parte tot saeculis perseverat haec fertilitas* „In keinem anderem Teil der Erde dauert über so viele Jahrhunderte diese Ergiebigkeit fort".⁶⁰ Man schätzt, dass die Römer im Laufe des dreihundert Jahre dauernden Goldbergbaus ca. 1,5 Millionen kg Gold gewinnen konnten.⁶¹

Der Autor der Bilderreden hat also in dem von der messianischen Gestalt verursachten Zerschmelzen der metallischen Berge eine der wichtigen wirtschaftlichen Grundlagen des Römischen Reiches zur Zeit der Republik im Visier. Spanien war wichtige wirtschaftliche Quelle nicht nur des Reiches, sondern auch der konkreten Gestalten, die im Reich das Sagen hatten. Das gilt für Caesar, der während seiner Amtszeit als Quästor in *Hispania ulterior* „seine wichtigsten politischen Erfahrungen"⁶² und insbesondere später als Propraetor seine finanziellen Ressourcen sammeln konnte.⁶³ Jahre später erinnert sich Caesar, dass ihm „schon zu Anfang seiner Quästur diese Provinz vor allen anderen Provinzen" am Herzen gelegen habe.⁶⁴ Pompeius verbrachte vor seiner Kampagne im Nahen Osten etliche Jahre in Spanien und erreichte gerade dort seine Ausgangsposition für die folgenden Jahrzehnte – obwohl es sich vor allem um seine militärischen Erfolge handelte. Nach dem Zerfall des ersten Triumvirats war Spanien einer der Schauplätze des Konfliktes zwischen Pompeius und Caesar. Die politisch-militärischen Kämpfe der späten Republik, die natürlich Auswirkungen auf den Nahen und Mittleren Osten hatten, können in den kritischen Blick des Autors von 1Hen 37–71 genommen worden sein. Das korreliert mit der möglichen Datierung dieses Teiles, der fast keine historischen Anspielungen enthält, die die nähere zeitliche Einordnung erleichtern würden. Eine der Ausnahmen ist die militärische Kampagne der Parther, deren Nachklang in 1Hen 56,5-7 gesucht wird. Das „Aufwiegeln" (vgl. ሃሱ-ሰፀሥ in V. 5) der Parther, von dem unser Text spricht, ist nur nach dem katastrophalen Feldzug von Crassus gegen die Parther 53 v. Chr. verständlich. Danach beginnt eine Periode des parthischen Eindringens in den Westen und der militärischen Auseinandersetzung mit Rom. Die Parther unterstützen auch Mattathias Antigonos (40–37 v. Chr.), den letzten hasmonäischen König, in seinem Kampf um den Thron gegen seinen Onkel Hyrkan II., der letztendlich nur zu einer Marionette des erstarkenden Idumäers Antipater und seiner Söhne

---

59  Ebd., 3.2.9.
60  PLINIUS, *Nat. hist.*, 33.21.78.
61  Vgl. die Erläuterungen zu PLINIUS, *Nat. hist.* 33.21.78 in der Tusculum-Edition [S. 151].
62  L. CANFORA, *Caesar. Der demokratische Diktator. Eine Biographie* (München 2001) 30.
63  Vgl. H. GALSTERER, Gaius Julius Caesar – der Aristokrat als Alleinherrscher, *Von Romulus zu Augustus. Große Gestalten der Römischen Republik* (Hrsg. K.-J. Hölkeskamp – E. Stein-Hölkeskamp; München 2000) 309–310.
64  CANFORA, *Caesar*, 30.

(Phasael und Herodes) wurde. Die 40-er bzw. 30-er Jahre v. Chr. in Palästina sind also von bitteren inneren Kämpfen gezeichnet, wobei die politischen Verhältnisse der späten Römischen Republik deren Katalysator und Richtungslenker waren. In dieser Zeit erklingt die politisch-theologische Kritik der gewalttätigen Könige und der Mächtigen, deren Entmachtung und Vertilgung in den Bilderreden vorausgesagt wird. Obwohl in jüngster Zeit T. Erho gegen die Anwendung der Parther-Perikope zur Datierung der Bilderreden argumentiert hat,[65] scheint die vermutete historische Situation – grob bezeichnet als herodianische Ära – plausibel zu sein. Wenn es auch stimmt, dass die Beschreibung des parthischen Feldzugs in 1Hen 56 nicht derjenigen bei Josephus entspricht, so kann meines Erachtens die Zeit nach 40 v. Chr. dennoch als *termninus post quem* angenommen werden.

Ein zweiter – vielleicht nur implizierter, aber aufgrund der komparativen Evidenz präsenter – Aspekt der von uns betrachteten henochischen Vision, der sich mit dem ersten Aspekt, der Kritik der Könige und der Mächtigen, verbinden lässt, ist die Götzenpolemik. In diesem Zusammenhang weist Nickelsburg auf Dan 5,4.23 und auf das *Prayer of Nabonidus* (4Q242) hin, in dem neben dem Holz und Stein vier Metalle (Gold, Silber, Bronze, Eisen) genannt werden, aus denen eine zur Verehrung bestimmte Statue angefertigt wurde (Bronze und Eisen in 4Q242 rekonstruiert). Obwohl der Hinweis von Nickelsburg hilfreich ist, finden sich für die Plausibilität der These, dass in 1Hen 52 auch die Götzenpolemik zu sehen ist, unter den Qumranfunden relevantere Texte. In ihnen werden fünf Metalle (außer Eisen) im Kontext der Idolatrie aufgezählt. Es handelt sich um drei Fragmente des Damaskus-Dokumentes (4Q269 Frg. 8 II,2; 4Q270 Frg. 3 III,20–21; 4Q271 Frg. 2 9),[66] die den gleichen – jeweils unterschiedlich erhaltenen – Text zum Inhalt haben. Dieser kann folgendermaßen rekonstruiert werden:

*ומכול הזהב והכסף והנחושת והבדיל והעופרת אשר עשו הגואים פסל

„Und von jeglichem Gold, Silber, Bronze/Kupfer, Zinn und Blei, (aus denen) die Heiden (ihre) (Götzen)bild(er) anfertigen, [soll es niemand zu seiner Reinheit bringen]".

Diese Stelle ist nicht nur wegen der Zahl der Metalle relevant, sondern auch wegen des die kultische Reinheit betreffenden Kontextes. Die beiden genannten Charakteristika dieser Stelle aus dem Damaskus-Dokument verweisen auf die einzige alttestamentliche Stelle,[67] an der alle sechs Metalle von 1Hen 52 angeführt werden, nämlich auf Num 31,22–23: „Nur das Gold und das Silber, die Bronze, das Eisen, das Zinn und das Blei, [23]alles was Feuer verträgt, sollt ihr durchs Feuer gehen lassen, und es wird rein sein ... (ELB)". Es handelt sich um die Anweisung des Priesters Eleasar an die Kriegsleute, die damit

---

65 Vgl. T. Erho, Historical-Allusional Dating and the Similitudes of Enoch, *JBL* 130 (2011) 493–511 (vgl. ebd. für seine früheren Aufsätze); zur Kritik vgl. Bock, Dating the *Parables of Enoch*, 107–109.
66 Die Edition: J. M. Baumgarten, *Qumran Cave 4 XIII: The Damascus Document (4Q266–273)* (Oxford 1996).
67 Ez 22,18.20 lässt bei der Aufzählung der Metalle das Gold aus.

verpflichtet waren, die Beute kultisch zu reinigen. In 1Hen 52 dagegen können die Berge aus den jeweiligen Metallen die Gegenwart des Erwählten nicht ertragen.

Eine weitere textuelle Stütze bietet eine Stelle in Pseudo-Philos *Liber antiquitatum biblicarum* (2,9), die alle sechs Metalle aufzählt und sie mit der Herstellung von Götzenbildern verbindet.

| | |
|---|---|
| *Sella autem genuit* Tobel et Miza et Theffa. Et hic est Tobel, qui ostendit hominibus artes in plumbo et stanno et ferro et eramento et argento et auro. Et tunc ceperunt habitantes terram facere sculptilia et adorare ea.[68] | Sella aber gebar Tobel und Miza und Theffa. Und dies ist Tobel, der den Menschen die Künste in Bezug auf Blei, Zinn, Eisen, Kupfer, Silber und Gold zeigte. Und damals begannen die Erdbewohner, Götzenbilder herzustellen und sie zu verehren. |

Der Text greift die kurze Notiz aus Gen 4,22 auf, wo allerdings Tubal-Kain als der Vater aller, die „Kupfer und Eisen schmieden", auftritt, und erweitert die Aufzählung der Metalle, wobei er völlig ungewöhnlich den Ursprung der Idolatrie mit Tubal (-Kain) verbindet. Im Zusammenhang mit 1Hen 52 ist noch zu bemerken, dass das Lexem „Berg" nach dem altorientalischen Verständnis nicht nur den Ort der Verehrung einer Gottheit beschreibt, sondern auch die Gottheit selbst bezeichnen kann (vgl. z. B. das akkad. *šadû*; Dtn 32).

Wo kann also die Verbindung zwischen der Kritik der Könige und der Götzenpolemik bzw. deren gemeinsamer Nenner gesucht werden? Die Antwort liegt auf der Hand: im hellenistischen Herrscherkult bzw. in den Ehrenbeschlüssen für die hellenistischen Könige. Als Beispiel sei nur der Ehrenbeschluss der Prieneer für den König Lysimachos zitiert:

„[…] ihn bekränzen mit einem Kranz [aus Gold, | hergestellt] aus tausend Goldstücken. Aufstellen wird das Vol[k] |[15] ein ehernes Standbild [des Königs auf dem Markt und wird da]nebenstel|len zu sei[ner] Re[ch]ten [–] | nahe bei [-errich] |en auch einen Altar für [ihn. Opfern sollen …]."[69]

Der Status der hellenistischen Herrscher bzw. deren Verehrung korreliert mit der in 1Hen 46 ausgedrückten Kritik an den Königen. Hier spricht der Autor klar (V. 7):

„Und diese sind es, die die Sterne des Himmels richten, und die, die ihre Hand gegen den Höchsten emporrecken und das Festland niedertreten und darauf wohnen, und all ihre Werke offenbaren Ungerechtigkeit, und all ihre Werke (sind) Ungerechtigkeit; und ihre Macht (stützt sich) auf ihren Reichtum, und

---

68  Der lateinische Text ist übernommen aus H. JACOBSON, *A Commentary on Pseudo-Philo's Liber antiquitatum biblicarum. With Latin Text and English Translation. Vol. I* (Leiden 1996) 2.

69  K. BRODERSEN – W. GÜNTHER – H. H. SCHMITT (Hrsg.), *Historische griechische Inschriften in Übersetzung* (Studienausgabe; Darmstadt 2011) II.103.

ihr Glaube gilt den Göttern, die sie mit ihren Händen gemacht haben, und sie verleugnen den Namen des Herrn der Geister."

Eine solche Kritik liest sich wie ein Zwillingstext der *Sapientia Salomonis (Weish)*, die in die Zeit zwischen Augustus und Caligula datiert wird[70] und deren Autor die Herrscher – zumindest virtuell – anspricht, sie vor ungerechtem Verhalten bzw. zum Leben in Gerechtigkeit mahnt und sich mit der Götterverehrung, u. a. mit dem Herrscherkult (*Weish* 14,16–17), auseinandersetzt.

## 3.5 Zusammenfassung

Der „Erwählte" tritt wie ein orientalischer Herrscher auf, der die vor ihm stehenden Berge bezwingen muss. Allerdings wird das nicht im Stil der königlichen Tatenberichte geschildert (s. 1.4.2); er erfährt ja letztlich keinen Widerstand. Durch den Gebrauch der Elemente einer Theophaniebeschreibung werden ihm göttliche Charakteristika zuerkannt.[71] Aus der altorientalischen Perspektive schimmern diese Charakteristika schon im Motiv der Bezwingung selbst durch, da es mit einigen wichtigen Gestalten des altorientalischen Pantheons verbunden wurde (s. 1.4.1 und 4.6). Als Folge der „Theophanie" des „Erwählten" zerfließen die metallischen Berge, womit die Könige und die Mächtigen die Grundlage sowohl ihrer wirtschaftlichen und militärischen Macht als auch ihrer idolatrischen Praxis verlieren. Dabei können tatsächlich die spanischen Gruben im Hintergrund der Vorstellung von metallischen Bergen im Westen gestanden haben (s. 3.4). Die Funktion der zerflossenen Metalle unterscheidet sich von derjenigen in der iranischen Eschatologie, aus der dieses Motiv dem Autor der Bilderreden bekannt gewesen sein dürfte. Obwohl die Metalle auch in 1Hen im Kontext des Gerichts erscheinen, dienen sie hier nicht der eschatologischen Läuterung, sondern sie sind Gegenstand der Beseitigung und stehen für die beseitigte Macht und ihre Grundlage. Die entmachteten Könige werden zum Objekt des radikalen Gerichts, und mit einer entsprechenden politischen Macht, deren Repräsentanten die Könige (und Mächtigen) sind, wird für die Zukunft nicht mehr gerechnet, da diese sich ja als ungerecht und unwürdig erwiesen hat. Unser apokalyptischer Text rechnet also im Blick (auch) auf die politische Macht mit einer radikalen Transformation, die eigentlich ein Zeichen der neuen Ordnung ist. Derjenige, dem die Herrschaft eigen ist, wird künftig als Garant der Gerechtigkeit nur der „Erwählte" und also der „Menschensohn" sein.

---

[70] Vgl. H. ENGEL, *Das Buch der Weisheit* (NSK AT 16; Stuttgart 1998) 34; J. Chr. GERTZ et al., *Grundinformation Altes Testament* (Göttingen ⁴2010) 549.

[71] Zu Unterschieden und Gemeinsamkeiten zwischen der „Divine Figure" und dem Messias in den Bilderreden vgl. J. A. WADDELL, *The Messiah. A Comparative Study of the Enochic Son of Man and the Pauline Kyrios* (New York, NY 2011) 28–103, besonders 101–103.

# 4 Die Vision von Wald und Weinstock in 2Bar

Das Bergmotiv, das politisch-theologisch konnotiert ist, spielt eine wichtige Rolle auch in 2Bar. Allerdings ist dieses Motiv auf das Engste mit dem Motiv des bösen und gefährlichen Waldes verbunden. Um der Exaktheit willen muss das Waldmotiv als primär betrachtet werden, da es an mehreren Stellen der betreffenden Apokalypse auftaucht. Dabei wird im Anschluss an die für unsere Untersuchung zentrale Vision vom Weinstock gerade eine Deutung für den Wald, für die ihn umgebenden Berge und die Zeder geboten. Daher soll die Aufmerksamkeit in diesem Kapitel dem Waldmotiv und seiner spezifischen Verbindung mit den Bergen gewidmet werden.

## 4.1 Vorbemerkungen

In 2Bar können beim Motiv des Waldes zwei Textgruppen unterschieden werden. Die erste wird von den Texten gebildet, die dem Umfang nach kurz sowie über das Buch verstreut sind. Die zweite Gruppe bilden die Vision von Wald und Weinstock und ihre Deutung (Kap. 36–37.39–40). Außerdem betreffen die Texte der ersten Gruppe den „realen" Wald, während im Unterschied dazu der Wald bzw. seine Zeder in der zweiten Textgruppe als die Protagonisten einer allegorischen Traumvision erscheinen.[1]

Schon aus der kursorischen Lektüre der vorliegenden Texte ergibt sich ihr gemeinsamer Nenner, nämlich der Wald als eine gefährliche und böse Größe, sodass man hier sehr passend Dante zitieren kann: „Nel mezzo del cammin di nostra vita mi ritrovai per una selva oscura ..." (Inf. I, 1–2) – in der Übersetzung von Hartmut Köhler: „Auf der Hälfte des Weges unseres Lebens fand ich mich in einem finsteren Wald wieder ...".[2] Der Übersetzer bemerkt in seinem Kommentar, dass der Wald zu Dantes Zeiten „keineswegs mehr nur ein ‚wilder' Ort" war, „vielmehr längst Gegenstand systematischer Nutzung. Hier jedoch, in der Nachfolge mehrerer christlicher Autoren, allegorischer Ort der geist- und gottfernen Materialität, moralischen Ver-

---

1    In 77,14 dient der Wald als Metapher, mit deren Hilfe das Volk seine schwere Lage beschreibt.
2    DANTE ALIGHIERI, *La Commedia/Die Göttliche Komödie I. Inferno/Die Hölle* (Übersetzt und kommentiert von H. Köhler; Reclam Bibliothek; 2010) 9.

irrung, Sündhaftigkeit." Er verweist u. a. auf die *Confessiones* Augustins („in diesem großen Walde, voll von Nachstellungen und Gefahren", X, 35, 56) und stellt fest: „Die Symbolik des Waldes war also durch die Tradition vorgegeben [...]."³ Wie aus den vorliegenden syrischen Texten sichtbar wird, reicht eine solche Tradition – zumindest in einer gewissen Hinsicht – weit zurück.

Der erste zu zitierende Passus (10,8) entstammt der Klage Baruchs über die Zerstörung des Tempels: „Ich werde die Sirenen vom Meer (ܣܝܪܘܢܐ ܡܢ ܝܡܐ) rufen. Und ihr, Lilithe, kommt aus der Wüste (ܠܠܝܬܐ ܡܢ ܡܕܒܪܐ) her und (ihr) Dämonen und Schakale aus den Wäldern (ܘܫܐܕܐ ܘܝܪܘܪܐ ܡܢ ܥܒܐ). Wacht auf und bindet eure Hüften für die Trauer, und *singt* (wörtl. gebt) mit mir Klagelieder und trauert mit mir!"⁴ „Obwohl die in 2Bar genannten Wesen (insbesondere Sirenen und Lilithe) einen klaren mythologischen Hintergrund haben, schimmert dieser nur sehr reduziert durch, da sie ja ausschließlich zur Trauer einberufen werden."⁵ Der arabische Übersetzer, der vom lexikographischen Material dieses Verses wahrscheinlich wenig verstanden hat, rückt den Wald aber noch mehr in die Sphäre des Dämonischen: „... *djinn* (الجن) and the demons of the forest (سعالي الغاب) ..."⁶ Mit dieser Stelle korreliert sogleich die folgende aus der Textgruppe I, die sich allerdings direkt auf die messianische Zeit bezieht (73,6): „Und die (wilden) Tiere werden aus dem Wald (ܚܝܘܬܐ ܡܢ ܥܒܐ) kommen und den Menschen dienen. Und *aspis* (ܐܣܦܝܣ) und *draqōnē* (ܕܪܩܘܢܐ) kommen aus ihren Höhlen heraus, um sich dem Kind zu unterwerfen." Der Effekt der messianischen Zeit, d. h. der Offenbarung des Messias und seiner Präsenz in der Welt, ist eine Verwandlung der lebensbedrohlichen Wirklichkeit. Das Herauskommen der „Tiere aus dem Wald" bildet ein positives Pendant zu 2Bar 39,6, wo sich auch eine ähnliche Ausdrucksweise findet: „wie die bösen Tiere fliehen und in den Wald kriechen" (ܚܝܘܬܐ ܒܝܫܬܐ ܥܪܩܢ ܘܥܐܠܢ ܠܥܒܐ). Hier werden die Tiere ausdrücklich als „böse" (ܚܝܘܬܐ ܒܝܫܬܐ) bezeichnet. Der Vergleich bezieht sich auf die Ungerechten, die zu dem vierten Reich fliehen werden.

## 4.2 Der Wald und die Berge in der Vision und in ihrer Deutung

Damit kommen wir zu der Textgruppe II, die von der allegorischen Traumvision 2Bar 36–37 sowie ihrer Deutung 2Bar 39–40 gebildet wird und in der das Motiv des Waldes sich ausschließlich auf die messianische Zeit bezieht. In dieser Traumvision

---

3   Ebd.
4   Bei der Übersetzung von 2Bar wurde auf die beiden kritischen Editionen geschaut: S. Dedering (Ed.), Apocalypse of Baruch, *The Old Testament in Syriac according to the Peshitta Version* IV/3 (Leiden 1973); D. M. Gurtner, *Second Baruch. A Critical Edition of the Syriac Text* (New York – London 2009).
5   P. Juhás – R. Lapko, *Aspis* und *draqōnē* und die mythologischen Wesen der Syrischen Baruch-Apokalypse, *Ephemerides Theologicae Lovanienses* 91/1 (2015) 132.
6   Der arabische Text und die Übersetzung: Leemhuis – Klijn – van Gelder, *Arabic Text*, 24.

wird geschildert, wie ein großer Wald (V. 5) von dem Wasser einer Quelle, die unter einem Weinstock entspringt, überschwemmt und entwurzelt wird. Die hohen Berge, die diesen „Wald der Bosheit" (V. 7) umgeben, werden umgeworfen. Es bleibt nur eine einzige Zeder stehen. Auch sie fällt schließlich um und wird zum Weinstock gebracht, der gegen sie eine Gerichtsrede hält (Vv. 7–11). Am Ende verbrennt die Zeder, der Weinstock dagegen wächst. An dieser Stelle soll meine Übersetzung der meisten Teile sowohl der Vision als auch der Deutung geboten werden.

*Vision (Kap. 36–37)*

[…] und [ich] sah in der Nacht eine Vision. (2) Und siehe, (da war) ein Wald von Bäumen, der auf einer Ebene gepflanzt war. Und es umgaben ihn hohe Berge und steile Fels(massive). Und über eine große Fläche erstreckte sich (wörtl. hielt) jener Wald. (3) Und siehe, gegen ihn stieg ein Weinstock empor, und unter ihm kam eine Quelle in Ruhe hervor. (4) Und jene Quelle erreichte aber den Wald und wurde zu großen Wellen. Und diese Wellen überfluteten jenen Wald. Plötzlich entwurzelten sie eine Menge jenes Waldes und rissen alle Berge ringsum ein. (5) Und die Höhe des Waldes wurde erniedrigt und der Gipfel der Berge gemindert. Und jene Quelle erstarkte sehr, um aus jenem großen Wald nichts übrig zu lassen, außer einer einzigen Zeder.
[… Gerichtswort gegen die Zeder …]
(37,1) Und nach diesen (Dingen) sah ich jene Zeder brennen und jenen Weinstock wachsen, und alles, was um ihn herum war – eine Ebene voll von Blumen, die nicht verwelken. Da erwachte ich und stand auf.

*Deutung (Kap. 39–40)*

(39,2) Wie du jenen großen Wald, den die hohen und *steilen* Berge umgaben, gesehen hast: dies ist die Deutung [wörtl. das Wort]. (3) Siehe, die Tage kommen: Es wird dieses Königreich, das einst Zion zerstört hat, zerstört und jenem unterworfen werden, das nach ihm kommt. (4) Wiederum wird aber auch dieses nach (gewisser) Zeit zerstört. Und es wird ein anderes, drittes, aufstehen und dieses wird auch eine Zeit lang [wörtl. in seiner Zeit] herrschen und (dann) zerstört werden. (5) Und nach diesen (Dingen) wird das vierte Reich aufstehen, dessen Herrschaft härter und viel schlimmer sein wird als die derjenigen, die vor ihm waren. […] Und es wird sich mehr als die Zedern des Libanon erheben. (6) […] Und alle diejenigen, die (sich) mit Frevel beflec(t)en, werden zu ihm fliehen, wie die bösen (wilden) Tiere fliehen und im Wald kriechen. (7) Und es wird geschehen: Wenn die Zeit seines Endes näher gerückt ist, dass es fallen wird, dann wird sich die Herrschaft¹ [im syrischen Text steht ܫܘܠܛܢܐ < *ἀρχή(?)] meines Messias offenbaren, jene, die der Flut und dem Weinstock gleicht. Und nachdem sie offenbart worden ist, wird sie die Vielzahl seiner[7] Schar entwurzeln. (8) Und dies, dass du die

---

7   Es ist nicht ganz klar, worauf sich das possesive Suffix im syrischen Text bezieht. Naheliegend ist es, dieses Suffix auf das vierte Königreich zu beziehen. Allerdings fehlt im syrischen Text das übliche

Zeder, die hoch ist (und) die von jenem Walde übrig blieb, gesehen hast und darüber, dass der Weinstock diese Worte mit ihr sprach, die du gehört hast, dies ist die Deutung: (40,1) Der letzte Herrscher, der dann lebendig übrig bleibt, wenn die Vielzahl seiner Schar[8] vernichtet ist, wird gefesselt werden und man wird ihn auf den Berg Zion heraufführen. Und mein Messias wird ihn aller seiner Freveltaten zeihen. Und er wird (ver)sammeln und hinlegen vor ihn alle Taten seiner Scharen. (2) Danach wird er ihn töten und den Rest meines Volkes schützen, denjenigen, der an dem Ort, den ich gewählt habe, anwesend ist. (3) Und seine Herrschaft wird ewig dauern, bis die Welt der Zersetzung *zu (ihrem) Ende kommt* und bis sich die angekündigten Zeiten vollenden. [...]

Im Rahmen der Deutung dieser Traumvision wird das sog. Vier-Reiche-Schema eingeführt, das in diesem Fall aber wenig differenziert ist – im Unterschied zu Dan 2 und 7, wo die Reihenfolge der einzelnen Reiche mittels der verschiedenen Metalle der Statue (Dan 2) oder mittels merkwürdiger Tiere (Dan 7) beschrieben wird. Die Reiche, die der Autor des Buches Daniel vor Augen hat, sind sehr wahrscheinlich Babylon, Medien, Persien und das Reich Alexanders bzw. der Diadochen. Es ist möglich, dass der Autor der Baruch-Apokalypse auf diese Texte zurückgegriffen hat. Das ist freilich nicht zwingend, da dasselbe Schema auch in einigen anderen Texten belegt ist, zum Beispiel in Sib 4. In der Syrischen Baruch-Apokalypse ist das letzte Reich auf jeden Fall Rom. Damit weist der Text ein aktualisiertes Verständnis auf. (Ähnliches geschieht auch in Sib 4, wo zum vierten ein fünftes Reich hinzutritt, nämlich Rom, das nicht zum ursprünglichen Orakel gehört hat.)[9]

Gerade an der Weise, wie die Deutung das Vier-Reiche-Schema verwendet, zeigt sich, wie sie sich zu der Vision verhält. Während in Dan 2 und 7 die Bedeutung der einzelnen Elemente der Visionen (verschiedene Metalle oder Tiere) mehr oder weniger klar benannt werden kann, gibt es in der syrischen Apokalypse eine solche „Eins-zu-Eins"-Entsprechung nicht. Die Reiche werden nur sehr allgemein mit dem Wald und den umliegenden Bergen identifiziert. Die gewisse Spannung, die deshalb zwischen der Vision und der Deutung besteht, hat manche Forscher dazu veranlasst, eine zum Teil komplexe Literargeschichte zu vermuten. Allerdings sind zwischen der Vision und der Deutung keine Widersprüche zu finden, worauf schon P. M. Bogaert aufmerksam machte.[10] Beide bilden eine literarische Einheit und sind „inextricably linked in form and content".[11] Obwohl eine redaktionsgeschichtliche Lösung – also die Annahme, dass ein Redaktor oder der Autor selbst die schon existierende Vision in sein Werk eingefügt hat – eine plausible Option bleibt, muss jedoch wegen der Fülle der Motive und angesichts des kreativen Umgangs mit den unterschiedlichen Motiven in Betracht gezogen werden, dass der Autor die Vision selbst verfasst hat.

---

orthographische Zeichen für die 3. Person Fem. Sg., nämlich ein Punkt oberhalb des Buchstabens He. Ein ähnliches Problem ist aber auch in 2Bar 40,1 zu sehen.
8   Emendiert. Zu verschiedenen Lösungsvorschlägen vgl. GURTNER, *Second Baruch*, 74 Anm. 415.
9   Vgl. COLLINS, *Apocalyptic Imagination*, 116–117.
10  Vgl. BOGAERT, *L'Apocalypse Syriaque I*, 85.
11  HENZE, *Jewish Apocalypticism*, 266.

Das soll im Folgenden gezeigt werden. Dabei ging es dem Autor vor allem darum, die Gerichtsszene suggestiv auszugestalten, in der der Messias den Herrscher des letzten Reiches richtet und exekutiert. Mit dem Vier-Reiche-Schema wollte der Autor keine genaue Periodisierung der Geschichte erreichen – diese Funktion übernimmt die Wolkenvision –, sondern lediglich zu verstehen geben, dass die Vision prinzipiell auf die Geschichte zu beziehen ist. In ähnlicher Weise dienen auch in Dan 7 weitere Elemente – wie etwa Hörner – zur genaueren Periodisierung.

## 4.3 Der Zedernwald im Gilgameš-Epos

Obwohl eine literarische Abhängigkeit im Falle des Gilgameš-Epos natürlich ausgeschlossen ist, ist dieser Text aus motivgeschichtlicher Sich fast „archetypisch". Man könnte sogar fragen, ob dem Autor der Syrischen Baruch-Apokalypse die Gilgameš-Tradition in irgendeiner fragmentarischen Form bekannt gewesen sein dürfte. In Anbetracht der aramäischen Qumran-Texte scheint das möglich zu sein. In dem *Gigantenbuch* findet man nämlich „Giganten", die die Namen *Glgmš/s* und *Ḥwbbš* tragen, in denen man wohl die bekannten mesopotamischen Gestalten Gilgameš und Humbaba/Ḫuwawa entdecken kann[12] (s. 4.4).

Im Laufe der Jahrhunderte hat sich das Bild der einzelnen Protagonisten des mesopotamischen Epos gewandelt.[13] Schon in „der altbabylonischen Zeit stehen sich mit den sumerischen Erzählungen und der akkadischen Gilgameš-Fassung zwei verschiedene Überlieferungen desselben Erzählstoffes gegenüber".[14] Nach der kanonischen Version begeben sich Gilgameš und sein Freund bzw. Bruder Enkidu (im sumerischen Material sein Diener) zum Zedernwald, den sie mit einer übermenschlichen Geschwindigkeit erreichen, wobei Gilgameš unterwegs mehrere Träume hat (Taf. III–IV; s. 1.4.2). Die fünfte Tafel beginnt folgendermaßen: „Sie [Gilgameš und Enkidu] kamen zum Stehen und *staunten* über den Wald. Wieder und wieder schauen sie auf die Höhe der Zedern. Wieder und wieder schauen sie auf den Eingang des Waldes."[15] Dieser Wald ist der Wohnort von Humbaba/Ḫuwawa, der in den einzelnen Fassungen auch eine literarische Entwicklung erfahren hat und dem daher eine Doppeldeutigkeit anhaftet. Er ist einerseits der von Enlil eingesetzte Wächter des Zedernwaldes, andererseits gilt aber zugleich sein Erschlagen-Werden im jungbabylonischen Epos „als Ver-

---

12 Vgl. H. U. STEYMANS, Gilgameš im Westen, *Gilgamesch. Ikonographie eines Helden* (Hrsg. H. U. Steymans; OBO 245; Fribourg – Göttingen 2010) 325–328.
13 Dazu vgl. C. MITTERMAYER, Gilgameš im Wandel der Zeit, *Gilgamesch. Ikonographie eines Helden*, 135–164.
14 Ebd.,159.
15 Die Übersetzung von S. M. MAUL, *Das Gilgamesch-Epos. Neu übersetzt und kommentiert* (München ⁴2008) 84.

nichten ‚allen Übels im Lande' (III 203–205 […])."[16] In der ältesten Fassung (Ende 3. Jt. v. Chr.), in der sich „die historische Situation von königlichen Expeditionen in die Gebirge, um Zedernholz zu gewinnen", spiegelt, ist Ḫumbaba/Ḫuwawa quasi ein Held, „dem man im Zweikampf begegnet".[17] In der jüngsten Fassung (11. Jh. v. Chr.) ist er dagegen „ein böser Dämon, der in der Wildnis außerhalb der bewohnten Welt haust. Die mythisch-dämonische Weltauffassung mit den engen Grenzen der eigenen Welt bildete hier also den *Endpunkt* der Entwicklung, am *Anfang* stand die Personifizierung der Macht des Waldes in der Gestalt des Huwawa."[18] Eine gewisse Doppeldeutigkeit haftet damit auch dem Zedernwald an. Einerseits verkörperte er die Quelle für das überall geschätzte und benötigte Zedernholz,[19] andererseits war dieser Zedernwald, der von ungeheurer Größe ist, ein Wohn- und potentieller Versteckort Ḫumbabas/ Ḫuwawas (vgl. IV, Kol. v 44–45[20]); der Wald stellte also einen von Gefahren beladenen anti-zivilisatorischen Ort dar.[21] Bemerkenswert ist in diesem Zusammenhang der Schluss des sumerischen Epos *Gilgameš und Ḫuwawa A*, nach dem der erzürnte Enlil die sieben „Auren" des erschlagenen Ḫumbaba/Ḫuwawa verteilt „und so Feld, Fluss, Gebirge, Röhricht, Löwe, Wald und Palast mit dem ‚Schreckensglanz' Huwawas ausstattet".[22]

## 4.4 Der Garten im Buch der Giganten

Bevor wir den Text der Baruch-Apokalypse selbst analysieren, müssen die Qumranfragmente besprochen werden, die einige Passagen des Gigantenbuches enthalten. Die Fragmente 1 und 8 von 4Q530 [= 4QEnGiants[b]] enthalten die Reste des Traumes Hahyahs, eines der Giganten (col. ii, 7–12):[23]

---

16 W. SALLABERGER, *Das Gilgamesch-Epos. Mythos, Werk und Tradition* (München ²2013) 62.
17 Ebd.
18 Ebd., 62–63.
19 Die Imposanz der libanesischen Zedern ist auch an mehreren Stellen des Alten Testaments belegt. Gerade sie war die geeignete Voraussetzung, dass die Zedern zu einem Inbegriff der Hybris werden konnten (s. 4.5).
20 *TUAT* III/4, 692–693.
21 Vgl. A. BRAUN, *Wahrnehmung von Wald und Natur* (Forschung Soziologie 58; Wiesbaden 2000) 32–33: „Das Zurückdrängen des Waldes stellt grundsätzlich den ersten Schritt und die Voraussetzung für jede Kulturtätigkeit dar. Dies wird besonders an dem Gilgamesch-Epos und der Gründungsgeschichte Roms deutlich, wo jeweils der Wald vernichtet oder verlassen werden musste, um eine Zivilisation zu errichten."
22 SALLABERGER, *Das Gilgamesch-Epos*, 61–62.
23 Der aramäische Text: L. T. STUCKENBRUCK, *The Book of Giants from Qumran* (TSAJ 63; Tübingen 1997) 113. Die Punkte in den eckigen Klammern wurden meinerseits eingefügt, um die näher nicht spezifizierten Lücken anzudeuten.

| | |
|---|---|
| [.........]לֹ[ ]אָ[ ] גנין והוא משקין | 7 ... Gärtner und sie bewässerten ... |
| [......]שר[שין רברבין נפקו מן עקרהין | 8 ... große Wurzeln kamen von ihrem Wurzelstock hervor |
| [... חזא ]הֹוֵית עד ד[י]. לׄ......רׄ מן | 9 ... ich [schaute] bis ... aus ... |
| [...........].. בֹּכֹל מיא ונורא דלק בֹּכֹל | 10 ... im ganzen Wasser und das Feuer entbrannte im ganzen 11...nicht(?) ... |
| [................]. [ אָ[].לֹא | |
| [..............] .אׄ עד כא סוף חלמא | 12 ... soweit; (dies ist) das Ende des Traumes. |

Der sehr fragmentarische Zustand des Textes lässt den genauen Ablauf des Geschilderten nur schwer rekonstruieren. Dies ist nur mithilfe des weiteren Kontextes möglich. Für den problematischen Teil der Zeile 9 (zwischen Lamed und Resch) bietet K. Beyer eine attraktive Rekonstruktion: לְשָׁנִין שכִנוּ מֹן „Da ließen sich auf einmal (Feuer-)Zungen nieder von ..."[24] L. Stuckenbruck gesteht zwar zu, dass dieser Vorschlag – im Unterschied zum Vorschlag Miliks[25] – einen grammatisch unproblematischen Sinn ergibt, jedoch zweifelt er ihn an, weil nach der photographischen Evidenz die Buchstaben נו- sehr unwahrscheinlich sind. Vielmehr sind die sichtbaren Buchstaben als יר/ו oder einfach als ר zu lesen.[26]

Der Traum, der den Giganten bekümmert, ist eine Allegorie. Es ist nicht einfach, die einzelnen Elemente zu identifizieren. J. T. Milik deutete die Gärtner als „guardian angels".[27] Wie L. Stuckenbruck bemerkt, ist es jedoch sehr unwahrscheinlich, dass die Gärtner „gute" Engelswesen repräsentieren: „[...] the ultimate outcome of their work in the garden seems to be the production of 'great [shoo]ts' from their root source (fem. suff.!), that is, the birth of the giants from the women."[28] Trotz des fragmentarischen Charakters des Textes scheint der Kontext darauf hinzuweisen, dass der Garten durch Wasser und Feuer vernichtet wurde.[29] Einen weiteren Hinweis darauf bietet das manichäische Werk über Giganten, *Kawan*. Die im Mittelpersischen erhaltene Handschrift D enthält Henochs Deutung des Traumes Hahyas. Obwohl die Gärtner in diesem fragmentarischen Text nicht erwähnt werden, repräsentieren die Bäume – nach der Interpretation Henochs – Wächter und Giganten: „[...] and the trees that came out, those are the Egrēgoroi *('yr)*, and the giants that came out of the women [...]" (Übersetzung von W. B. Henning).[30]

Problematisch ist auch das Verhältnis von 6Q8 2 zu 4Q530. Wenn die Rekonstruktion É. Puechs stimmt,[31] würde das Fragment 6Q8 2 einige Lücken in den Zeilen 8–11

---

24 Beyer, *ATTM*, 264.
25 Milik, *Book of Enoch*, 304 vermutet: לעינין שכיר מן.
26 Vgl. Stuckenbruck, *Book of Giants*, 113.
27 Milik, *Book of Enoch*, 304.
28 Vgl. Stuckenbruck, *Book of Giants*, 114.
29 Vgl. schon Beyer, *ATTM*, 264 Anm. 1: „[In der Z. 10] könnte auch eine Vernichtung durch Wasser und Feuer beschrieben sein wie in ApkBar(syr) 36; 53,7."
30 Vgl. W. B. Henning, The Book of the Giants, *BSOAS* 11/1 (1943) 66; vgl. auch F. García Martínez, *Qumran and Apocalyptic. Studies on the Aramaic Texts from Qumran* (STDJ 9; Leiden et al. 1992) 107.
31 Vgl. É. Puech, Les Fragments 1 à 3 du „Livre du Géants" de la Grotte 6 („pap 6Q8"), *RdQ* 19 (1999) 227–238.

von 4Q530 ii füllen: „[…] then the same passage also refers, by contrast, to Noah's three sons as "three shoots" […]."[32] Der Interpretation Puechs zufolge würde also der Garten die bewohnte Erde repräsentieren, die Bäume allerlei Art stünden dann für die Menschheit und die Gärtner für die Wächter, wobei die großen Wurzeln die Riesen wären – im Unterschied zum Baum (rekonstruiert am Ende der Zeile 3) mit drei Wurzeln/Schösslingen (sichtbar am Anfang der Zeile 4 [6Q8 frag. 2, Z. 1])[33], der den gerechten Noach mit seinen Söhnen symbolisiert.[34]

Für unsere Untersuchung ergibt sich daraus die Frage, wie sich das Buch der Giganten und die Syrische Baruch-Apokalypse zueinander verhalten. Eine direkte literarische Abhängigkeit zwischen zwei Werken lässt sich nur in besonderen Fällen eindeutig nachweisen. Bei den genannten Werken besteht sie wahrscheinlich nicht. Es ist jedoch plausibel anzunehmen, dass manche der Vorstellungen aus dem *Gigantenbuch* um die Zeitenwende in Palästina bekannt waren. Auch wenn die Fragmente in Qumran gefunden wurden, stammt das Gigangenbuch wahrscheinlich aus einem nicht-essenischen bzw. nicht-qumranischen Milieu. Vielleicht geht es auf das frühe 2. Jahrhundert v. Chr. zurück.[35] Der Autor der Syrischen Apokalypse muss die Traditionen, die im *Gigantenbuch* ihren Niederschlag gefunden haben, gekannt haben.[36] Ob er auch das Werk selbst kannte, lässt sich nicht entscheiden. Der Abschnitt 2Bar 56,10–16 ist in dieser Hinsicht zwar hilfreich, jedoch nicht eindeutig. Er zeigt, dass der Autor der Apokalypse eine Tradition von „gefallenen Engeln" kannte, die über Gen 6,1–4 hinausgeht (vgl. besonders ihre Folter in den Ketten in 56,13). Unklar ist die Formulierung in 56,15: „Und diejenigen, die auf der Erde wohnten, gingen durch die Wasser der Sintflut allesamt zugrunde." Bezieht sich der Vers nur auf die Menschen oder auch auf die Giganten, für die die Sintflut – nach 1Hen und dem Gigantenbuch – vernichtend war? Jedenfalls zeigt das *Wächterbuch* (1Hen 1–36), dass solche Traditionen schon seit Langem bekannt waren. Ob der Autor von 2Bar sich von dem Traum Hahyahs inspirieren ließ, ist nicht mit Sicherheit zu entscheiden. Unabhängig davon hat man im Traum Hahyahs einen Vorläufer mancher Motive der behandelten 2Bar-Vision vor sich, wenn die Wasser (der Sintflut) und das Feuer als Mittel dazu dienen, die bösen Mächte zu vernichten, die von den Gärtnern und den Bäumen verkörpert werden.

---

32  L. T. Stuckenbruck, *1 Enoch 91–108* (CEJL; Berlin – New York 2007) 94.
33  Vgl. Puech, Les Fragments, 233.
34  Ebd., 236–237.
35  Dazu vgl. Stuckenbruck, *Book of Giants*, 32.
36  Des Weiteren vgl. etwa 1Hen 10,17–22 und 1Q23 1+6+22 einerseits und 2Bar 29 andererseits.

## 4.5 Alttestamentliche Prätexte

Der Autor der Baruch-Apokalypse dürfte bei der Gestaltung seiner Traumvision nicht nur die bekannten alttestamentlichen Motive, sondern konkrete Texte vor Augen gehabt haben, die ihm bei seiner Arbeit zu Gebote standen.

### 4.5.1 Die „Weinstock-Texte"

Die allegorische Vision in 2 Bar 36–37 enthält mehrere Naturelemente, die in der darauf folgenden Deutung als politische Größen identifiziert werden. Als der siegreiche Held tritt am Ende der Messias auf, der in der Vision von einem Weinstock symbolisiert wird. In der alttestamentlichen Literatur kommt dieses edle Gewächs (hebr. גֶּפֶן) häufig vor. Neben seinem säkularen Gebrauch[37] ist der Begriff des Öfteren in stark theologisch aufgeladenen Texten zu finden. Geradezu formelhaft ist sein Gebrauch zum Ausdruck des Segens und der Prosperität geworden (z. B. 1Kön 5,5; 2Kön 18,31//Jes 36,16; Mi 4,4; Hag 2,19; Sach 3,10; 8,12; Mal 3,1; oft zusammen mit dem Feigenbaum).

Für die allegorische Traumvision Baruchs sind die Texte von besonderem Interesse, die von Israel als dem Weinstock Jahwes, mit anderen Worten: vom Weinstock als einem Symbol für Israel sprechen.[38] Interessanterweise kommt Israel als Weinstock oder Weinberg Jahwes häufig im Kontext der gegen das eigene Volk gerichteten prophetischen Kritik vor (z. B. Jer 2,21; 6,9; 8,13; als Weinberg besonders Jes 5,1–7). Die vielleicht früheste Verwendung dieser Metaphorik ist in Hos 10,1 zu finden.[39]

Von den prophetischen Texten bietet sich besonders Ez 17 als einer der Prätexte an,[40] und zwar aus mehreren Gründen. Der ezechielische Text enthält eine Fabel (V. 2–10) – im hebräischen Text als חִידָה „Rätsel" bezeichnet –, deren Protagonisten zwei Adler, eine Zeder und ein Weinstock sind. Trotz des Miteinanders mancher zentraler Elemente hat dieser Text, wie zu zeigen ist, die Gestalt der Traumvision Baruchs aber nicht wesentlich bestimmt. Das historische Exposé in Ez 17,12–18 ermöglicht die Identifizierung der einzelnen Elemente. Die beiden Adler symbolisieren die konkurrierenden Großmächte des Alten Orients im ausgehenden 7. und beginnenden 6. Jahrhundert v. Chr.: Babylon und Ägypten. „Der Wipfel der Zeder" und ihr „oberster Zweig", die der erste Adler abriss (V. 3–4), stehen hier wohl für den nach Babylon deportierten judäischen König samt seinen Beamten (V. 12). Bemerkenswert ist die ungewöhnliche Individualisierung dieser גֶּפֶן-Symbolik. Der „üppige Weinstock von niedrigem Wuchs" (V. 6) ist kein anderer als der König Zidkija, der von

---

[37] Vgl. R. HENTSCHKE, גֶּפֶן, *TDOT* III (1978) 57–58.
[38] Ebd., 61.
[39] Vgl. M. OEMING – J. VETTE, *Das Buch der Psalmen. Psalm 42–89* (NSK AT 13/2; Stuttgart 2010) 219 [mit Verweis auf T. HIEKE, *Psalm 80. Praxis eines Methodenprogramms* (ATSAT 55; St. Ottilien 1997)].
[40] Vgl. R. BAUCKHAM, *The Messianic Interpretation of Isa. 10:34 in the Dead Sea Scrolls, 2 Baruch and the Preaching of John the Baptist*, *DSD* 2 (1995) 209.

Nebukadnezzar als König eingesetzt wurde (V. 5–6; 13–14) und dem seine Schaukelpolitik ein bitteres Ende bereitet hat (V. 7–10; 15–18). Die Verse 19–21 lassen aber erkennen, dass der tatsächliche Vollstrecker der Strafe für den gebrochenen Bund JHWH selbst ist. Das Kapitel schließt mit einer Heilsankündigung, die durch die Aufnahme der Zedermotivik eine Inclusio bildet (V. 22–24): Jetzt ist es JHWH, der „von dem Wipfel der Zeder" bzw. einen „zarten Zweig" nehmen und auf einen „hoch aufragenden Berg" pflanzen wird.

Im Unterschied zur Traumvision Baruchs funktionieren die beiden Gewächse in dem Ezechieltext nicht als Gegner. Vielmehr symbolisieren sie einzelne Gestalten bzw. Kurzabschnitte der Geschichte Israels.[41] Was diesen Text mit der apokalyptischen Traumvision am meisten verbindet, ist seine ungewöhnliche Individualisierung der Weinstocksymbolik. Dies fällt umso mehr auf, als der Weinstock eine politische Gestalt symbolisiert.

Eine solche Individualisierung spielt eventuell eine Rolle in einem weiteren relevanten Text, der die Weinstockmetaphorik enthält: im Psalm 80, der „zwei Seiten der Beziehung Israels zu Gott" thematisiert.[42] Auf der einen Seite wird Israel „als der Weinstock beschrieben, der von Gott der Zerstörung überlassen wurde", wobei dieser Text „in einzigartiger Weise [das] Bild des Weinstocks mit den Traditionen des Exodus und der Landnahme" verbindet.[43] Auf der anderen Seite strukturiert diesen Psalmtext ein Kehrvers, der von dem tiefen Vertrauen in die rettende Nähe Gottes durchdrungen ist.[44] Für den Vergleich mit der Traumvision Baruchs sind neben dem Weinstock wiederum die folgenden Elemente relevant: Berge (V. 11), Zedern (V. 11), Wald (V. 14) und „Mensch/Menschensohn" (V. 18; „Sohn" in V. 16). Die Berge und die Zedern werden zwar zusammen genannt, aber sie funktionieren nicht als Gegner. Vielmehr dienen sie zur Beschreibung der Pracht, die den Weinstock charakterisiert (V. 11): „Bedeckt wurden die Berge von seinem Schatten und von seinen Ästen die Zedern Gottes." Der Wald kann nur sekundär als Widersacher verstanden werden, insofern er dem den Weinstock abfressenden Eber den Lebensraum bietet. In der letzten Strophe (V. 15–20), die aus der Anrufung um Gottes Hilfe besteht, findet sich eine bemerkenswerte Parallelisierung zwischen dem Weinstock und einer menschlichen Gestalt:

„[...] und nimm dich dieses Weinstocks an
(16) und festige, was deine Rechte gepflanzt hat,
und den Sohn (בֵּן), den du für dich stark gemacht hast.
(17) Die ihn im Feuer wie Abfall verbrannt haben,

---

41 Man kann mit L. C. Allen (*Ezekiel 1–19* [WBC 28; Dallas, TX 1994] 257) fragen, „[w]hy is Zedekiah, as representative of the kingdom, described as a grapevine, while his predecessor was a cedar shoot?" Seine Antwort (ebd.) scheint plausibel zu sein: „It possibly reflects Zedekiah's subordinate status, over against Jehoiachin's initial independence."
42 Oeming – Vette, *Psalmen*, 216.
43 Ebd., 216–217.
44 Ebd, 216.

sollen vor dem Drohen deines Angesichts zugrunde gehen.
(18) Deine Hand sei über dem Mann zu deiner Rechten,
über dem Menschensohn (בֶּן־אָדָם), den du für dich stark gemacht hast."[45]

Der Halbvers 16b ist sowohl in stichometrischer als auch in inhaltlicher Hinsicht problematisch.[46] Statt ihn zu streichen, wie es manche tun, bietet sich an, ihn entweder als eine „Aktualisierung des Psalms mit Blick auf Israel als ‚Sohn' Gottes aufzufassen (vgl. Ex 4,22; Hos 11,1)", oder zu erwägen, dass der Halbvers „den Psalm in den Horizont des messianischen Psalters stellen wollte (die Abänderung von ‚Menschensohn' zu ‚Sohn' würde dann gezielt auf Ps 2,7 zurückverweisen [...]), womit zugleich die Königsbitte V 18[47] ‚messianisiert' wurde."[48] In der Septuaginta wird mit der in den beiden Versen 16b und 18b gebotenen Lesart „Menschensohn" (υἱὸν ἀνθρώπου) die Differenz, die im hebräischen Text vorliegt, nivelliert (falls ihre Vorlage diese Differenz enthielt). Ob man daraus auf messianische Interessen des Übersetzers schließen kann,[49] bleibt „mangels anderer eindeutig messianischer Motive in Ps 79^LXX zweifelhaft".[50] Im Targum ist die messianische Identität dieser Gestalt ausdrücklich formuliert, da es dort heißt (V. 15[Ende]–16):[51]

| | [...] |
| ואדכר ברחמי גופנא הדא: | und erinnere dich mit Erbarmen an diesen Weinstock |
| ¹⁶ ועוברא די נציבת ימינך | und an den Zweig, den deine Rechte gepflanzt hat, |
| ועל מלכא משיחא דחיילתא לך: | und an den König Messias, den du für dich stark gemacht hast. |

Spricht man von der Individualisierung der Weinstocksmetaphorik, dann sollte auch ihre Verwendung in der johanneischen Christologie kurz angesprochen werden, auf deren Ausdruck u. a. gerade Psalm 80 Einfluss ausgeübt haben dürfte.[52] Neben anderen Texten verweist J. Beutler auf den oben behandelten Abschnitt Ez 17,1–10: „Seit Ezechiel lässt sich auch eine Tendenz beobachten, den Weinstock mit Einzelpersönlichkeiten

---

45 Die Übersetzung von E. ZENGER (*Psalmen 51–100*, 453).
46 Dazu ebd., 458.
47 Die Königsbitte hat ursprünglich vielleicht auf den König Joschija gezielt. Dazu vgl. ebd., 457–458 und 464–465.
48 Ebd., 458.
49 Dazu vgl. J. SCHAPER, *Eschatology in the Greek Psalter* (WUNT 2/76; Tübingen 1995) 97–99.
50 E. BONS, Psalm 79[80], *LXX.D EuK II*, 1732.
51 Der aramäische Text ist zitiert nach: http://cal1.cn.huc.edu/.
52 Dazu vgl. Ch. H. DODD, *The Interpretation of the Fourth Gospel* (Cambridge 1953) 245 und 411; D. HILL, 'Son of Man' in Psalm 80 v. 17, *NT* 15 (1973) 261–269. J. G. VAN DER WATT (*Family of the King. Dynamics of Metaphor in the Gospel according to John* [Leiden et al. 2000] 121 Anm. 31) stellt fest: „The two images (shepherd and vine) which are so important in John (chs. 10 and 15) are both found in this psalm [= Ps 80]. Inter-textually this psalm therefore becomes increasingly important for the reading of John."

zu verbinden. [...] In Sir 24,17 vergleicht sich dann die Weisheit mit einem Weinstock, der schöne Ranken treibt und reiche Frucht bringt. Hier sind wir sehr nahe an Joh 15,1–8."[53] Unter tiefgehender Kenntnis des alttestamentlich-jüdischen Hintergrunds[54] des Johannesevangeliums schreibt Beutler weiter: „Jesus wendet also in Joh 15,1–8 ein Bild auf sich an, das zunächst in der prophetischen Tradition für Israel stand. Er verkörpert in gewisser Weise das Gottesvolk und lädt zur Eingliederung in sich ein."[55]

Die Autoren mancher jüdischer Pseudepigraphen gebrauchen mehrmals die Weinstock- bzw. Weinbergmetapher. Manche Personen der Heilsgeschichte bezeichnen Israel als den Weinstock Gottes im *Liber Antiquitatum Biblicarum*: Mose (Kap. 12), Bileam (18,10–11), das Volk selbst (in der Geschichte Jiftachs: 39,7). Mehrmals verwendet Mose eine solche Bezeichnung, wenn er den Zorn Gottes von Israel abwenden will (Kap. 12). Im Zusammenhang mit Ps 80 ist die Stelle 23,12 die relevanteste. Hier – in einem Gottesspruch, der ein Teil der Rede Josuas bei der Bundesschließung ist – werden die Weinstock- (s. auch 28,4) und die Hirtenmetapher gemeinsam verwendet: [...] *Et ideo plantabo vos tamquam vineam desiderii, et regam vos tamquam gregem amabilem* [...][56] „[...] Und deshalb werde ich euch gleichwie einen begehrenswerten Weinstock pflanzen und gleichwie eine liebenswürdige Herde leiten [...]".

In 4Esra 5,23–27 findet sich eine Reihe von „Erwählungen" Gottes, die mit der Nennung des Weinstocks eröffnet wird (V. 23): „[...] aus allen Wäldern der Erde und aus ihren Bäumen hast du [= Gott] für dich einen Weinstock auserwählt [...]." Die Reihe setzt sich auf eine entsprechende Weise fort (aus allen Ländern ein Gebiet, aus allen Blumen eine Lilie usw.) und endet mit der Erwählung des Volkes, dem die Tora geschenkt wurde (V. 27). In dieser Reihe werden neben dem Weinstock und der Lilie auch eine Taube und ein Schaf genannt. Was die Verwendung dieser vier Elemente angeht, stellt M. Stone treffend fest: „[It] is not mere chance. They operate on two levels – both as premier representatives of their kind and as indications of the election of Israel. This creates the climax of the passage."[57]

Mit den vorgelegten literarischen Zeugnissen korreliert auch der numismatische Befund: „On Jewish coins of Herod the Great, Herod Archelaus, the First Jewish War, the Second Jewish War (Bar Kochba), and on certain city coins with large Jewish populations, appear grapes, grape clusters, and grape vines."[58] Vom Ersten jüdischen Krieg an werden auf den Münzen auch Amphoren abgebildet. Eine Amphora ist

---

53 J. Beutler, *Das Johannesevangelium. Kommentar* (Freiburg i. Br. 2013) 421.
54 Vgl. besonders R. Borig, *Der wahre Weinstock. Untersuchungen zu Joh 15,1–10* (StANT 16; München 1967).
55 Beutler, *Das Johannesevangelium*, 422.
56 Der lateinische Text: H. Jacobson, *A Commentary on Pseudo-Philo's Liber Antiquitatum Biblicarum, with Latin Text and English Translation. Volume One* (Leiden et al. 1996) 35.
57 Stone, *4Ezra*, 127.
58 J. F. Strange, The Art and Archeology of Ancient Judaism, *Judaism in Late Antiquity. Part I: The Literary and Archeological Sources* (Ed. J. Neusner; HdO I/16; Leiden et al. 1995) 106; vgl. auch Charlesworth, Archeology and Elusive Answers, 159–160; Schreiber, *Gesalbter und König*, 295–299; Kulik, *3 Baruch*, 199.

oft „combined with vine tendrils or grape clusters growing out of its neck".[59] Eine derartige Ikonographie – dazu noch mit anderen Elementen kombiniert – drückt auch ein politisches Programm aus, in dem messianische Hoffnungen mitspielen konnten.[60]

Summa summarum lässt sich feststellen: Der Autor der Syrischen Baruch-Apokalypse hat in seinen heiligen Schriften zwar Texte vorgefunden (Ez 17 und Psalm 80), in denen die einzelnen Elemente von Kap. 36–37 (Weinstock und Zeder bzw. Zedern, Berge, Wald und „Menschensohn") miteinander vorkommen, er hat sich aber von ihnen nur in einem einzigen Aspekt inspirieren lassen – in der (meta-)politischen Individualisierung der Weinstockmetapher. Die einzelnen Naturelemente funktionieren hier anders als in 2Bar – die Zeder(n) und der Weinstock sind keine Widersacher. Die Zeder in 2Bar symbolisiert den – von Hybris geprägten (!) – letzten weltlichen Herrscher. Die Vorbilder dafür hat der Autor der Apokalypse anderswo gefunden (s. unten).

### 4.5.2 Sach 11,1–3: Kritik der (politischen) Hybris

Als ein relevanterer Prätext bietet sich die deutero-sacharjanische Bildrede Sach 11,1–3 an, die von einer Verwüstung der Waldpracht spricht:

> „Öffne, Libanon, deine Tore,
> dass Feuer deine Zedern fresse!
> ² Heule, Zypresse/Wacholder, weil die Zeder gefallen ist,
> weil die Herrlichen verwüstet sind!
> Heult, Eichen Baschans,
> weil der unzugängliche Wald dahingesunken ist!
> ³ Horch, das Geheul der Hirten,
> weil ihre Herrlichkeit verwüstet ist!
> Horch, das Gebrüll der Junglöwen,
> denn die Pracht des Jordan ist verwüstet!" (vgl. ELB)

Der kurze Textabschnitt wirft mehrere komplexe form- und redaktionskritische Fragen auf. Er scheint zunächst ein eigenständiges, daher auch schwer datierbares Traditionsstück zu sein, dessen theologische Grundaussage eine Gerichtsankündigung gegen menschliche Hybris ist (s. unten).[61] Ob als eigenständiges Stück eingearbeitet

---

59 STRANGE, Art and Archeology, 107.
60 Mit S. SCHREIBER (*Gesalbter und König*, 299) ist festzuhalten: „So gestatten die Münzen insgesamt keine *eindeutige* messianische Intrepretation, stehen einer solchen aber theoretisch offen und schließen sie keineswegs aus. Generell ist dabei zu bedenken, daß eine königliche Gesalbtenerwartung durchaus nicht an eine konkrete historische Gestalt gebunden sein muß, sondern eher auf einen noch nicht real erkennbaren, von Gott zu sendenden und also erst noch erfaßbaren Heilskönig gerichtet sein wird."
61 Vgl. Graf REVENTLOW, *Die Propheten*, 106.

oder als Teil einer Redaktionsschicht verfasst,[62] funktioniert dieser kurze Abschnitt als geeignete Verknüpfung der Texteinheiten Sach 10 und Sach 11,4–17. Durch das Thema „Hirten" in V. 3 weist der Text eine Verbindung zu 10,2–3 und 11,4–17 auf. Hinzuzunehmen ist noch das Stichwort „Libanon" in 10,10. Wenn man den Text in Sach 11,1–3 im engeren Sinne als Kritik der Hybris des Herrschers versteht, fällt auch die Verbindung zu 10,11b auf: „Und die Pracht Assurs (גְּאוֹן אַשּׁוּר) wird gestürzt, und das Zepter Ägyptens wird weichen."

Um den Charakter des kurzen Abschnitts zu bestimmen, hilft die Textgattung. Sie ist in V. 2 greifbar. Die Imperative (Heule/heult!), die Anrede ([O] Zypresse; [O] Eichen Baschans) und die Begründung der Klage ahmen den Aufruf zur Volksklage nach.[63] Da diese Gattung oft im Rahmen einer prophetischen Unheilsankündigung gegen Fremdvölker eingesetzt wird (vgl. Jes 14,31; Jer 6,26), ist der Gerichtscharakter von Sach 11,1–3 nicht zu übersehen.[64]

Der Text weist mehrere intertextuelle Bezüge auf. Meist wird auf Jes 2,13–15; 10,33f und Jer 25,34–38 verwiesen.[65] Wie I. Willi-Plein bemerkt, sind die Metaphern, die in Sach 11,1–3 gebraucht werden, „etabliert und für die ersten Hörer oder Leser ebenso wie für die moderne Exegese offen erkennbar".[66] H. Graf Reventlow bringt es auf den Punkt: „Die Hauptbilder verweisen auf Hochmut der Mächtigen als die widergöttliche Haltung, gegen die Jahwe einschreiten wird."[67] Einen ähnlichen Vergleich enthält auch Ps 37,35: „Ich habe einen Gottlosen gesehen, gewalttätig und sich erhebend wie eine üppige Zeder […]." Dass sich der deutero-sacharjanische Text auf die Hybris der Herrscher bzw. der Großreiche bezieht, kann – neben den bekannten Metaphern – zusätzlich aus dem Kontext, zum Beispiel aus Sach 10,11, erschlossen werden sowie aus dem Vergleich mit Ez 31,[68] wo die Zeder als Metapher für die assyrische bzw. ägyptische Hybris fungiert (s. unten). Ein weiteres zu klärendes Problem ist, ob der betreffende kurze Textabschnitt in Sach 11 nur allgemein die Kritik der Hybris des Herrschers darstellt oder ob er in einem konkreten historischen Kontext steht. Obwohl diese Frage interessant ist und diskutiert wird, ist sie für unsere traditions- bzw. rezeptionsgeschichtliche Fragestellung von sekundärer Bedeutung.

In 2Bar ist der Hauptprotagonist der große Wald. Bei Sacharja sind die Eichen Baschans aufgefordert, über den Zustand des „unzugänglichen Waldes" zu heulen (11,2b). Er ist nämlich dahingesunken. In einem synonymen Parallelismus deckt sich

---

62 Vgl. P. L. Redditt, Sacharja 9–14 (IEKAT; Stuttgart 2014) 99: „Man kann sich nur schwer des Eindrucks erwehren, dass 11,1–3 genau für diese Stelle in Sach 9–14 verfasst wurde."
63 Vgl. M. Boda, Zechariah, 637–638; H. W. Wolff, Der Aufruf zur Volksklage, ZAW 76 (1964) 48–56.
64 Vgl. M. Boda, Zechariah, 637–638.
65 Vgl. z. B. Redditt, Sacharja, 99; Willi-Plein, Haggai, Sacharja, Maleachi, 181. Neben den oben angeführten Stellen verweist M. Boda (Zechariah, 643–644) mit Nachdruck auf Jer 22, wo die für Sach 11,1–3 zentralen Elemente (Libanon, Baschan, Zeder, fallen/umhauen, Feuer, Hirten) gemeinsam vorkommen.
66 Willi-Plein, Haggai, Sacharja, Maleachi, 181.
67 Graf Reventlow, Die Propheten, 106.
68 Und auch mit Ri 9. Vgl. Meyers, C. L. – Meyers, M. E., Zechariah 9–14. A New Translation with Introduction and Commentary (AB 25C; New York 1993) 241–242.

das Schicksal dieses Waldes mit dem der Zeder(n) bzw. dem der Herrlichen (11,2a): Sie werden vernichtet! So wird auch in der Syrischen Apokalypse der große Wald (samt den Bergen) vernichtet, allerdings durch eine Flut. Das Feuer bleibt für die eine Zeder reserviert (2Bar 37,1), die ausdrücklich der Hybris und des Machtmissbrauchs bezichtigt wird (2Bar 36,7–8). Eine Nähe zu Sach 11 lässt sich auch in der Deutung des Traums beobachten. Der Wald und die Berge werden explizit mit *den* vier Königreichen und die Zeder mit dem letzten Herrscher identifiziert.

### 4.5.3 Ez 31: Ägypten als Repräsentant der politischen Hybris

In Ez 31 wird das Bild der Zeder auf ein bestimmtes Königreich angewandt. Ezechiel gebraucht die Zeder als Sinnbild der ägyptischen Hybris bzw. der Hybris des Pharao, mit der er bzw. Ägypten als politisch-militärische Macht den eigenen Fall provoziert. Im Folgenden sollen die für 2Bar relevanten Motivzusammenhänge[69] in den Blick genommen werden. Vorab muss auf der Textebene das Verhältnis zwischen Ägypten und Assur geklärt werden.

In V. 2a wird Ezechiel aufgefordert, sich an den Pharao zu richten. Dabei beginnt er mit der Frage (2b): „Wem bist du in deiner Größe ähnlich (geworden)?" Gerade der folgende Vers zeigt eines der wichtigsten Probleme. MT liest הִנֵּה אַשּׁוּר אֶרֶז בַּלְּבָנוֹן (3aα), wobei K. Elliger (s. Apparat der BHS) statt אַשּׁוּר als wahrscheinliche Lesart תְּאַשּׁוּר „Zypresse (?)" vorschlägt.[70] Dieser Konjektur folgen auch viele Ausleger und Übersetzer. Sie hat aber in den antiken Versionen (LXX, Pšīṭtā, Vulgata, Targum) keine Stütze. Dass eine Textverderbnis zu einem frühen Zeitpunkt der Überlieferung immer möglich ist, soll nicht bestritten werden. Zunächst muss jedoch nach der Notwendigkeit einer solchen Konjektur gefragt werden, da sich die Nennung Assurs im Text gut plausibilisieren lässt.

Ob die Vv. 3–6 bzw. 3–9 ursprünglich selbständig als eine Art „Hymnus auf Assur" bestanden haben, der dann in einer zweiten Phase bearbeitet wurde, sodass das besungene Assur (noch ohne Makel) plötzlich zum Objekt der scharfen prophetischen Kritik wurde (Vv. 7–14 bzw. 10–14),[71] sei dahingestellt. Für unsere Fragestellung ist an dieser Stelle einerseits bedeutsam, dass die Höhe (oder Pracht) der Zeder als Überheblichkeit verurteilt wird (V. 10), deren Folge ihr Sturz und ihre Demütigung sind (Vv. 11–14), und andererseits, dass diese allegorische Rede sich auf eine politische Großmacht bezieht. Der Verfasser bediente sich eines historischen Beispiels, das er im militärisch, wirtschaftlich und politisch erfolgreichen neuassyrischen Reich gefunden hat. Dieses bestand nicht mehr. Der Verfasser überträgt vielmehr die historische

---

69  Vgl. auch R. Nir, *The Destruction of Jerusalem and the Idea of Redemption in the Syriac Apocalypse of Baruch* (Early Judaism and its Literature 20; Atlanta, GA 2003) 171–172.
70  Die Konjektur, derer seit Smend sr. die meisten folgen, geht im Grunde auf Heinrich Ewald zurück. Vgl. W. Zimmerli, *Ezechiel 25–48* (BK XIII/2; Neukirchen-Vluyn ³2011) 748.
71  Für einen Überblick der Forschungsdiskussion vgl. F. Sedlmeier, *Das Buch Ezechiel. Kapitel 25–48* (NSK AT 21/2; Stuttgart 2013) 99–104.

Erfahrung auf die aktuellen Verhältnisse: „Das Schicksal Assurs widerfährt auch dem Pharao von Ägypten mitsamt seinem Anhang. [...] Es ist deshalb schlichtweg unsinnig, sich auf militärische Bündnisse mit Ägypten zu verlassen, im Vertrauen auf den Beistand des Pharao."[72]

Ähnlich wie in der deutero-sacharjanischen Kritik (Sach 11,1–3) dient die Zeder auch in Ez 31 als Symbol der Hybris. Dabei handelt es sich nicht um irgendeine Hybris, sondern um den Hochmut einer konkreten politisch-militärischen Macht. Hier sieht man klare Parallelen zum Gebrauch der Zedernsymbolik in der behandelten 2Bar-Vision. Außerdem ist auf die Verbindung mit תְּהוֹם „(Ur)flut" (V. 4) bzw. מַיִם רַבִּים „viele Wasser" (V. 5) aufmerksam zu machen. Während תְּהוֹם in Gen 1,2 die chaotische Urflut bezeichnet und in Gen 7,11 einen integralen Bestandteil der Sintflut bildet, hat das Wort in Ez 31 eine positive Bedeutung: „An dieser Stelle sind [die Ströme] zu segensreichen Helfern geworden, welche die תהום gewissermaßen als ihre Mägde an den Ort sendet, an welchem der Baum gepflanzt ist [...]."[73] Die Flut spielt eine wichtige Rolle auch in der Vision von Wald und Weinstock. In 2Bar funktioniert sie dagegen als eine vernichtende Macht im Dienste des Weinstocks (s. 4.6.1).

### 4.5.4 Weitere prophetische Texte

Des Weiteren kommt die Zeder in den proto-jesajanischen Texten im Kontext der prophetischen Kritik vor,[74] die gegen die Hybris der Herrscher gerichtet ist, wo die Zeder aber nicht als Sinnbild einer solchen Hybris erscheint, sondern mit ihrer Beschreibung – als rhetorisches Mittel – zur Steigerung dient (Jes 14 und 37). So wird in Jes 14,8 das prophetische Wort gegen den babylonischen König gerichtet: „Auch die Wacholderbäume freuen sich über dich, die Zedern des Libanon: ‚Seitdem du daliegst, kommt der Holzfäller nicht mehr zu uns herauf.' (ELB)" (ähnlich in Jes 37//2Kön 19 gegen den assyrischen König).

Der Autor der Syrischen Baruch-Apokalypse hat im Gefolge der oben skizzierten literarischen Tradition das Motiv „Zeder als Symbol der machtpolitischen Überheblichkeit" auf das Römische Reich bzw. auf seinen Kaiser und auf deren Machtmissbrauch appliziert.[75] Eine solche Vorgehensweise hat ihm wohl auch die Auslegungstradition erleichtert, die „Wald" und „Libanon" aus Jes 10 auf die „Kittim" bezog.[76] Ein

---

72   Ebd., 111–112.
73   ZIMMERLI, *Ezechiel 25–48*, 757.
74   Zum politischen Gebrauch der Baummetapher in Jes, Jer und Ez vor dem Hintergrund des altorientalischen Materials vgl. jetzt W. R. OSBORNE, *Trees and Kings. A Comparative Analysis of Tree Imagery in Israel's Prophetic Tradition and the Ancient Near East* (Bulletin for Biblical Research Supplement 18; The Pennsylvania State University 2018).
75   Zum Kontrast zwischen der Hochschätzung Roms vonseiten Judas' des Makkabäers und der verheerenden Kritik vonseiten des 2Bar-Autors vgl. JONES, *Jewish Reactions*, 98–100.
76   Vgl. BAUCKHAM, Messianic Interpretation, 202–216. Sicherlich hat Bauckham recht (vgl. auch G. VERMES, The Oxford Forum for Qumran Research. Seminar on the Rule of War from Cave 4 (4Q285), *JJS* 43 (1992) 89–90 mit Verweis auf W. Horbury; NIR, *Destruction of Jerusalem*, 174–176),

klares Beispiel für eine solche Auslegung ist in dem Jesaja-Kommentar aus Qumran zu finden (4Q161 frag. 8–10): „Und Libanon wird durch den Herr[lichen (באדיר) fallen].[Jes 10,34b] [… die] Kittim, die in die Hand seines Großen (גדולו) gege[ben] werden. […]" (Z. 7–8).[77] Die zitierte Stelle, die einer längeren gegen Assur gerichteten Passage entstammt,[78] wurde von der qumranischen Exegese als Referenz auf den eschatologischen Kampf verstanden, in dem der davidische Messias die „Kittim", d. h. die Römer, besiegt. Dass es sich bei dem Großen in 4Q161 um eine messianische Gestalt handelt, bekräftigt 4Q285 frag. 5. In diesem Fragment der *Kriegsregel* werden Jes 10,34 und 11,1 zusammen zitiert. Obwohl der Text sehr lückenhaft ist, ist ihm wahrscheinlich zu entnehmen, dass „der Fürst der Gemeinde" (נשיא העדה), der mit dem „Spross Davids" und daher mit dem davidischen Messias gleichgesetzt wird,[79] einen Widersacher töten wird (והמיתו). Hinter dem Possessivsuffix verbirgt sich sehr wahrscheinlich der König der Kittim.[80] Die messianische Identität der Gestalt in 4Q161 frag. 8–10 zu behaupten, ist also plausibel. Allerdings komplexer ist die Frage, ob man in diesem Text auch mit einem individuellen Widersacher (wie etwa in 4Q285 frag. 5) rechnen kann. „Libanon" bezeichnet nämlich dem Kommentar zufolge die Feinde, die als Gruppe auftreten und als „Kittim" indentifiziert werden.[81] Zieht man die Zeile 9 in Betracht („[…] wenn er vo[r Is]rael flieht […]"), dann ist vielleicht anzunehmen, dass man im Kommentar bei „Libanon" auch an einen individuellen Widersacher dachte.[82] Freilich ist bei solchen Überlegungen Vorsicht geboten.

---

    wenn er bei der Vision von Wald und Weinstock auf die Wichtigkeit dieses jesajanischen Textes und dessen messianische Verständnis hinweist. Jedoch scheint er sie zu überschätzen (Ebd., 208): „The whole [Kursive P. J.] vision can be explained as resulting from an exegesis of Isa. 10:34 in its immediate context and in close connexion with a number of other passages which have been exegetically linked with it." Dem zweiten Teil der Aussage ist wohl beizupflichten, der erste ist jedoch mit Vorsicht zu nehmen.

77  Die Zeilenangaben folgen der Edition von J. M. ALLEGRO (mit A. A. ANDERSON), *Qumrân Cave 4.I (4Q158–4Q186)*(DJD 5; Oxford 1968) 13. M. P. HORGAN (*Pesharim. Qumran Interpretations of Biblical Books* [CBQ MS 8; Washington, DC 1979] 76) ordnet die Fragmente etwas anders (frag. 7–10, col. iii, 12) und deutet גדולו als Defektivschreibung für „his great ones".

78  Die Jesaja-Exegeten sind sich nicht einig, auf wen sich die Wald- bzw. Libanon-Metaphern in Jes 10,33–34 beziehen. Vgl. dazu W. A. M. BEUKEN, *Jesaja 1–12* (HThKAT; Freiburg i. Br. 2003) 296–297. Ihm zufolge beziehen sich die genannten Metaphern auf Assur. Manche Exegeten vertreten aber die Ansicht, dass der Libanon und seine Bäume Jerusalem samt der Führungselite bezeichnen (zur Literatur ebd., Anm. 27).

79  Vgl. M. A. KNIBB, *Essays on the Book of Enoch and Other Early Jewish Texts and Traditions* (Leiden – Boston 2009) 309–311; P. SCHÄFER, *Der Bar-Kokhba Aufstand. Studien zum zweiten jüdischen Krieg gegen Rom* (TSAJ 1; Tübingen 1981) 69–71.

80  Vgl. BAUCKHAM, Messianic Interpretation, 205–206; VERMES, Oxford Forum, 89.

81  In der Zeile 3 wurden Jes 10,33–34 ebenfalls auf die Kittim bezogen. Dieser Zeile zufolge werden sie aber durch die Hand Israels fallen. „Die Hochgewachsenen" (Jes 10,33b), die gefällt werden, sind in der Zeile 5 mit den Kriegern der Kittim gleichgesetzt.

82  So BAUCKHAM, Messianic Interpretation, 206.

## 4.6 Der Weinstock à la Ninurta

Die Wahl des Weinstocks, der in unserer apokalyptischen Schrift als Widersacher der Zeder auftritt und den Messias symbolisiert, überrascht nicht. Dieses edle Gewächs dient in den alttestamentlichen Schriften als Symbol des Volkes Israel und folglich symbolisiert die Fürsorge für diesen Weinstock die Fürsorge JHWHs für sein Volk (s. oben). Interessant ist die Kumulation der einzelnen Motive bei der Darstellung des Weinstocks in 2Bar und das daraus resultierende Bild. Aus der motiv- und religionsgeschichtlichen Sicht tritt der Weinstock wie der mesopotamische Ninurta auf. Die folgenden Beobachtungen und Überlegungen sollen den traditionsgeschichtlichen Hintergrund der betreffenden Vision in einem breiteren Kontext darstellen.

### 4.6.1 Die Ninurta-artigen Elemente in 2Bar

Die Bedeutung des altorientalischen Materials für das Verständnis der apokalyptischen Texte bzw. des Phänomens „Apokalyptik" wird in der Forschung generell akzeptiert. Die Einsicht, dass eine messianische Gestalt (auch) vor dem Hintergrund bestimmter mesopotamischer Gottheiten zu verstehen ist und dass Geschehnisse, die mit ihr verbunden werden, vor diesem Hintergrund zu deuten sind, ist nicht neu. Es genügt, in jüngerer Zeit etwa die einflussreiche Arbeit von A. Yarbro Collins[83] oder die mittlerweile zu Klassikern gewordenen Studien von H. Gunkel zu nennen.[84] Besonders sei auf die Arbeit von A. Annus verwiesen, der den danielischen Menschensohn aus der mesopotamischen Perspektive untersucht hat.[85] Was 2Bar angeht, scheint eine solche Deutung des Messiasbildes aber ein Desiderat zu sein.

An dieser Stelle soll einer der wichtigsten Texte der Ninurta-Mythologie zum Vergleich herangezogen werden, in dem mehrere auch für 2Bar zentrale Elemente bzw. Motive vorkommen und mit Ninurta verbunden sind. Es handelt sich um die schon genannte Komposition Lugal-e, aus der die große Bedeutung des Bergmotivs für die Ninurta-Mythologie hervorgeht (s. 1.4.1.1). Zusätzlich ist auf das Motiv der Flut und auf das des Feuers aufmerksam zu machen.

Ninurta, der von Šarur benachrichtigt wird, dass Asag eine ernstzunehmende Bedrohung bedeute, entschließt sich zum Handeln. Die Auswirkung wird folgendermaßen beschrieben (in der Übersetzung von Th. Jacobsen, Z. 75–87):

---

83  A. Yarbro Collins, *The Combath Myth in the Book of Revelation* (HDR 9; Missoula, MT 1976).
84  Vgl. besonders H. Gunkel, *Schöpfung und Chaos in Urzeit und Endzeit. Eine religionsgeschichtliche Untersuchung über Gen 1 und ApJoh 12* (Göttingen 1895); vgl. auch J. W. van Henten, Dragon Myth and Imperial Ideology in Revelation 12–13, *The Reality of Apocalypse. Rhetoric and Politics in the Book of Revelation* (Ed. D. L. Barr; Atlanta, GA 2006) 184, Anm. 8.
85  Vgl. A. Annus, Ninurta and the Son of Man, *Mythology and Mythologies. Methodological Approaches to Intercultural Influences* (Ed. R. M. Whiting; Melammu Symposia 2; Helsinki 2001) 7–17.

„Rising, the lord abutted heaven,
Ninurta marching to battle
(…)
a very storm he went to war,
rode on seven gales against the rebel country.
Javelins he held cradled in the arm,
the *mittu*-mace opened (in a snarl)
maw at the mountains,
(…)
The flood storm strode at their flanks,
and before the warrior went a huge
irresistible tempest,
(…)
*live coals it rained down, fire burned, flames scorched,
tall trees it toppled from their roots,
denuding the forests.*"[86]
„The storm flooded out the fish there in the subterranean waters,
their mouths snapped at the air.
It reduced the animals of the open country to firewood, roasting them like locusts.
*It was a deluge rising and disastrously ruining the mountains.*" (Z. 93–95)[87]
(*ETCSL* c.1.6.2, Z. 95: a-ĝi$_6$ zig$_3$-bi gul-bi kur gul-gul)

Alle Naturkräfte stehen im Dienst Ninurtas. Das Feuer und die Flut sind seine starken Waffen, mit deren Hilfe er seinen Feind – und alles, was ihm im Weg steht – besiegen kann. Das wird am Ende des Epos nochmals bestätigt, wenn Enlil seinen Sohn segnet (Z. 685–687.692):

„King of battle, I presented the storm of heaven to you for use against the rebel lands.
O Hero of heaven and earth I presented to you
*the club, the deluge which sets the Mountains on fire*
(Z. 686: $^{ĝiš}$tukul mar-uru$_5$ kur-re izi šum$_2$-mu)[88].
(…)
The Mountains that you have handed over shall not be restored."[89]

---

86 Th. JACOBSEN, *The Harps that Once … Sumerian Poetry in Translation* (New Haven – London 1987) 240–241 (Kursive P. J.).
87 Die Übersetzung von *ETCSL* t.1.6.2: http://etcsl.orinst.ox.ac.uk/cgi-bin/etcsl.cgi?text=t.1.2.6# (Zugang: 1.2.2019; Kursive P. J.).
88 Der sumerische Text von *ETCSL* c.1.6.2: http://etcsl.orinst.ox.ac.uk/cgi-bin/etcsl.cgi?text=c.1.6.2&display=Crit&charenc=gcirc# (Zugang: 1.2.2019).
89 Die Übersetzung: J. BLACK – G. CUNNINGHAM – E. ROBSON – G. ZÓLYOMI, *The Literature of Ancient Sumer* (Oxford 2004) 179 (Kursive P. J.); vgl. auch *ETCSL* t.1.6.2.

Die beiden Elemente – Flut und Feuer – sind auf eine paradoxe Art miteinander verbunden. Die von Ninurta als Waffe eingesetzte Flut setzt die Berge in Brand. Darunter sind nicht nur Berge als solche zu verstehen, sondern hinter ihnen verbirgt sich ein mit Kampfpotenzial ausgestattetes sozial-politisches Ganzes (vgl. die Zeilen 693–694: „You have caused its cities to be counted as ruin-mounds. Its mighty rulers have lost their breath before you."[90]). Auch unter diesem Aspekt sind die Akzeptanz und der Gebrauch der Ninurta-Mythologie für die mesopotamische Königsideologie besser nachvollziehbar. J. van Dijk verweist darauf, dass es in manchen Textpassagen von Lugal-e schwierig sei, zwischen der mythischen Sprache und dem Stil einer historischen Erzählung zu unterscheiden, weil sie auf bestimmte historische Umstände hinzuweisen scheinen.[91] Seiner Meinung nach wurde Lugal-e zur Verherrlichung des Gudea von Lagaš geschrieben.[92] Des Weiteren lassen Formulierungen in assyrischen Königsinschriften „erahnen, dass der König seinen Kampf gegen den Feind als Reaktualisierung des mythischen Kampfes des Helden Ninurta und sich selbst als dessen irdisches und gegenwärtiges Abbild begriff, das den Auftrag von An und Enlil zur Errettung des Landes (an Ninurtas Statt) zu erfüllen hatte".[93]

Insbesondere die (Sint)Flut spielt in der Ninurta-Mythologie eine wichtige Rolle. Im Folgenden sollen nur einige typische Beispiele angeführt werden, die u. a. für den motivgeschichtlichen Vergleich relevant sind. Für eine ausführliche Behandlung sei auf die Arbeit von A. Annus verwiesen.[94] Ninurta, der in manchen Quellen als „Flut Enlils" bezeichnet wird (z. B. Gudea A10.2[*ETCSL* 2.1.7, Z. 249]: a-ma-ru $^{d}$en-lil$_2$-la$_2$), wird in einer Inschrift Assurnasirpals II. folgendermaßen beschrieben (A.0.101.1 i 6–7): EN *nag-be u* A.AB.BA.MEŠ $_{[7]}$ *ez-zu la pa-du-ú šá ti-bu-šú a-bu-bu sa-pin* KUR KÚR.MEŠ „lord of springs and seas, the angry (and) merciless whose attack is a deluge, the one who overwhelms enemy lands …"[95] Er ist derjenige, der dem König die Waffe in die Hand geben soll, wobei er als „mächtige Flut" (a-ma-ru maḫ) angesprochen wird. Das zeigt ein an ihn gerichtetes *adab* für Lipit-Eštar (*ETCSL* t.2.5.5.4, Z. 46–49):

„Lord, mighty flood which tears out the roots of the enemy!
Ninurta, mighty flood which tears out the roots of the enemy,
may you put a weapon into the mighty hands of prince Lipit-Eštar
which will snap his enemies in two as if they were reeds!"[96]

---

90 Die Übersetzung von *ETCSL* t.1.6.2.
91 Vgl. J. van Dijk, *LUGAL UD ME-LÁM-Bi NIR-GAL. Le récit épique et didactique des Travaux de Ninurta, du Déluge et de la Nouvelle Création. Tome 1: Introduction, Texte Composite, Traduction* (Leiden 1983) 27.
92 Ebd., 30.
93 S. M. Maul, „Wenn der Held (zum Kampfe) auszieht …" Ein Ninurta-Eršemma, Or 60/4 (1991) 329.
94 Vgl. A. Annus, *The God Ninurta in the Mythology and Royal Ideology of Ancient Mesopotamia* (SAAS 14; Helsinki 2002) 123–133.
95 A. K. Grayson, *Assyrian Rulers of the Early First Millenium BC I (1114–859 BC)* (RIMA 2; Toronto et al. 1991[2002]) 194.
96 http://etcsl.orinst.ox.ac.uk/cgi-bin/etcsl.cgi?text=t.2.5.5.4# (Zugang: 1.2.2019).

Im Einklang mit der literarischen Tradition beschreibt auch ein weiteres an ihn gerichtetes *adab* seine Aktivität als Flut und verbindet sie mit politisch-militärischen Konsequenzen (Būr Suen A, *ETCSL* t. 2.5.7.1, Z. 29–31):

> „Ninurta, the right arm of Enlil, who destroys the rebellious foreign lands.
> The king, *whose rising is a flood no one can oppose.*
> Ninurta, the furious storm in battle, who tramples upon the enemy."[97]

In einem Ninurta-Eršemma (ur-saĝ e₃-ni-ta), das ganz offensichtlich auf den Mythos Lugal-e Bezug nimmt,[98] wiederholt sich nach der Nennung der jeweiligen Erscheinungsformen Ninurtas wie in einer Litanei Folgendes: „Wenn der Held auszieht, ist er eine Flut (sum. a-ma-ru), die über das Feindesland brandet."[99] „In dem Eršemma wird der Mythos des siegreich kämpfenden Ninurta in die Gegenwart ,reaktualisiert', wobei die Rolle des mythischen Feindes dem realen Feind des Landes zukommt."[100] Nur einer der Textzeugen liefert einen spärlichen Hinweis auf den *Sitz im Leben* dieses Eršemmas. Es dürfte im Verlauf einer Prozession vorgetragen worden sein, in der der König selbst den Gott Ninurta vertrat. Vielleicht wurde, wie S. Maul bemerkt, dieses Eršemma „sogar bei den in *KAR* n307 [= ein Ritualkommentar] kommentierten Investiturfeierlichkeiten vorgetragen, als der König (zum im Ritual wiederholten Kampfe) ,in das Gebirge hinauszog'."[101]

Hammurapi wird in einer altbabylonischen Bilingue (*SEAL* 2.1.18.2[*CT* 21,40–42], iv A 8) mit dem Epitheton mar-uru₅ giš-giš-lá („flood in the battles") versehen. Ähnliche Beispiele lassen sich besonders bei Tiglatpileser I. finden (*abūb tamḫāri* „Flut der Schlacht").[102] Solche Epitheta stehen im engen Verhältnis zum einzigartigen Epitheton Ninurtas *agê tuqmāti* „Flut der Kämpfe" im Anzu-Epos.[103] Mit der (Sint)flut ist Ninurta auch in den berühmten akkadischen Epen verbunden (*Gilgameš* XI, 103; vgl. auch XI, 17).[104]

Gerade die Sintfluttradition bietet sich als der wahrscheinlichste traditionsgeschichtliche Hintergrund für die zu großen Wellen gewordene Quelle in der besprochenen 2Bar-Vision an. Eine genaue alttestamentliche Vorgabe ist nicht zu

---

97 http://etcsl.orinst.ox.ac.uk/cgi-bin/etcsl.cgi?text=t.2.5.7.1# (Zugang: 1.2.2019; Kursive P. J.)
98 Vgl. Maul, Ninurta-Eršemma, 327.
99 Nach akkad. Fassung: „eine überwältigende Flut". Da Ninurta nach dem Mythos Lugal-e als Vater des Bewässerungssystems gilt, ist er letztlich „Landwirt" par exellence. Er setzt die Flut nicht nur als Waffe, sondern er beherrscht sie auch als lebenssichernde Kraft. Dazu vgl. Annus, *The God Ninurta*, 127, 152–156.
100 Maul, Ninurta-Eršemma, 328.
101 Ebd., 331.
102 Vgl. *CAD* A1, 79.
103 Vgl. W. W. Hallo – W. L. Moran, The First Tablet of the SB Recension of the Anzu-Myth, *JCS* 31/2 (1979) 72; Annus, *The God Ninurta*, 124.
104 George, *Gilgamesh*, 708–709: *il-lak* ᵈ*nin-*⸢*urta*⸣ *mi-iḫ-ri ú-šar-di* „Ninurta, going (by), made the weirs overflow." Vgl. auch *Atram-ḫasīs* II, vii 51–52 [*TUAT* II, 636].

finden.¹⁰⁵ Zwar bietet die Quelle, die in der Vision Ezechiels von unterhalb der Tempelschwelle herauskommt und zu einem lebensspendenden Strom wird, eine gewisse Parallele, jedoch sind die Unterschiede der beiden Texte markant. Die enge Verbindung zwischen einem Weinstock und dem Wasser ist in den Texten wie etwa Ez 17,8 und 19,10 sichtbar, wo nur von einem mit Wasser gut versorgten Weinstock die Rede ist.

Hinter der zur Flut gewordenen Quelle aus 2Bar verbirgt sich wohl die Sintflut, die in den apokalyptischen Texten immer wieder rezipiert bzw. nacherzählt wurde und die auch eine reinigende Funktion hat. So dient sie im äthiopischen Henochbuch zur Vernichtung der die Erde bedrohenden Riesen (vgl. das Gigantenbuch). Was die Vorstellung von einer die Bäume entwurzelnden Flut betrifft, so hat die Syrische Baruch-Apokalypse ihre wahrscheinlich nächstliegende Parallele – außer in den Ninurta-Traditionen – in der Griechischen Baruch-Apokalypse, nach der die Sintflut in das Paradies dringt und die dortigen Pflanzen vernichtet, wobei – hier merkwürdigerweise – der Weinstock, genauer sein Ranke, entwurzelt und aus dem Paradies herausgeworfen wird (4,10: ... τὸ δὲ κλῆμα τῆς ἀμπέλου ἐξώρισεν εἰς τὸ παντελὲς καὶ ἐξέβαλεν ἔξω).

### 4.6.2 Mögliche Trajektorien

Zitiert man in einer Untersuchung der Syrischen Baruch-Apokalypse das sumerische Epos *Lugal-e* und bringt man in der Diskussion um das Messiasbild eine mesopotamische Gottheit ins Spiel, drängen sich notwendigerweise mehrere Fragen auf. Zunächst muss aber nochmals festgestellt werden, dass die Motive der Syrischen Baruch-Apokalypse, oder genauer ihr Cluster, eine verblüffende Nähe zum Motivcluster der Ninurta-Mythologie aufweisen.

Obwohl man beim ersten Schritt eine solche Nähe beobachten und daher vielleicht auch einen Konsens erreichen kann, kann sich der zweite Schritt, in dem nach einer Erklärung dieser verblüffenden Ähnlichkeit gefragt wird, der Diskussion nicht entziehen. Ist eine solche Verbindung nur ein Zufall bzw. ist es überhaupt möglich, sie herzustellen? Es ist wahrscheinlich, dass der Autor der Apokalypse keine direkte Kenntnis der Gottheit Ninurta hatte. Vielmehr handelt es sich um verschiedene mesopotamische Traditionen, die dem Autor bekannt gewesen bzw. vermittelt worden sein dürften. Im Folgenden sollen einige Überlegungen zu bestimmnten Aspekten einer solchen Vermittlung geboten werden.

---

105 STONE, *4 Ezra*, 129 bemerkt zu 4 Esra 5,25 [„Aus allen Tiefen des Meeres hast du dir einen Bach/Fluß erfüllt ..."], womit wohl Jordan gemeint ist: „There are number of ancient sources that reflect the sense of wonder felt at a river which, arising as a small stream or tiny spring, becomes a mighty torrent." Vgl. etwa Jes 8,6–7; Sir 24,30–31; OdSol 6,8 (Ebd., Anm. 26).

### 4.6.2.1 Andere Gottheiten mit Ninurta-Zügen

Dass manche Aspekte der Ninurta-Mythologie später auf Marduk übertragen wurden, sodass er als *Ninurta redivivus*[106] wirkt, ist schon erwähnt worden.[107] Unter anderem geht es konkret um den Gebrauch der Flut als der Waffe gegen Tiamat (IV, 75–76): „Bel [erhob] die Sturmflut, seine große Waffe, und warf sie mit folgenden Worten auf die wütende Tiamat …"[108] Obwohl die Flut mit mehreren Gottheiten verbunden wird (besonders Nergal, Aššur, Ištar), ist sie für Ninurta und – übertragen auf ihn – für Marduk (arche)typisch.[109] Ähnliches sieht man auch im Zusammenhang mit Feuer. In einem akrostichischen Hymnus an Marduk (SAA 3, No. 2) preist ihn der König Assurbanipal als ein „wütendes Feuer" (GIŠ.BAR *ez-zu*, o 32) und eine „immer brennende Flamme" (*nab-lu [muš-taḫ-mi-ṭu]*, o 32), die „die Feinde verbrennt" (*mu-šaḫ-miṭ za-i-ri*, o 33). *Nablu muštaḫmiṭu* findet sich in der Aufzählung der Waffen Marduks in *Enūma eliš* (IV, 31–50).[110] Nach einem „expository text" verbrennt Bel Sipazianna.[111]

Auch die Feinde, über die ursprünglich Ninurta gesiegt hat, werden später mit Marduk verbunden. Namentlich sei auf Asag/Asakku hingewiesen (s. 1.4.1.1), der nach *Šurpu* IV, 1–3 von Marduk besiegt wurde (zu Marduk und den Bergen s. 1.4.1.4).[112] Marduk ist aber nicht der einzige, der die Charakteristika Ninurtas übernimmt bzw. wie dieser seine Feinde besiegt. Die Titel und Großtaten Ninurtas (wie etwa der Sieg über Anzû) wurden auch auf Nabû übertragen,[113] der eine „briliant career" hinter sich hat, „first as the servant of his successful lord [d. h. Marduk] and later in competition with him, until he became the co-ruler of the world".[114] In einer Art Litanei, die von den Ninurta-Texten abhängig ist, wird Nabû folgendermaßen charakterisiert:[115]

---

106 LAMBERT, Ninurta Mythology, 56.
107 Zu den Parallelen in der griechischen Welt vgl. F. E. BRENK, The Heracles Myth and the Literary Texts Relating to the Myth of Ninurta, *Religthing the Souls. Studies in Plutarch, in Greek Literature, Religion, and Philosophy, and in the New Testament Backround* (Stuttgart 1998) 507–524.
108 *TUAT* III/4, 585.
109 Vgl. *CAD* A1, 78–80.
110 Vgl. OSHIMA, *Babylonian Prayers*, 58 Anm. 56.
111 Vgl. W. G. LAMBERT, *Babylonian Creation Myths* (Winona Lake, IN 2013) 208.
112 Vgl. A. LIVINGSTONE, *Mystical and Mythological Explanatory Works of Assyrian and Babylonian Scholars* (Winona Lake, IN 2007 [ursprünglich Oxford 1986]) 154–155.
113 Vgl. F. POMPONIO, Nabû. A, *RlA* 9 (1998/2001) 21.
114 Ebd., 17.
115 Die Übersetzung stammt aus LAMBERT, *Babylonian Creation Myths*, 205–206. Für den sumero-akkadischen Text ebd. und H. GOEDICKE (Ed.), *Near Eastern Studies in Honour of William F. Albright* (Baltimore 1971) 344–345.

| | |
|---|---|
| 11 Who held back the flood upstream, | (Rückseite) |
| 12 Who, with Ea, flooded the harvest, | 2 My lord, you who made the mountain rumble [...] |
| 13 Who cursed the juniper tree on the road, | 3 You the warrior Nabû, who carded the mountain like animal's hair [...], |
| 14 Who caught the Anzû-bird in a net, | |
| 15 The lord who defeated his enemies in battle, | 5 My lord, you who separated the mountain like a double reed ... |
| 16 Who killed the Seven-headed Snake. | |
| 17 Who crushed Gypsum in the mountain, | |
| 18 Who trampled on the Shark in deep water ... | |

Diese Übertragbarkeit wie auch die Verbreitung der mesopotamischen Traditionen in der Antike (s. unten 4.6.2.2) dürften die Brücke gewesen sein, die es dem Autor von 2Bar ermöglicht hat, die für die Ninurta-Mythologie typischen Motivelemente auch für die Darstellung des Messias aufzugreifen. Mit diesem Vergleich sollte vor allem auf die religions- und motivgeschichtlichen Parallelen zwischen der genannten Darstellung und der Ninurta-Mythologie hingewiesen werden.

### 4.6.2.2 Der kulturgeschichtliche Horizont im östlichen Mittelmittelraum im 1. Jh. vor und im 1. Jh. nach Chr.

Es sei angemerkt, dass die sumerischen poetischen Kultkompositionen noch in der hellenistischen bzw. parthischen Zeit weiter kopiert wurden.[116] „Letzte Kultlieder aus Uruk datieren in das Jahr 165 v. Chr.; die Texte aus Babylon [...] reichen mindestens bis 112 v. Chr, wenn nicht bis 69. v. Chr."[117] Aus Babylon sind bislang auch etwa ein Dutzend literarischer Keilschrifttexte – darunter eine Kopie der 10. Tafel des Gilgameš-Epos und der 1. Tafel des Mythos *Enūma eliš* – bekannt, „von denen der jüngste Text [BM 45746] in das Jahr 35 v. Chr. datierbar ist".[118] Besondere Aufmerksamkeit verdienen die sog. Graeco-Babyloniaca,[119] eine kleine Gruppe von Tafeln, „die auf einer Seite sumerisch-akkadische Textauszüge in Keilschrift tragen und auf der anderen Seite eine Transliteration dieser Textauszüge in griechischen Buchstaben, die in den Ton geritzt wurden, aufweisen".[120] Datiert werden sie in die Zeitspanne zwischen dem 1. vor- und dem 2. nachchristlichen Jahrhundert.[121] Diskutiert wird die Möglichkeit, ob hinter der Anfertigung dieser Texte Griechischkundige standen, die sich die akkadische Sprache anzueignen bemühten.[122] Jedenfalls bezeugen diese Texte, dass

---

116 Vgl. z. B. *CTMMA* II, 11–116.
117 B. Böck, Keilschriftliche Texte, *Quellen zur Geschichte des Partherreiches 3* (Hrsg. U. Hackl – B. Jacobs – D. Weber; NTOA 85; Göttingen 2010) 36.
118 Ebd.
119 Vgl. dazu besonders M. J. Geller, The Last Wedge, *ZA* 87 (1997) 43–95.
120 Böck, Keilschriftliche Texte, 37.
121 Ebd.
122 Vgl. B. Scholz, Τὴν Γλῶσσαν Μάθωμεν Ἀκκαδικήν – Der Sinn der Graeco-Babyloniaca, *Antike Lebenswelten. Konstanz – Wandel – Wirkungsmacht. Festschrift für Ingomar Weiler zum 70. Geburts-*

das mesopotamische Kulturgut noch im 1. Jh. n. Chr. schriftlich weiter tradiert wurde. Angesichts der Tatsache, dass der Gebrauch von Tontafeln aufgegeben wurde, rechnen die Forscher mit dem Gebrauch anderer Schreibmaterialien, die leicht verrotten und deshalb nicht erhalten bleiben konnten, so etwa mit Lederrollen oder mit Wachs beschichteten Holztafeln.[123] J. Oelsner bringt es auf den Punkt: „[…] Warum sollten die babylonischen Schreiber auf halbem Wege stehen bleiben, und – nachdem sie in der Schule auf Tontafeln kurze Auszüge aus längeren Werken in griechische Buchstaben transliteriert hatten – diese nicht auch in größerem Umfang vollständig auf vergänglichen Schreibmaterialien niederlegen?"[124]

Die alten mesopotamischen Kulte wurden im 1. Jh. n. Chr. in mehreren östlichen Zentren – innerhalb und außerhalb der römischen Grenzen – immer noch gepflegt.[125] Dort wurden verschiedene Gottheiten unter dem Namen Bel verehrt, der seit Jahrhunderten ein Epitheton der wichtigsten Mitglieder des mesopotamischen Pantheons war. So der Sonnengott Šamaš in Hatra, dessen dortiger Tempel nach dem babylonischen Haupttempel des Marduk „Esagil" benannt wurde, oder der Wettergott Adad in Apamea am Orontes.[126] Vielleicht verbirgt sich hinter dem palmyrenischen Bel der babylonische Marduk, oder er ist eine Amalgamierung verschiedener assyrischer und babylonischer Elemente. Aus dieser Identitätsverschiedenheit ergibt sich, dass Bel eine die Chaosmächte bezwingende Gottheit bezeichnet, deren Kampf am Neujahrsfest gefeiert bzw. „reaktualisiert" wird. Der Beltempel in Palmyra wurde mit Skulpturen verziert, die die Szenen aus *Enūma eliš* zeigten.[127] Manche Forscher ziehen sogar die Existenz einer aramäischen Version dieses Mythos in Betracht.[128] Die Aktivität der Belpriester beschränkte sich nicht nur auf den Tempel. Sie scheinen auch am philosophischen Diskurs teilgenommen zu haben, wie etwa das Beispiel von Apamea zeigt, wo ein Belpriester zugleich der Leiter einer epikuräischen Schule war (um die Mitte des 2. Jh. n. Chr.).[129]

Dass die alten Kulte lebendig waren, kann gut an der Situation in Assur dargestellt werden, wo – selbst nach der Zerstörung des Aššur-Tempels in 614 v. Chr. – eine Kontinuität von sieben Jahrhunderten greifbar ist.[130] Neben Bel gehörte auch Nabû zu den Göttern, deren Kulte in der Levante weit verbreitet waren. Auch in diesem Fall

---

*tag* (Hg. P. Mauritsch et al.; Wiesbaden 2008) 455–464; Böck, Keilschriftliche Texte, 37; *anders* J. Oelsner, Überlegungen zu den „Graeco-Babyloniaca", *He Has Opened Nisaba's House of Learning* (Ed. L. Sassmannshausen; Cuneiform Monographs 46; Leiden – Boston 2014) 162.
123 Vgl. Oelsner, Überlegungen, 160–161; Geller, The Last Wedge, 48–49.
124 Oelsner, Überlegungen, 161.
125 Für den Überblick über die heidnischen Kulte im Nahen und Mittleren Osten während der römischen Herrschaft vgl. M. Sartre, *The Middle East under Rome* (Cambridge, MA – London 2005) 299–318.
126 Vgl. S. Dalley, Bel at Palmyra and Elsewhere in the Parthian Period, *Aram* 7 (1995) 144.
127 Vgl. S. Dalley, Occasions and Opportunities. 2. Persian, Greek and Parthian Overlords, *The Legacy of Mesopotamia* (Ed. S. Dalley; Oxford Univ. Press 1998) 49–50.
128 Vgl. Dalley, Bel at Palmyra, 146.
129 Vgl. Dalley, Occasions and Opportunities, 52.
130 Vgl. K. Radner, Assur's "Second Temple Period". The Restoration of the Cult of Aššur, c. 538 BCE, *Herrschaftslegitimation in vorderorientalischen Reichen der Eisenzeit* (Hrsg. Ch. Levin – R. Müller; ORA 21; Tübingen 2017) 77–96.

waren Palmyra, Edessa, Hierapolis und Dura-Europos die wichtigsten Kultzentren.[131] Manche Nabû-Traditionen lassen sich bis in die spätantike und frühmittelalterliche Zeit verfolgen. So ist im Genesis-Kommentar Išodads von Merw (9. Jh. n. Chr.) die Erfindung der persischen Schrift einem gewissen Nebo aus Maisan zugeschrieben, der an dem Königshof in Ninive erzogen worden sein soll.[132] Obwohl Nabû in den Beschwörungen gegen Schadenzauber angerufen wurde, wie es die sog. Zauberschalen belegen, tritt er in den mandäischen Texten als ein Dämon auf[133] bzw. ist er in dem wichtigsten mandäischen Text *(Ginza)* zu einer bösen Entität geworden, deren Erscheinungsform Feuer ist und die als Nbu-Messias bezeichnet wird.[134]

Angesichts reger kultureller Kontakte im östlichen Mittelmeerraum während der hellenistischen Zeit und der römischen Herrschaft war die Kenntnis der kulturellreligiösen Traditionen Mesopotamiens verbreitet.[135] Dies wurde nicht nur durch die lebendige kultische Praxis ermöglicht, sondern auch von den mesopotamischen Gelehrten, die des Griechischen mächtig waren. Hier denkt man besonders an Berossos, dessen Werk *Babyloniaka* geschätzt und gebraucht wurde. Leider ist dieses dem seleukidischen Herrscher Antiochos I. Soter (281/280–262/261 v. Chr.) gewidmete Werk nur in Fragmenten bei den jüngeren antiken Autoren erhalten. Josephus Flavius hat es – wenn auch wahrscheinlich vorgefunden in den Exzerpta bei Alexander Polyhistor[136] – mit großem Respekt zitiert.[137]

Eine klare Abhängigkeit der Motivik in 2Bar 36–40 von den mesopotamischen Traditionen konnte nicht nachgewiesen werden. Angesichts der verblüffenden Nähe des Motivclusters in 2Bar und in den Ninurta-Traditionen besteht jedoch die Möglichkeit, dass dem Autor dieser Apokalypse solche – vielleicht mit Bel oder Nabû verbundene – Traditionen bekannt gewesen sind. Das alttestamentliche Buch Daniel stellt eine interessante Parallele dar. Trotz einer zeitlichen Distanz von tausend Jahren ist das alte ugaritische/kanaanäische Erbe in ihm klar greifbar (vgl. besonders Dan 7). Außerdem belegt das auf Griechisch erhaltene Schlusskapitel (Dan 14/ZusDan 2) eine jüdische Auseinandersetzung mit dem Kult Bels im 1. Jh. v. Chr.[138]

---

131 Vgl. Pomponio, Nabû. A, 23–24. Zu Edessa vgl. besonders H. J. W. Drijvers, *Cults and Beliefs at Edessa* (Leiden 1980).
132 Vgl. Pomponio, Nabû. A, 22.
133 Vgl. Ch. Müller-Kessler – K. Kessler, Spätbabylonische Gottheiten in spätantiken mandäischen Texten, ZA 89 (1999) 65–87, besonders 73–75.
134 Vgl. A. Annus, Nbu in the Mandean Ginza (1): http://www.aakkl.helsinki.fi/melammu/database/gen_html/a0001462.php (Zugang: 6.9.2017).
135 Zum geistigen Klima im Hellenismus vgl. Scholz, Τὴν Γλῶσσαν Μάθωμεν Ἀκκαδικήν; zum „Babylonian sediment" in der Spätantike vgl. A. Annus, The Soul's Journeys and Tauroctony: On Babylonian Sediment in the Syncretic Religious Doctrines of Late Antiquity, *Body and Soul in the Conceptions of the Religions* (Ed. M. Dietrich – T. Kulmar; Münster 2008) 1–46.
136 Vgl. jüngst J. Dillery, *Clio's Other Sons. Berossus and Manetho* (Ann Arbor, MI 2015) 210 mit der Literatur in Anm. 53.
137 Ebd., 213–214.
138 Die Erzählungen selbst sind aber sehr wahrscheinlich älter und „lassen sich aber sowohl vor dem Hintergrund der persischen als auch der hellenistischen Epoche verstehen." M. Witte, Schriften (Ketubim), *Grundinformation Altes Testament* (Hrsg. J. Chr. Gertz; Göttingen ⁴2010) 514.

## 4.7 Der Weinstock (2Bar), der Löwe (4Esra) und der Wald

Die Vision von Wald und Weinstock hat eine inhaltliche Parallele in 4Esra 11–12, wobei die Bilder bzw. Motive aus verschiedenen Bereichen stammen. Die 2Bar-Vision ist mit floralen Bildern gestaltet. Im Unterschied dazu beherrschen die betreffende 4Esra-Vision Bilder der Fauna. Im Folgenden sind eben die Unterschiede, aber auch die Gemeinsamkeiten im Gebrauch der Motive zu zeigen (s. unten). Bevor die Vision in 4Esra 11–12 angesprochen wird, ist noch ein anderer 4Esra-Text in den Blick zu nehmen.

Auch das Vierte Esrabuch kennt das Motiv des negativ konnotierten und schließlich vom Feuer zerstörten Waldes. Jedoch kommt dieses in einem anderen Zusammenhang vor. Der Wald und das Meer dienen in 4Esra 4,13–21 als Protagonisten des „maieutisch" eingesetzten Gleichnisses. Uriel fordert Esra heraus, Richter zwischen dem Wald und den Meeresfluten zu werden. Die beiden hatten sich nämlich entschlossen, die ihnen gesetzten Grenzen zu überschreiten und weitere – für sie ursprünglich nicht gedachten – Bereiche zu erobern: der Wald beansprucht die Domäne des Meeres und umgekehrt. Das Streben der beiden wurde zunichte gemacht, da das Feuer den Wald vernichtet und der Sand dem Meer eine Grenze setzt. Esra urteilt darüber: *Utrique vanam cogitationem cogitaverunt* „Beide haben eine nichtige Idee hervorgebracht"; denn dem Wald ist das Land bestimmt, und die Fluten haben genauso ihren eigenen Ort (4,19). Dieses Urteil nutzt Uriel als Argument für Esra, der das Handeln Gottes nicht versteht: Diejenigen, die auf der Erde wohnen, können allein das erkennen, was auf der Erde ist (4,21). Dieses Gleichnis ist eines der Beispiele, in denen die Naturordnung argumentativ eingesetzt wird.[139] So bemerkt J. A. Moo: „The created order [...] is considered to reveal abiding truths about the creator and the way things are meant to be."[140] Für den motivischen Vergleich mit 2Bar 36ff ist die Verbindung des Waldes mit seinen Machtaspirationen interessant. Der weitere gemeinsame Nenner ist das Feuer als die den Wald bzw. die Bäume vernichtende Kraft. Eine solche Verbindung ist natürlich und kommt in mehreren literarischen Werken vor.[141] Motivisch verwandt ist auch die beschriebene Opposition im 4Esra-Gleichnis (zwischen den Meeresfluten und dem Wald) und in der 2Bar-Vision (zwischen dem Wald samt den Bergen und den Wasserfluten), wenngleich sich die Motive in unterschiedlichen Gattungen finden und in verschiedenen Zusammenhängen literarisch eingesetzt sind.

Eine echte Parallele hat die 2Bar-Vision (Wald und Weinstock) in der Vision von dem Adler und dem Löwen (4Esra 11–12). Esra sieht in seiner Traumvision einen Adler, der vom Meer heraufgestiegen ist und zwölf Federflügel und drei Häupter hatte (11,1).[142] Dieser herrscht über die Erde, ihm ist alles unterworfen (11,5–6). Im Verlauf

---

139 Vgl. J. A. Moo, *Creation, Nature and Hope in 4Ezra* (Göttingen 2011) 82–84; STONE, *4Ezra*, 102–105.
140 Moo, *Creation*, 84.
141 Außer 2Bar 37 (Zeder) vgl. den Garten im Gigantenbuch; vgl. auch STONE, *4Ezra*, 87.
142 Was in diesem Absatz folgt, ist eine vereinfachte Nacherzählung einer ziemlich komplexen Vision.

der Traumvision sieht Esra weitere Flügel, und zwar „Anti-Flügel" *(contrariae pinnae)*, die zu kleinen Flügeln wurden (11,3: *et ipsae fiebant in pinnaculis minutis et modicis*). Einer nach dem anderen richtet sich auf, herrscht und verschwindet (11,11–28), bis das mittlere Haupt aufwacht, das eine große Macht innehat (11,29–32). Dieses verschwindet ebenfalls von der Bildfläche, so dass zwei Häupter übrigbleiben (11,33–34). Das rechte Haupt verschlingt dann das auf der linken Seite (11,35). Diesem Geschehen folgt eine an den Adler gezielte Gerichtsrede, die ein aus dem Wald gekommener, brüllender Löwe hält (11,37–46). Das dritte Haupt sieht man dann nicht mehr,[143] nur die zwei letzten Flügel (12,2). Letztlich endet der ganze Körper des Adlers im Brand (12,3).

Obwohl beide Visionen mit dem Vier-Reiche-Schema arbeiten, ist die 4Esra-Vision in dieser Hinsicht viel konkreter. Im Unterschied dazu ist das Schema in 2Bar ziemlich vage auf den Wald und die Berge angewandt. In klarer Anknüpfung an die Vorstellung von Dan 7 (vier Tiere) beschreibt der Autor des 4Esra viele Details des geschauten Adlers (Kap. 11), die wiederum zeitgeschichtlich gedeutet werden (Kap. 12). Der Adler symbolisiert jetzt das vierte und daher das letzte Königreich (12,11–13), das im Kontext des Vierten Esrabuches mit dem Römischen Reich zu identifizieren ist.[144] Die meisten Parallelen finden sich hauptsächlich in den beiden Gerichtsreden (samt der Schilderung der Exekution): 2Bar 36,7–11 [+ 37,1] (Weinstock) und 4Esra 11,37–46 [+ 12,3a] (Löwe). Sowohl die Zeder als auch der Adler werden als Folge der jeweiligen Gerichtsrede verbrannt. Hinzuweisen ist noch auf einen weiteren Unterschied in der Motivik. Es geht nicht nur um die floralen Bilder einerseits und die Tierbilder andererseits, sondern um die unterschiedliche Rolle des Waldes. In dieser Hinsicht kann die Tendenz, die für 2Bar festgestellt wurde, in 4Esra nicht beobachtet werden. Während der Wald in 2Bar deutlich negativ konnotiert ist, geht der Autor des 4Esra mit diesem floralen Motiv neutral um. Negativ konnotiert ist zwar der Wald in dem oben behandelten Gleichnis (4Esra 4,13–21), aber eine generell negative Sicht des Waldes, wie sie in 2Bar durchgehend sichtbar ist, ist in 4Esra nicht vorhanden. Im Unterschied zu 2Bar spielt der Wald in 4Esra literarisch ohnehin keine bedeutende Rolle. Obwohl die beiden apokalyptischen Werke den Wald als natürlichen Ort der wilden Tiere kennen und literarisch einsetzen, ist der Unterschied zwischen den beiden gerade in diesem Punkt beachtlich. Nach 2Bar 73 werden aus dem Wald die wilden Tiere herauskommen und sich – als Faktum der messianischen Zeit – dem Menschen unterwerfen (der Wald ist nach 2Bar 10,8 der Sitz der Dämonen; s. 4.1). Nach 4Esra 11,37 ist es der Löwe, dessen Aufenthaltsort der Wald ist. Dieser Löwe symbolisiert aber den Messias selbst.

Sowohl im Falle des Weinstocks als auch des Löwen haben die Autoren der jeweiligen Apokalypse an die alttestamentlichen Traditionen bzw. Texte angeknüpft

---

143 In der lateinischen und syrischen Fassung wird jeweils verschiedene Ausdrucksweise gebraucht: *et non conparuit* „es kam nicht mehr zum Vorschein" vs. ܐܬܚܒܠ „es wurde vernichtet" (ähnlich im Falle der Flügel; vgl. z. B. 11,13–14).

144 Zu den Einzelheiten vgl. L. BIZZARRO, The "The Meaning of History" in the Fifth Vision of *4Ezra*, Interpreting *4Ezra and 2Baruch* (Ed. G. Boccaccini and J. M. Zurawski; London – New York 2014) 32–38; STONE, *4Ezra*, 345–371.

(zum Weinstock s. 4.5.1). Der Löwe verkörpert in der 4Esra-Vision mehrere Aspekte, die in den alttestamentlichen Texten greifbar sind. An einigen Stellen fungiert der Löwe als Gerichtswerkzeug Gottes (z. B. 1Kön 13,20–30).[145] In 4Esra ist er der Richter und gleichzeitig – zumindest auf indirekte Weise – der Scharfrichter.[146] Die Forscher sehen im Gebrauch dieser Löwenallegorie meistens eine Verbindung zu Juda („Judahite descent") und verweisen auf Gen 49,9–10.[147] Obwohl sich eine solche Assoziation nahe legt, ist sie im Unterschied zu Offb 5,5, wo der Löwe mit ὁ ἐκ τῆς φυλῆς Ἰούδα, ἡ ῥίζα Δαυίδ explizit näher bestimmt ist, nicht evident. Selbst die davidische Abstammung nach 4Esra 12,32 (Syr; Äth.; Arab1 und 2)[148] ist in der lateinischen Fassung nicht belegt.

Die Motivquelle für das Bild des aus dem Walde brüllenden Löwen ist nicht in Gen 49, sondern in der prophetischen Literatur zu suchen. Derjenige, der in den prophetischen Schriften wie ein Löwe brüllt, ist JHWH (Hos 11,10; Joel 4,16; Am 1,2; vgl. auch Am 3,4.8). Das Motiv ist in 4Esra aber modifiziert. Der brüllende Löwe symbolisiert jetzt den Messias, der als Emissär Gottes funktioniert. Gerade dem Gebrauch dieses Motivs kann man einiges über die Autorität des Messias entnehmen.

## 4.8 Zusammenfassung

Die Ausleger stellen immer wieder fest, dass der Autor der Syrischen Baruch-Apokalypse in verschiedenen Traditionen beheimatet ist. Man sollte dabei freilich betonen, dass er gerade auch spezifisch altorientalische Traditionen gekannt haben dürfte. Durch den Gebrauch geprägter Motive erweist er sich zugleich als ein selbständiger und kreativer Verfasser. Als Metaphern für die beiden politischen Widersacher – für den römischen Kaiser und den Messias – wählte er die Zeder und den Weinstock. Zeder und Weinstock sind tief in der alttestamentlichen Symbolwelt verwurzelt: die Zeder als Metapher der Hybris (wobei der Autor wohl konkrete Texte, nämlich Sach 11,1–3 und eventuell Ez 31, vor Augen hatte), der Weinstock (bzw. Weinberg) als Metapher des Volkes Israel (vgl. Ps 80; Jes 5,1–7). Darüber hinaus finden sich wichtige Parallelen zur Darstellung des Weinstocks, also des Messias, in altorientalischen Überlieferungen. Es geht hauptsächlich um die Elemente Berg und Wald, Flut und Feuer. Fragt man, wo diese Motive gemeinsam zur Darstellung einer Gottheit verwendet werden, zeigt sich, dass der Weinstock in 2Bar Züge des altorientalischen

---

145 Vgl. P. RIEDE, Tier, *WAM,* 395–396.
146 Die Verse 12,1–3a lassen sich so deuten, dass der Adler infolge des Löwenwortes in Flammen aufgeht; in 12,33 wird explizit gesagt, der Vernichtende sei der Messias.
147 Vgl. z. B. STONE, *4Ezra,* 209; K. M. HOGAN, *Theologies in Conflict in 4Ezra. Wisdom Debate and Apocalyptic Solution* (Leiden – Boston 2008) 203; M. HIMMELFARB, *The Apocalypse. A Brief History* (Chichester, UK 2010) 67; S. MOYISE, *Was the Birth of Jesus According to Scripture?* (Eugene, OR 2013) 39.
148 Vgl. BERGER, *Synopse,* 122.

Gottes Ninurta trägt. Zu den Motiv-Kombinationen von Berg (und Wald), Flut und Feuer finden sich in mehreren Texten der Ninurta-Mythologie auffallende Parallelen.

Mittels der Naturmotive wird somit der Messias in der Traumvision von 2Bar 36–37 als göttlicher Held dargestellt, der den ordnungsbedrohenden Feind besiegt. Obwohl mit dem Feind der römische Kaiser gemeint ist, geht es bei diesem Sieg nicht darum, die bisherige Ordnung zu erhalten; stattdessen bringt der Sieg vielmehr eine neue Weltordnung hervor. Die politische Macht der „alten Ordnung" wird vernichtet. Der einzige Machthaber ist Gott, der Herr der Zeit, der dem Messias als seinem Repräsentanten die Macht verleiht. Da das Messiasbild, das die Syrische Baruch-Apokalypse vermittelt, auch militante Züge trägt, liegt es nahe, dass der Autor den Messias mit traditionellen Bildern der Ninurta- bzw. Bel-Mythologie gezeichnet hat.

# 5 Der Berg und der Mensch vom Meer in 4Esra 13

Wenn man den Berg als reale oder allegorische Verkörperung einer Oppositionsmacht versteht, zeigen die bisher untersuchten apokalyptischen Texte in dieser Hinsicht eine gemeinsame Tendenz. Von ihnen unterscheidet sich der zu untersuchende apokalyptische Text 4Esra 13. Bei der Lektüre der Vision selbst (13,1–13) hat man den Eindruck, dass der Berg mehr oder weniger auch eine zu bezwingende Größe darstellt, weil er später instrumentalisiert wird. In dem Deutungsteil (Vv. 21–58) wird jedoch ein ganz positives Bild gezeichnet. Im Folgenden sollen diese Unterschiede im Detail untersucht werden.

## 5.1 Der Mensch vom Meer

Unbestreitbar ist die Tatsache, dass der Autor des 4Esra das Danielbuch – insbesondere Dan 7 – als motivische Goldgrube gebraucht hat. Klar konnte das in der Adler-Löwen-Vision (4Esra 11–12) beobachtet werden. Der genannte danielische „Prätext" spielt eine bedeutende Rolle auch in 4Esra 13 (s. unten). Allerdings stellt der vom Meer kommende Mensch einen erheblichen Unterschied zur danielischen Vorstellung dar. In Dan 7 steigen nämlich aus dem Meer, das seinerseits schon chaotische Mächte verkörpert, vier Tiere herauf. Diese bringen das Chaos mit sich, das besonders im vierten Tier greifbar ist.

Aus dem Meer bzw. vom Meer kommen in den verschiedenen pseudepigrafischen Schriften einige negativ konnotierte Gestalten.[1] Das geeignetste Beispiel liefert eben das 4Esra-Buch selbst, demzufolge Esra den schon erwähnten Adler vom Meer heraufzusteigen sieht (11,1). Das spätere Testament Salomos (Spätantike?)[2] kennt den Meeresdämon Kunopegos – teils Pferd und teils Fisch –, der Beelzebul unterstellt ist (Kap. 16).

---

1  Vgl. M. STONE, The Concept of the Messiah in IV Ezra, *Religions in Antiquity. Essays in Memory of Erwin Ramsdell Goodenough* (Hrsg. J. Neusner; Leiden 1968) 305 Anm. 2.

2  Zum Problem der Datierung vgl. J. HARDING – L. ALEXANDER, Dating the Testament of Solomon, https://www.st-andrews.ac.uk/divinity/rt/otp/guestlectures/harding/ (Zugang: 20.9.2016).

Der von manchen mit Poseidon identifizierte Kunopegos[3] kann seine Gestalt in die eines Menschen verwandeln: … μεταμορφοῦμαι εἰς κύματα καὶ ἀνέρχομαι ἀπὸ τῆς θαλάσσης καὶ δεικνύω ἐμαυτὸν τοῖς ἀνθρώποις καὶ καλοῦσί με Κυνόπηγον ὅτι μεταμορφοῦμαι εἰς ἄνθρωπον …[4] „… Ich verwandle mich in Wellen und steige aus dem Meer herauf, ich zeige mich den Menschen und sie nennen mich Kunopegos, denn ich verwandle mich in einen Menschen …" (16,4). Aus dem Kontext ist offensichtlich, dass dieser Dämon, der die Schiffe zerstört und nach den menschlichen Körpern trachtet, viel Unheil anrichtet.

Weiteres Vergleichsmaterial bieten die sibyllinischen Orakel. Im achten Buch ist die Rede von dem „purpurroten Drachen" (πορφύρεος δράκων), der auf den Wellen (ἐπὶ κύμασιν) kommt (V. 88). Dieser Vers gehört zu den Texten, die über die Rückkehr Neros sprechen. Das bedeutendste Material findet sich im fünften Buch, dessen Endredaktion in jüdischen Kreisen zu suchen ist und in die Regierungszeit Hadrians (vor 132) datiert werden kann.[5] Neben anderen wird zu den Untaten des zurückkehrenden Nero auch die Spaltung eines Gebirges gerechnet (5,32: καὶ τμήξει τὸ δίκυμον ὄρος). Dies reflektiert wahrscheinlich das Vorhaben, den Kanal in Korinth zu graben, an dem 6000 jüdische Kriegsgefangene Vespasians (67 n. Chr.) gearbeitet haben sollen (BJ 3.539–540).[6] Wiederum findet man hier das altbekannte Motiv der Königsideologie, wo ein Herrscher – aus welchen Gründen auch immer – Berge bezwingt. Aus jüdischer Sicht wird das erwähnte Vorhaben hier negativ bewertet. Die weiteren Texte, die wieder über den zurückkehrenden Nero sprechen, finden sich – wie der oben zitierte Text – im achten Buch, dessen Zeilen 1–193 grundsätzlich jüdischen Ursprungs sind und um 175 n. Chr. datiert werden können.[7] Im Bild des purpurroten auf den Wellen kommenden Drachen schimmern die altorientalischen Mythologumena durch, mit denen man die Chaosmächte konzeptuell zu erfassen versuchte.[8] Der zurückkehrende Nero ist also eine Chaos bringende Gestalt, eine „große Bestie" (8,157), deren nächste literarische Parallele in Offb 13 zu finden ist.

Obwohl die angeführten Beispiele sehr wahrscheinlich etwas jünger als 4Esra sind, ist jedoch festzustellen – unterstützt von der Adler-Löwen-Vision im Buch selbst –, dass die Verbindung des „Menschen", d. h. des Messias, mit dem Meer problematisch ist. Positiv bzw. neutral gebraucht ist ein solches Bild im 12. Buch der Sibyllinischen Orakel, das um einiges jünger (3. Jh. n. Chr.) und ein Beispiel politischer Propaganda ist.[9] Der relevante Text findet sich am Anfang des Buches und zeichnet ein positives Bild von Augustus. Dieser wird gleich zu Beginn seiner Darstellung folgendermaßen

---

3   Vgl. C. Ch. McCown, The Testament of Solomon (Leipzig 1922) 45, 88.
4   http://ocp.tyndale.ca/docs/text/TSol (Zugang: 20.9.2016).
5   Vgl. H.-J. Klauck, Do They Never Come Back? Nero Redivivus and the Apocalypse of John, Religion und Gesellschaft im frühen Christentum (WUNT 152; Tübingen 2003) 275.
6   Ebd.
7   Ebd., 276.
8   Vgl. Collins, Sibylline Oracles, OTP 1 (1983) 420, Anm. m.
9   Z. B. der Lob Hadrians erwähnt den 2. jüdischen Aufstand überhaupt nicht und kontrastiert mit dem negativen Bild im 8. Buch. Vgl. Collins, Sibylline Oracles, 443–444.

charakterisiert: ἔσσετ' ἄναξ πρώτιστος ἀφ' ἑσπερίοιο θαλάσσης „er wird der erste Herr(scher) vom westlichen Meer sein" (12,14). Schon im dritten Buch wurde das Römische Reich, das die Mazedonier ablöst, mit der Wortverbindung „vom westlichen Meer" (ἀφ' ἑσπερίοιο θαλάσσης) näher bestimmt (Vv. 175-176).[10] In 12,14 wird wahrscheinlich auf die Situation nach dem Sieg Augustus' bei Actium (31 v. Chr.) angespielt, durch den Rom die totale Kontrolle über Ägypten übernommen hat. Die mythologischen Konnotationen des Meeres rücken in den Hintergrund, wobei das „westliche Meer" hier nur als eine geographische und historische Referenz gebraucht wird.

Es ist daher weiterhin zu fragen, warum der Autor des 4Esra den „Menschen", also den Messias, vom Meer kommen lässt. Diese „oddity", wie A. R. Angel es bezeichnet, hat die Forscher zu verschiedenen – meistens jedoch ziemlich implausiblen – Erklärungen veranlasst.[11] Möglich ist ein solcher Gebrauch der Meeresmotivik aus Gründen der polemischen Ironie.[12] Allerdings scheint es dafür keine entscheidenden Anhaltspunkte zu geben. Nach J. J. Collins hat der Autor des 4Esra die Meeresmotivik gebraucht „in a new way, to symbolize the mysterious origin of the human figure".[13] Teilweise im Anschluss daran entfaltet A. Angel sein Argument: Nach 70 n. Chr. befinde sich Israel in einem Chaoszustand, und gerade deswegen komme sein Retter von dem Meer als dem traditionellen Chaossymbol, „to symbolize the resurrection of Israel from the chaos of defeat from the hands of her enemies".[14] Diese Erklärung ist insofern interessant, als sie mit der unten gebotenen Deutung im gewissen Maße korreliert (vgl. die Überlegungen zu Jes 63,11). M. E. Stone bemerkt mit Verweis auf J. Keulers zu dem in 4Esra 13,3 Geschilderten: „[…] a situation perhaps comparable to *Sib Or* 3:72-73."[15] Diese Verse gehören zu einer Perikope (3,63-74), die von der Ankunft Beliars spricht. Dieser wird aber nach Vv. 71-74 folgendermaßen vernichtet:

> „Doch wenn des großen Gottes gewaltige Drohungen nahen
> und die glühende Masse durch Meeresbrandung an Land kommt,
> wird sie den Beliar auch und alle übermütigen Menschen
> verschlingen, welche ihren Glauben nur auf diesen gesetzt."[16]

Eine Rettergestalt ist in diesem Text zumindest nicht direkt greifbar. Daher sollte gefragt werden, ob es weitere – mehr oder weniger formkritisch ähnliche – Parallelen gibt, in denen eine durchaus positiv verstandene Gestalt vom Meer kommt. Eine grund-

---

10 Vgl. J. R. BARTLETT, *Jews in the Hellenistic World. Josephus, Aristeas, The Sibylline Oracles, Eupolemus* (Cambridge et. al. 1985) 47.
11 Für einen Überblick und eine Auswertung vgl. A. R. ANGEL, *Chaos and the Son of Man. The Hebrew Chaoskampf Tradition in the Period 515 BCE to 200CE* (London – New York 2006) 157-158.
12 Vgl. G. K. BEALE, The Problem of the Man from the Sea in IV Ezra 13 and its Relation to the Messianic Concept in John's Apocalypse, *NT* 25/2 (1983) 182-188.
13 J. J. COLLINS, The Son of Man in First-Century Judaism, *NTS* 38 (1992) 461.
14 ANGEL, *Chaos and the Son of Man*, 158.
15 STONE, *4Ezra*, 384.
16 Die Übersetzung von J.-D. GAUGER (*Sibyllinische Weissagungen* [Sammlung Tusculum; Düsseldorf – Zürich ²2002] 71).

sätzlich positiv verstandene Gestalt, die von bzw. aus dem Meer kommt, ist Oannes. Hinter diesem gräzisierten, von Berossos überlieferten Namen steckt der erste vorsintflutliche *apkallu*, nämlich der aus den keilschriftlichen Quellen bekannte U-an(na). Dieser prototypische Weise, der den Babyloniern Zivilisation brachte, ist von Berossos als eine amphibische Gestalt – halb Mensch, halb Fisch – beschrieben. Obwohl in der Spätantike immer noch viele altorientalische Traditionen lebendig waren (vgl. z. B. das 4. Kapitel) und die Näherbestimmung des „Menschen" in der syrischen Fassung von 4Esra 13,3 („der Wind ließ aus dem Meeresinneren [ܟ݁ܶܢ ܠܒ݁ܶܗ ܕ݁ܝܰܡܳܐ] (etwas) wie die Gestalt eines Menschen heraufsteigen") verblüffend ist, ist es ziemlich unwahrscheinlich, dass an dieser Stelle die Oannes/Adapa-Traditionen[17] durchschimmern.[18]

Vielleicht gibt es über die – oben zitierte – von J. J. Collins geäußerte Feststellung hinaus nichts mehr zu sagen. Es ist jedoch zu fragen, ob es eine traditionsgeschichtliche „Brücke" gibt, die es dem Autor des 4Esra trotz der stark negativ gefärbten Meeresmotivik ermöglicht hat, den Messias aus dem Meer heraufsteigen zu lassen. Daher scheint es sinnvoll zu sein, eine alttestamentliche Tradition, in der eine kollektive Größe von bzw. aus dem Meer kommt, ins Spiel zu bringen. Es handelt sich freilich um die Exodustradition, ganz besonders um die Errettung am Schilfmeer, die sozusagen die Geburtsstunde des Gottesvolkes bedeutet. Ganz konkret sei etwa auf den folgenden tritojesajanischen Text hingewiesen, der vielleicht von einer aus dem Meer heraufgeführten Einzelgestalt spricht:

> „[11] Da dachte man *wieder* an die Tage der Vorzeit, an Mose *und* sein Volk:
> ‚Wo ist der, der den Hirten seiner Herde aus dem Meer heraufführte?
> Wo ist der, der seinen heiligen Geist in ihre Mitte gab,
> [12] der seinen herrlichen Arm zur Rechten des Mose einherziehen ließ,
> der das Wasser vor ihnen spaltete, um sich einen ewigen Namen zu machen,
> [13] der sie durch die Tiefen ziehen ließ *so sicher* wie Pferde in der Steppe, die nicht stürzen?'"
> (Jes 63,11–13 ELB)

Dieser Text gehört zu einer längeren Einheit (Jes 63,7–64,11), die unterschiedlich gattungskritisch bestimmt und datiert wird. Das Klagelied wird etwa als ein Beispiel der spätexilischen Bußliturgie[19] oder als ein Produkt des nachexilischen prophetischen

---

17 Zu dem problematischen Verhältnis bzw. der Identifikation der beiden mythischen Protagonisten, Oannes und Adapa, vgl. H. S. Kvanvig, *Primeval History: Babylonian, Biblical, and Enochic. An Intertextual Reading* (Leiden 2011) 117–129.

18 Von den mesopotamischen *apkallū*, die in der mesopotamischen Tradition sporadisch auch negativ konnotiert wurden, lässt sich die Wächtertradition herleiten. Dazu vgl. A. Annus, On the Origin of Watchers: A Comparative Study of the Antediluvian Wisdom in Mesopotamian and Jewish Traditions, *JSP* 19/4 (2010) 277–320.

19 Vgl. H. G. M. Williamson, Isaiah 63,7–64,11. Exilic Lament or Post-Exilic Protest?, *ZAW* 102 (1990) 48–58.

Denkers (aus den Kreisen, die jesajanische und deuterojesajanische Traditionen kannten bzw. weiter tradierten)[20] gesehen. Der zitierte Text entstammt dem ersten Teil der erwähnten Texteinheit (Vv. 7 bzw. 8–14), der als heilsgeschichtlicher Rückblick bezeichnet werden kann.[21] Nicht ganz klar ist, wer sich hier eigentlich erinnert.[22] Jedenfalls spiegelt der Text die Situation einer Krise wider, deren gegenwärtige Schärfe in dem mehrfachen „Wo ist der …?" zum Ausdruck kommt.[23]

Im Text finden sich mehrere textkritische Probleme, sodass die einzelnen Übersetzungen an manchen Stellen stark voneinander abweichen.[24] Hier ist hauptsächlich auf das Problem einzugehen, wer eigentlich „heraufgeführt" wurde: ob der Hirte, d. h. Mose, oder mehrere Hirten. Der MT hat das *nomen regens* der Constructus-Verbindung im Plural (רֹעֵי צֹאנוֹ). In mehreren Übersetzungen[25] und Kommentaren[26] findet es sich aber im Singular. Einige der antiken Bibelübersetzungen lesen „den Hirten" (LXX: τὸν ποιμένα; Pšīṭtā: ܪܥܝܐ)[27]. Allerdings unterstützen die Vulgata *(cum pastoribus)* und 1QIsᵃ die Lesart des MT. Ein weiteres Problem, das damit zusammenhängt, stellt die Form des Partizips dar: Es findet sich mit Objektsuffix (MT: הַמַּעֲלֵם; Vulgata) und ohne Objektsuffix (1QIsᵃ; LXX; Pšīṭtā). Manche Forscher bevorzugen den MT als *lectio difficilior*.[28] Dann drängt sich natürlich die Frage auf, wer die genannten Hirten sind. Ohne dass für diese Antwort Sicherheit beansprucht werden kann, bieten sich dann wohl Mose und Aaron[29] bzw. die führenden Gestalten während der Wüstenwanderung[30] als plausible Möglichkeit an.[31]

---

20  Vgl. A. Aejmelaeus, Der Prophet als Klageliedsänger. Zur Funktion des Psalms Jes 63,7–64,11 in Tritojesaja, *ZAW* 107 (1995) 31–50.
21  Vgl. B. M. Zapff, *Jesaja 56–66* (NEB AT 29/4; Würzburg 2006) 406.
22  Der MT mit seinem עַמּוֹ – wenn auch in ungewöhnlicher Wortstellung – weist eher auf das Volk hin. Manche denken doch an JHWH.
23  P. Höffken, *Das Buch Jesaja. Kapitel 40–66* (NSK AT 18/2; Stuttgart 1998) 232: „Die Wo-Frage setzt natürlich die schmerzliche Differenz von Gegenwartserfahrung und heilvoller Vergangenheit voraus […]."
24  Dazu vgl. A. F. Wilke, *Die Gebete der Propheten. Anrufungen Gottes im ‚corpus propheticum' der Hebräischen Bibel* (BZAW 451; Berlin – Boston 2014) 109–114 mit jeweiligen Anmerkungen.
25  Vgl. z. B. EÜ, ELB, TOB, FBJ, IEP, BTP.
26  Vgl. z. B. C. Westermann, *Das Buch Jesaja. Kapitel 40–66* (ATD 19; Göttingen 1966) 306, 308–309.
27  Der Targum liest „wie ein Hirt".
28  Vgl. Wilke, *Die Gebete der Propheten*, 110–111 mit Anm. 281 und 282.
29  Zapff (*Jesaja 56–66*, 409) meint: „Die ungewöhnliche Erwähnung der Hirten […] des Volkes (Mose und viell[eicht] Aaron) im Zusammenhang mit dem Befreiungsgeschehen will wohl insbesondere die aktuellen Führer Israels in den Erinnerungsprozess miteinbeziehen." Vgl. auch Höffken, *Jesaja*, 232.
30  J. D. W. Watts, *Isaiah 34–66* (WBC 25; Dallas 1987) 332: „[…] all those leaders of the Exodus generation."
31  Was die Rezeption der Mosegestalt in etwas späterer Zeit angeht, zeigt etwa die *Exagoge* von Ezechiel dem Tragiker (2. Jh. v. Chr.), dass sich Mose – in einem Traum – sogar auf den Thron Gottes setzen konnte (*Exagoge*, Z. 68–82). D. Mathews (*Royal Motifs in the Pentateuchal Portrayal of Moses* [New York – London 2012] 9) schreibt in diesem Fall von „[t]he exaltation of Moses to a position of royal power as a semi-divine being […]." Zu einer gewissen Nähe zwischen der Szene in der Exagoge

Wie dem auch sei, die Vorstellung, nach der Gott den bzw. die Hirten aus dem Meer heraufführte,[32] dürfte der positive Link gewesen sein, der dem Autor der Vision von 4Esra 13 ermöglichte, den Messias trotz des stark negativ geprägten Meeresmotivs aus dem Meer heraufgeführt werden zu lassen.[33] Der Messias kommt letztlich, um das Bundesvolk zu retten.

## 5.2 „Mit den Wolken des Himmels" oder auf einem großen Berg?

In der Vorstellung des apokalyptischen 4Esra-Autors kommt der „Mensch" (also der Messias, s. unten), nicht auf irgendeine Weise, sondern wie der danielische „Einer-wie-ein-Menschensohn" auf/mit den Wolken des Himmels. Dies ist wahrscheinlich der beste Beleg für die literarische Abhängigkeit der behandelten 4Esra-Vision von derjenigen in Dan 7. Ein solches Kommen (weiter s. unten) ist zugleich ein klares Indiz für den Gebrauch der *divine warrior*-Motivik, zu der sich auch weitere Elemente in 4Esra 13 finden.[34] Eines von ihnen, das diese Vision mit derjenigen in 1Hen 52 verbindet, ist das Zerschmelzen, wobei das Bild in der 4Esra-Vision auf andere Weise verwendet bzw. weiter entwickelt wird. Wenn es in 1Hen 52 die – zwar metallischen – Berge sind, die im partiellen Einklang mit den älteren Theophanievorstellungen zerschmelzen,[35] so sind es in 4Esra 13 „alle, die seine [d. h. des Menschen] Stimme hörten" (13,4). Diese „erglühten" *(ardescebant)* bzw. „zerschmolzen" (ܗܘܘ ܢܥܝܪ) „wie das Wachs schmilzt, wenn es das Feuer spürt" (vgl. Ps 68,3[36]). Zu dieser Theophanie- bzw. *divine warrior*-Motivik gehört auch das Motiv des „Zitterns", das hier – noch konkreter – mit dem Blick des kommenden „Menschen" verbunden ist (13,3): […] *Et ubi vultum suum convertebat ut consideraret, tremebant omnia quae sub eo videbantur.*

Der danielische „Menschensohn" kommt „mit den Wolken des Himmels" und gelangt schließlich zu dem „Hochbetagten" (Dan 7,13). Die Szene mit dem Hochbetagten wird in 4Esra 13 nicht rezipiert,[37] wohl aber die mit dem „Menschensohn". Die Vorstellungsquelle, aus der der 4Esra-Autor schöpft, ist daher zunächst klar. Mög-

---

und der in Dan 7,9ff (einer wie ein Menschensohn vor dem Hochbetagten) vgl. H. JACOBSON, *The Exagoge of Ezekiel* (Cambridge et al. 1986) 91.

32  Vgl. die Afel-Formen der Wurzel ܣܠܩ in der syrischen Fassung von 4Esra 13,3 und in der Pšīṭtā von Jes 63,11.

33  Zu einer möglichen Rezeption von 4Esra 13 im armenischen Kindheitsevangelium vgl. I. DORFMANN-LAZAREV, The Messiah Hidden in the Depths of the Sea: Reminiscences of 4 Ezra in the Armenian *Script of the Lord's Infancy, Figures of Ezra* (Hrsg. J. N. Bremmer et al.; Leuven 2018) 79–96, besonders 95.

34  Dazu vgl. ANGEL, *Chaos and the Son of Man*, 153.

35  In 1Hen 52 dienen die metallischen Berge aber als Symbol einer Oppositionsmacht (oder genauer ihrer wirtschaftlich-militärischer Grundlage), die von Messias besiegt wird (s. Kap. 3).

36  „… wie Wachs vor dem Feuer zerschmilzt, so werden die Frevler vor dem Angesicht Gottes vergehen."

37  Vgl. aber Kap. 5 Anm. 62.

licherweise dürften allerdings auch andere (eventuell pagane) Traditionen einen Einfluss auf den Autor ausgeübt haben (s. unten). Alte kanaanäische Mythologumena, wie sie u. a. über das Danielbuch vermittelt wurden, haben jedenfalls auch in dieser aus römischer Zeit stammenden Apokalypse ihren Platz gefunden.³⁸ Die keilschriftlichen Texte aus Ugarit enthalten umfangreiches auch für die Erforschung der Apokalyptik relevantes Material.³⁹ Offensichtlich müssen viele kanaanäische (eigentlich sehr archaische) Traditionen in hellenistischer Zeit immer noch lebendig gewesen sein. Was den erwähnten Wolkenfahrer angeht, so gibt es im Alten Testament Belege für eine viel ältere Rezeption dieser kanaanäischen Tradition. Das ursprünglich für Baal typische Epitheton „Wolkenfahrer" (ugar. *rkb arpt*) wird möglicherweise in Ps 68,5 rezipiert.⁴⁰ Ähnlich kennen andere alttestamentliche Texte die Vorstellung von JHWH, der sich der Wolken, des Windes (Ps 104,3; Jes 19,1) oder des Cherubs (Ps 18,11) als seines Wagens bedient. In diesem Fall konnte der Autor der 4Esra-Vision auf die schon im Alten Testament rezipierten und dabei durchaus „gefilterten" alten Mythologumena zurückgreifen.⁴¹

Ungewöhnlich ist der Wechsel des „Wagens" (bzw. des Gefährts), den der „Mensch" in 13,6 vornimmt:

| 13,6–7 (Lat) | 13,6–7 (Syr) |
|---|---|
| Et vidi, et ecce sibimetipso sculpsit montem magnum et volavit super eum. | ܕܝܢ ܚܙܝܬ ܕܓܠܦ ܠܗ ܛܘܪܐ ܪܒܐ ܘܦܪܚ ܘܩܡ ܥܠܘܗܝ܂ |
| (7) Ego autem quaesivi videre regionem vel locum, unde sculptus esset mons, et non potui. | ܒܥܝܬ ܕܝܢ ܕܐܚܙܐ ܐܬܪܐ ܐܘ ܕܘܟܬܐ ܐܝܟܐ ܕܡܢܗ ܐܬܓܠܦ ܛܘܪܐ ܗܘ ܘܠܐ ܐܫܟܚܬ܂ |
| Ich sah Folgendes: Er schlug für sich einen großen Berg los und flog auf ihm. | Ich sah also, dass er für sich einen hohen Berg abspaltete und flog und <u>stand</u> auf ihm. |
| (7) Ich suchte aber die Gegend oder den Ort zu sehen, von wo der Berg losgeschlagen worden war, und ich konnte es nicht. | Ich suchte aber die Gegend oder den Ort zu sehen, von wo jener Berg abgespalten worden war, und ich konnte es nicht. |

Merkwürdig ist auch die Wahl des Verbs in der lateinischen Version, da in den beiden zitierten Versen Formen von *sculpō* (eigentlich „schnitzen, meißeln, eingravieren")

---

38 Vgl. Hogan, *Theologies in Conflict in 4Ezra*, 186 Anm. 67.
39 Vgl. Collins, *Daniel*, 286–294.
40 Viele Ausleger lesen den hebr. Ausdruck לָרֹכֵב בָּעֲרָבוֹת „dem, der durch die Wüsten einherfährt" im Lichte des ugar. Materials und der komparativen Semitistik als „dem, der auf den Wolken einherfährt", vgl. z. B. H.-J. Kraus, *Psalmen* (BK15/2; Neukirchen-Vluyn ⁷2003) 627; G. Ravasi, *Il Libro dei Salmi. Volume II° (51-100)* (Bologna ⁷1996) 377; vgl. aber E. Zenger – F.-L. Hossfeld, *Psalmen 51-100* (HThKAT; Freiburg i. Br. ³2007) 242.251.
41 Allerdings erscheint der Versuch von A. P. Hayman (The ‚Man from the Sea' in 4Ezra 13, *JJS* 49 [1998] 1–16), die ganze Vision in 4Esra 13 vor dem Hintergrund des Ba'al-Mythos zu deuten, als forciert. Zur weiteren Kritik vgl. etwa Schreiber, *Gesalbter und König*, 356 Anm. 124.

gebraucht werden. Eine weitere lateinische Perfektform von *sculpō* (3PSg) findet sich nur noch in Hab 2,18, wo sie sich auf die Anfertigung eines Götterbildes bezieht (פְּסָלוֹ). Die anderen Formen des Verbs dienen in der Vulgata zur Übersetzung von Verben, die eine Tätigkeit des Eingravierens ausdrücken (II פתח pi. in Ex 28,9.11.36; vgl. auch חרת in Ex 32,16). Am häufigsten kommt in der Vulgata das Adjektiv *sculptile* vor, das das hebräische Nomen פֶּסֶל „Götterbild" wiedergibt. Mit der Wahl des Verbs *sculpō* in 13,6–7 zeichnet der lateinische Übersetzer von 4Esra seltsamerweise ein Bild, als ob es sich im Falle des losgeschlagenen großen Berges um ein Kunstwerk handle. In der syrischen Übersetzung wirkt die Wahl der Verbalwurzel (ܓܙܪ) viel natürlicher. Sie ist zwar ein typisches Äquivalent der hebräischen Wurzel מול „beschneiden",[42] sie wird in der Pšīṭtā aber auch in einem anderen Zusammenhang gebraucht. Das Objekt des syrischen Verbs ist z. B. ein großer Stein in 1Sam 14,33 (ܟܐܦܐ ܪܒܬܐ /אֶבֶן גְּדוֹלָה) bzw. ein Fels in Jer 23,29 (ܟܐܦܐ /סֶלַע).[43]

Dass ein Berg bzw. ein Fels im Rahmen einer kriegerischen Auseinandersetzung vom Hauptprotagonisten abgespalten („abgeschnitten") wird, ist ein höchst seltenes Motiv, für das auch die in Betracht kommenden alttestamentlichen Stellen keine genaue Parallele bieten (s. unten). Eine motivgeschichtliche Parallele scheint in dem hurro-hethitischen Textmaterial vorzuliegen, und zwar im Kumarbi-Mythos, nach dem der Wettergott Teššub den gefährlichen Riesen Ullikummi mit der Sichel von der Schulter des Upelluri abgeschnitten und besiegt hat (s. 1.4.1.3). Eine weitere Parallele ist in einer der Szenen zu finden, die den Konflikt zwischen Horus und Seth schildern. In der *TUAT*-Übersetzung trägt sie die vielsagende Überschrift „Kluger Horus und dummer Seth" und erzählt vom Duell der steinernen Schiffe. Obwohl es in dieser in einem Papyrus aus dem ausgehenden Neuen Reich erhaltenen Erzählung (Papyrus Chester Beatty I)[44] nicht um das Fliegen geht, sind jedoch zwei verwandte Elemente vorhanden – nämlich das Abschneiden eines Bergteiles und die Anfertigung eines Transportmittels:

> „Da erblickte nun [7]Seth das Schiff des Horus, hielt es für steinern, ging ins Gebirge, schnitt sich einen [8]Berggipfel ab und bastelte sich ein steinernes Schiff von 138 Ellen. Alsdann stiegen sie in ihre [9]Schiffe angesichts des Götterkollegiums, und Seths Schiff versank im Wasser."[45]

Falls diese Einzelheiten auch in der ptolemäisch-römischen Zeit bekannt waren, da der Horus-und-Seth-Mythos auch in der nachramessidischen Zeit weiter tradiert

---

42   Klar belegbar am Beispiel des Pentateuchs. Vgl. repräsentativ etwa Gen 17.
43   Bei den Verben im hebräischen Text sind aber semantische Unterschiede festzustellen. 1Sam 14,33 spricht vom Wälzen eines großen Steins und Jer 23,29 vom Zerschmettern eines Felsens.
44   Vgl. F. Junge, Die Erzählung vom Streit der Götter Horus und Seth um die Herrschaft, *TUAT* III/5, 930.
45   *TUAT* III/5, 946.

wurde,⁴⁶ ist nicht auszuschließen, dass dieses ägyptische Motiv dem „Autor" der Mensch-vom-Meer-Vision bekannt gewesen sein dürfte. Jedoch ist ein markanter Unterschied zu betonen: Seth ist keine positiv gesehene Gestalt, und die geschilderte Szene rückt nahezu ins Groteske.

Während man bei den „Wolken des Himmels" eine relativ klare traditionsgeschichtliche Verbindung mit anderen Texten bzw. Traditionen herstellen konnte, ist eine solche Verbindung im Falle des „Berges" schwierig. Üblicherweise wird in diesem Zusammenhang ein weiterer Danieltext in Betracht gezogen, nämlich das zweite Kapitel. M. Stone stellt fest: „The verse is clearly dependent on Dan 2:34 and 2:45, where a stone is referred to that is cut out "without hands" and becomes a great mountain."⁴⁷ Zweifelsohne trifft das für die Deutung der Vision zu, in der diese Detailinformation vorkommt.⁴⁸ Allerdings sucht man eine solche Information in der Vision selbst vergeblich. Die Abhängigkeit der Vision von Dan 2 ist daher zunächst nicht von vornherein offensichtlich. M. Stone zählt ohnehin manche wichtige Unterschiede zwischen den beiden Texten auf, wobei er jedoch bemerkt: „There is nothing really like this verse, other than Daniel."⁴⁹ Obwohl sich die Texte in Bezug auf den Berg unterscheiden, ist es naheliegend, dass Dan 2 in irgendeiner Weise auf die Visionsschilderung in 4Esra 13 eingewirkt haben dürfte. Indirekt spricht dafür schon die umfangreiche Rezeption von Dan 7 an mehreren Stellen des 4Esra. Jedoch war Dan 2 höchstwahrscheinlich nicht der maßgebliche „Spendertext". M. Stone selbst hat den wichtigsten Unterschied formuliert: „The stone has a redemptive function in Daniel."⁵⁰ Der Berg in der „Mensch-vom-Meer-Vision" dient aber als bloßes Instrument.⁵¹ Das ist gerade einer der Punkte, an denen sich die Spannung zwischen der Vision und der Deutung bemerkbar macht. Relevanter für die behandelte Vision scheinen die Texte zu sein, die eine Vorstellung von Gott kennen, der als *divine warrior* auf einem Berg steht, wenn auch die Berge in solchen Texten nicht als Wagen (bzw. als Gefährt) dienen.⁵² Insbesondere denkt man an Sach 14.

---

46 Die wichtigste Quelle für den Mythos ist der Papyrus Chester Beatty I. Eine Berliner demotische Handschrift (pBerlin P. 15549+15551+23727), die der oben erwähnten Erzählung im allgemeinen Charakter entspricht, ist nur in drei Fragmenten erhalten. Vgl. M. A. STADLER, *Einführung in die ägyptische Religion ptolemäisch-römischer Zeit nach den demotischen religiösen Texten* (Berlin – Münster 2012) 58–59.
47 STONE, *4Ezra*, 385.
48 Vgl. COLLINS, The Son of Man, 461.
49 STONE, *4Ezra*, 385.
50 Ebd.
51 Bemerkenswerterweise kommt die Wortverbindung der lateinischen Fassung *mons magnus* („großer Berg") nicht nur in Dan 2,35, sondern auch in dem behandelten Orakel an Serubbabel in Sach 4,7 vor.
52 Stone *4Ezra*, 385 sieht sie eher als eine Möglichkeit: „It could be pointed out that God is said to destroy his enemies standing on the mountain […]."

## 5.2.1 Sach 14: JHWH auf dem Ölberg

Der sacharjanische Text ist von vielen Problemen textkritischer und diachroner Natur belastet, die hier nicht vollständig behandelt werden können. Für unsere Fragestellung sind besonders das *divine warrior*-Motiv und seine Verbindung mit dem Berg sowie seine literarische Funktion innerhalb des 14. Kapitels relevant. Das Hauptthema des Kapitels wird schon im ersten Vers genannt: „der Tag für JHWH". Dieses – schon im Amosbuch (5,18–20) als „der Tag JHWHs"[53] auftretende – Motiv wird hier weiter entwickelt. Das sacharjanische Kapitel wurde vielleicht einmal „als Abschluss des Zwölfprophetenbuches konzipiert", um „eine Systematik der prophetischen Gerichts- und Heilsansagen für die Völker und gleichzeitig für Israel" darzubieten.[54] Die Grundschicht[55] beginnt zwar mit einem – von JHWH selbst herbeigeführten – Völkersturm gegen Jerusalem (Vv. 1–2), sie setzt sich aber, *inter alia*, mit einer Völkerwallfahrt nach Jerusalem fort (vgl. besonders V. 16) und endet möglicherweise mit der Beschreibung einer Heilszeit, die die Ausleger vor erhebliche Probleme stellt (Vv. 20[-21¹]). Diskutiert werden kann auch die diachrone Einordnung der Aussage, die das theologische Kernstück des Kapitels bildet: JHWH, der König über das ganze Land, ist einzig (V. 9).[56]

Im Unterschied zu Sach 12[57] geschieht der Ansturm der Völker nicht gegen den Willen JHWHs. Auch sein Eingreifen für Jerusalem wird in Sach 14 viel dramatischer beschrieben. Die Stadt war schon eingenommen und geplündert worden. Erst jetzt bedeutet das kriegerische Handeln JHWHs eine radikale Wende für das Schicksal der Stadt: „Da wird JHWH ausziehen und kämpfen gegen jene Völker ..." (V. 3). Die Fortsetzung in V. 4[58] ist für unsere Fragestellung der relevanteste Teil dieser Beschreibung: „Und seine Füße werden an jenem Tag auf dem Ölberg stehen (וְעָמְדוּ), ... und der Ölberg wird sich in seiner Mitte spalten (וְנִבְקַע) ...". Die fundamentalen Fragen beziehen sich auf die traditionsgeschichtliche Einordnung der hier vorliegenden Vorstellung und auf ihre Funktion in Sach 14. Die Nennung des Ölbergs im Zusammenhang mit dem Erscheinen JHWHs ist in der Hebräischen Bibel einmalig.[59] Obwohl nicht direkt genannt, spielt der Ölberg jedenfalls eine wichtige

---

53 Zum Ursprung und zur Entwicklung dieser Vorstellung vgl. R. MÜLLER, Der finstere Tag Jahwes. Zum kultischen Hintergrund von Am 5,18–20, ZAW 122 (2010) 576–592.
54 J. JEREMIAS, *Theologie des Alten Testaments* (GAT 6; Göttingen 2015) 445. Das Problem des „Zwölfprophetenbuches" ist überaus komplex und wird intensiv diskutiert. Vgl. jüngst H. GONZALEZ, Quelle unité à la fin des Douze prophètes? Les jugements divins en Zacharie 14 et Malachie, ZAW 129 (2017) 59–83 (mit Lit.).
55 Die jeweiligen diachronen Analysen unterscheiden sich in Einzelheiten. Nach Graf Reventlow (*Die Propheten*, 124) lassen sich zwei Ergänzungsschichten feststellen. In einer Schicht kann ein Interesse an geographischen und historischen Einzelheiten beobachtet werden (Vv.4aβ.b.5aβγ.10–11aα), während in der anderen die Strafmotive gegen die Fremdvölker (Stichwort „Schlag") und das Motiv der Heiligkeit Jerusalems gesteigert werden (Vv. 12.14a.15.17–19.21).
56 REDDITT (*Sacharja*, 159) schreibt es dem Endredaktor zu.
57 Vgl. Graf REVENTLOW, *Die Propheten*, 123.
58 REDDITT (*Sacharja*, 159) sieht V. 4f als Ergänzung zur ursprünglichen Prophezeihung.
59 Vgl. BODA, *Zechariah*, 755.

Rolle in den ezechielischen Visionen. In Ez 8–11 wird geschildert, wie die Herrlichkeit JHWHs aus dem Tempel herauszieht und sich nach den einzelnen Stationen „auf dem Berg, der im Osten der Stadt (liegt)" stellte (Ez 11,23).[60]

Die Schilderung der Bergspaltung in Sach 14 hat eine doppelte literarische Funktion: Zum einen erinnert sie an die Darstellung JHWHs in anderen seine Theophanie beschreibenden Texten (s. 3.2), zum andern leitet sie das erste rettende Geschehen ein, nämlich die Flucht der Übriggebliebenen (V. 5a).[61] Am nächsten steht dem beschriebenen Bild in Sach 14,4 ein Micha-Text (Mi 1,4), der schon zur Diskussion in Kap. 3 herangezogen wurde und der eine Theophanie schildert.[62] Allerdings ist die Ausdrucksweise dort etwas anders: „Die Berge zerschmelzen (נָמַסּוּ), und die Täler spalten sich (יִתְבַּקָּעוּ) ..." Dass sich der sacharjanische Text im Rahmen einer traditions- bzw. rezeptionsgeschichtlichen Untersuchung zu einem Vergleich mit 4Esra 13 am besten eignet, liegt nicht nur an den theophanischen Elementen der *divine warrior*-Motivik, sondern auch an dem gemeinsamen Thema des Völkeransturms, dessen Rolle in der Deutung der 4Esra-Vision noch ersichtlicher ist (s. 5.3). Die theophanischen Elemente der *divine warrior*-Motivik kommen zwar im Psalm 18 noch klarer zum Ausdruck (s. unten), das Thema des Völkeransturms spielt dort aber keine Rolle.

Sach 14 tritt noch mehr in den Vordergrund, wenn man die Formulierung der syrischen Fassung von 4Esra 13 näher in den Blick fasst. Dort wird neben dem „Fliegen" zusätzlich noch vom „Stehen auf dem Berg" gesprochen. Der Autor der „Menschenvom-Meer"-Vision muss verschiedene Elemente kombiniert haben, nämlich die beiden Motive des *divine warrior* – das von dem „Auf-den-Wolken-Fahren" und dem „Auf-dem-Berg-Stehen". Unter dem Einfluss des erstgenannten Motivs dürfte der Autor der Vision aus dem letztgenannten ein drittes, völlig neues Motiv erschaffen haben.[63]

---

60 In byzantinischer Zeit wurden die ezechielischen und sacharjanischen Stellen mit dem Himmelfahrtsgeschehen verbunden und als eine bibeltheologische Basis für den Ölberg als „christliches Anti-Jerusalem" verwendet (vgl. Eusebius, Demonstratio Evangelica). Dazu vgl. KÜCHLER, *Jerusalem*, 541.
61 Vgl. BODA, *Zechariah*, 757; *pace* REDDITT, *Sacharja*, 146–147.
62 Mehr dazu vgl. J. GÄRTNER, *Jes 66 und Sach 14 als Summe der Prophetie. Eine traditions- und redaktionsgeschichtliche Untersuchung zum Abschluss des Jesaja- und des Zwölfprophetenbuches* (WMANT 114; Göttingen 2006) 72–73.
63 Spricht man von der Übertragung der *divine warrior*-Motivik auf die messianische Gestalt in 4Esra 13, ist zu fragen, ob dabei die Old Greek-Fassung von Dan 7,13 (vgl. P 962; Minuskel 88 und die Syro-Hexapla) möglicherweise eine Rolle gespielt hat. Der Meinung einiger Forscher zufolge wurde in der genannten Fassung Einer-wie-ein-Menschensohn an den Hochbetagten angeglichen: „und wie ein Hochbetagter war er zugegen" (M. HENGEL, „Setze dich zu meiner Rechten!", Die Inthronisation Christi zur Rechten Gottes und Psalm 110,1, *Le Thrône de Dieu* [Hrsg. M. Philonenko; WUNT 69; Tübingen 1993] 160). Allerdings ist ein solches Verständnis dieser – wohl als Fehler entstandenen – Lesart aus syntaktischen Gründen fraglich. Dazu vgl. O. HOFIUS, Der Septuaginta-Text von Daniel 7,13–14. Erwägungen zu seiner Gestalt und seiner Aussage, *ZAW* 117 (2005) 73–90. Zum Thema „Menschensohn" vgl. jetzt B. E. REYNOLDS (Ed.), *The Son of Man Problem. Critical Readings* (London – New York 2018).

## 5.2.2 Perplexe Leser?

Obwohl die *Theogonie* Hesiods keine richtige traditionsgeschichtliche Parallele darstellt, bietet sich der Kampf des Zeus mit Typhon als interessanter Vergleich an. Zeus hielt „scharfe Wache", sodass ein „unheilbarer Schaden" abgewehrt wurde, nämlich Typhon, der fast Zwingherr über Sterbliche und Unsterbliche geworden wäre (*Theog.* 836–838). „Unter den göttlichen Füßen" des Zeus „erbebte der große Olympos, als der Herrscher ausschritt […]" (842–843). Sein Angriff auf Typhon wird folgendermaßen beschrieben:

> „Zeus aber nahm alle Kraft zusammen und ergriff seine Waffen, Donner und Blitz und rauchdenden Strahl, sprang vom Olympos, schmetterte herab und verbrannte alle die grausigen Häupter des schreklichen Scheusals. […] Flammen schossen aus dem vom Blitz niedergeschmetterten Herrscher, der in dunkle, schroffe Bergschluchten stürzte." (853–860)[64]

Obwohl der Berg Olymp hier nicht als (Kriegs)wagen fungiert, bildet er den unmittelbaren Ausgangspunkt für den von Zeus vorgenommenen Angriff („er sprang"). Der „Mensch-vom-Meer" steigt von seinem Berg-Kriegswagen jedoch erst herab (4Esra 13,12), wenn die feindliche Menge verbrannt ist (Vv. 10–11). Weitere interessante Details des Kampfes, die Hesiod nicht kennt, erzählt Apollodor in seiner *Bibliotheke*.[65] Unter anderem spricht er davon, wie die Berge im Laufe des Kampfes instrumentalisiert werden, wenn auch nicht als Kriegswagen.[66] Der von Zeus verfolgte Typhon schmettert ganze Berge. „Da diese aber durch den Wetterstrahl auf ihn zurückgestoßen wurden, überschwemmte viel Blut den Berg [d.h. Haimos; …]. Als er aber losstürmte, um durch das Sizilische Meer zu fliehen, warf Zeus den Berg Aitna auf Sizilien über ihn […]."[67]
Verblüffend ist eine gewisse Ähnlichkeit in der unten zitierten Beschreibung des „Menschen-vom-Meer" in 4Esra und des Typhons besonders bei Apollodor. Freilich handelt es sich bei Typhon um ein Ungeheuer (von unheimlicher Größe mit hundert Schlangenköpfen) und nicht um einen göttlichen Helden wie Zeus.

---

64 Die Übersetzung von O. Schönberger (Hesiod, *Theogonie. Griechisch/Deutsch* [Stuttgart 1999] 67).
65 Apollodor, *Bibliotheke. Götter- und Heldensagen* (Hrsg. P. Dräger; Sammlung Tusculum; Düsseldorf – Zürich 2005).
66 Nach einem Intermezzo des Mißerfolgs erlangte Zeus seine eigene Kraft wieder und „fuhr […] plötzlich auf einem Wagen mit geflügelten Pferden vom Himmel herab […]"; Apollodor, *Bibliotheke*, 1.43 [S. 29].
67 Apollodor, *Bibliotheke*, 1.44 [S. 29].

| 4Esra 13,10 | Hesiod, Theog. 826–829 | Apollodor, Bibliotheke 1.40 |
| --- | --- | --- |
| [ich sah,] wie er aus seinem Munde (so etwas) wie einen Feuerstrom herausließ und aus seinen Lippen einen flammenden Hauch [wörtl. den Hauch einer Flamme], während [wörtl. und] er von seiner Zunge her Funken eines Sturmes ausschickte. Und diese alle wurden gleichzeitig vermischt [...]. | [...] an seinen riesigen Köpfen schoß ihm unter den Brauen Feuer aus den Augen, und bei jedem Blick lohten Flammen aus seinen Häuptern. Stimmen saßen in all seinen Köpfen [...].[68] | [...] Feuer blickte er mit den Augen. [...] schmetterte Typhon glühende Felsen gegen den Himmel selbst und eilte zugleich mit Zischen und Geschrei dahin; *aus dem Mund stieß er einen großen Feuerwirbel hervor.*[69] |

Der Blick und die Stimme des „Menschen-vom-Meer" waren das Thema in 13,3–4. Die Wirkung seines Blickes war ein Erzittern und die seiner Stimme ein Brand. Auf den flammenden Blick konzentrieren sich auch die zitierten griechischen Beschreibungen Typhons, doch sagt Apollodor ausdrücklich: „... aus dem Mund stieß [Typhon] einen großen Feuerwirbel hervor." Hier wird keine literarische Abhängigkeit vermutet. Jedoch waren die griechischen theogonischen Traditionen (ihrerseits schon ein orientalisches Erbe) in römischer Zeit verbreitet. Auch wenn sich der Autor der apokalyptischen Vision solcher paganen Traditionen nicht bedient haben sollte, ergibt sich die berechtigte – wenngleich nicht leicht zu beantwortende – Frage, wie eine solche Beschreibung des Messias auf die Adressaten der Apokalypse gewirkt hat. Manche von ihnen müssen doch auch mit den paganen Traditionen vertraut gewesen sein.

Die meisten werden sicherlich – wie viele heutige Forscher – den Bezug zu Jes 11,4 erkannt haben, wo von dem „Spross aus dem Stumpf Isais" gesagt wird:

„[...] er wird die Geringen richten in Gerechtigkeit und die Elenden des Landes zurechtweisen in Geradheit. Und er wird die Erde schlagen mit dem Stab seines Mundes und mit dem Hauch seiner Lippen den Gottlosen töten (bearbeitete ELB)."

M. Stone macht auf die Präsenz der Schlüsselwörter „Mund", „Lippen" und „Hauch" in den beiden Texten aufmerksam.[70] Jedoch müssen neben diesem jesajanischen Text weitere Texte bzw. Vorstellungen bei der schriftlichen Gestaltung der Vision eine Rolle gespielt haben. Die Texte, die von der Wirkung des Wortes Gottes (z. B. Weish 18,15) bzw. des Messias (PsSal 17,24.35) bei der Vernichtung der Feinde wissen,[71]

---

68 Die Übersetzung von O. Schönberger (Hesiod, Theogonie, 65).
69 Die Übersetzung von P. Dräger (Apollodor, Bibliotheke, 27); die Kursivschrift: P. J.
70 Vgl. Stone, 4Ezra, 386 mit Verweis auf F. Fallon, 4Ezra 13: Old Testament Motifs (Harvard NT Seminar, Fall 1971).
71 Vgl. Stone, 4Ezra, 386.

sind relevant für die Deutung der Vision in 4Esra 13,32–33.38. Für die Vorstellung des aus dem Munde kommenden Feuers in der Vision selbst ist Ps 18,9//2Sam 22,9 wohl der wichtigste Text, wenn auch die von Stone vertretene Lesung „a storm of fiery coals" (Syr: ܐܢܘܥܪܐ ܕܓܘܡܪܐ wörtl. „Kohlen des Wirbelsturms"; vgl. auch Äth) statt „Funken" (vgl. Lat oben) in 4Esra 13,10 unsicher bleibt.[72] Der 18. Psalm, in dem die *divine warrior*-Motivik dominant ist, beschreibt das Erscheinen JHWHs folgendermaßen:

> „Da wankte und bebte die Erde,
> die Grundfesten der Berge erzitterten
> und wankten, denn er wurde zornig.
> [9] Rauch stieg auf von seiner Nase,
> und Feuer aus seinem Mund war verzehrend,
> (glühende) Kohlen brannten aus ihm.
> [10] Er neigte die Himmel und fuhr hernieder,
> und Dunkel war unter seinen Füßen.
> [11] Er fuhr auf einem Cherub und flog daher,
> so schwebte er auf den Flügeln des Windes."[73]

In der apokalyptischen Vision wurde also die Vorstellung von der Theophanie JHWHs, der im Psalm als *divine warrior* auftritt,[74] auf den Messias übertragen. Dabei ist es zu einer Verbindung bzw. Vermischung mit der Vorstellung vom Wort des idealen königlichen Richters aus Jes 11,4 gekommen.

Jüngst hat J. Dvořáček in seiner Untersuchung zum Davidsohn versucht, die militante Rolle des Messias in 4Esra 13 herunterzuspielen:

> „As in the case of *Pss. Sol.* 17, it is not quite appropriate to label this Messiah as warlike, because the destruction is not accomplished by military force. There is no army supporting the Messiah, as in the case of the Qumran scrolls, nor is there any mention of an actual fight or battle."[75]

Zweifellos hat Dvořáček recht, wenn er die richterliche Rolle des Messias betont[76] (insbesondere trifft es für die Deutung der Vision in V. 21ff zu). Trotzdem bleibt das Messiasbild in 4Esra 13 militant. Zwar gibt es keine Armee, die den Messias unterstützen würde, es gibt aber eine feindliche Menge, die den „Menschen-vom-Meer"

---

72  Ebd., 381 und 387. Vgl. schon die Divergenz der ersten Gruppe der Versionen, zu der Syr, Lat und Arab1 gehören. Das Wort fehlt in der letztgenannten; ähnlich auch in Arab2, wobei in der armenischen Version der ganze Satz fehlt.
73  Bearbeitete ELB-Übersetzung.
74  Zu Ps 18 vgl. R. MÜLLER, *Jahwe als Wettergott. Studien zur althebräischen Kultlyrik anhand ausgewählter Psalmen* (BZAW 387; Berlin 2008) 18–42.
75  J. DVOŘÁČEK, *The Son of David in Matthew's Gospel in the Light of the Solomon as Exorcist Tradition* (WUNT II.415; Tübingen 2016) 96.
76  Ebd., 96–98.

bekriegen will (V. 5: *ut debellarent hominem*). In diesem Fall ist es irreführend, die beiden Texte PsSal 17 und 4Esra 13, obwohl sie viele Gemeinsamkeiten haben, in einen Topf zu werfen. In PsSal 17,24 und 35 ist es das „Wort seines Mundes" (d. h. des davidischen Messias; ἐν/τῷ λόγῳ στόματος αὐτοῦ), das die gesetzlosen Nationen vernichtet bzw. die Erde schlägt, während es in 4Esra 13 der Feuerstrom ist, der aus dem Mund des Messias hervorkommt und die Menge verbrennt.

Damit stellt das 4Esra-Buch eine Rückkehr zu einer viel älteren Vorstellung dar. In den jüngeren Texten kann man eine Tendenz zur „Zurückdrängung der kriegerischen Aspekte der künftigen Herrschaft Davids"[77] beobachten. So werden z. B. nach Psalm 144, der Psalm 18 aufgreift, alle Siege ganz Gott zugeschrieben, ja Gott muss und wird „seinen Knecht David vor dem bösen Schwert retten" (V. 10).[78]

> *„Alle kriegerischen* und im weitesten Sinne machtpolitischen *Aspekte der Herrschaft werden mehr und mehr Gott zugesprochen;* der kommende König ist darin Heilbringer, dass er Gott um seine Hilfe bittet und Gott ihn in Bedrängnis errettet (Ps 144), bzw. darin, dass er den von Gott geschaffenen Frieden verwaltet (Jes 9,5 f.; Sach 9,9 f.)."[79]

Bei einem einfachen Vergleich der behandelten alttestamentlichen Texte mit 4Esra 13 wird deutlich, dass der „Mensch-vom-Meer" als ein göttlicher Kriegsheld beschrieben wird.[80]

## Exkurs: Jes 11,1–10 in 2Bar 73

In der Syrischen Baruch-Apokalypse wird ein anderer Aspekt der Perikope Jes 11,1–10 besonders rezipiert, bzw. er ist hier am besten zu erkennen. Die Apokalypse enthält drei mehr oder weniger längere Textblöcke, die eine messianische Zeit schildern. Man muss aber gleich betonen, dass ihr Bild des Messias sehr komplex und in manchem Detail auch unklar ist.[81] Im ersten und dritten messianischen Textblock werden auch Folgen für die Natur beschrieben. Besonders für Letzteres hat der jesajanische Text Pate gestanden. U. a. heißt es in der Apokalypse (73,6):

> „Und die (wilden) Tiere werden aus dem Wald kommen und den Menschen dienen. Und *aspis* (ܐܣܦܝܣ) und *draqōnē* (ܕܪܩܘܢܐ) kommen aus ihren Höhlen heraus, um sich dem Kind zu unterwerfen."

---

77 JEREMIAS, *Theologie*, 428.
78 Ebd., 427.
79 Ebd., 427–428.
80 Vgl. den Kommentar von M. STONE (*4Ezra*, 403) zu 13,35: „The exchange of such ideas between the divine warrior and the Messiah is a common feature."
81 Vgl. HENZE, *Jewish Apocalypticism*, 293–305.

Interessanterweise werden fast alle gefährlichen Tiere aus Jes 11 nur allgemein unter der Bezeichnung „Tiere aus dem Wald" subsumiert. Herausgehoben werden nur die Schlangenarten und ihr Verhältnis zum Kind, wobei hier nur eine allgemeine Bezeichnung gebraucht wird (ܝܠܘܕܐ) – im Unterschied zu Jes 11,8 mit den spezifischen Begriffen „Säugling" (יוֹנֵק) und „entwöhntes Kind" (גָּמוּל).[82] Das Problem der Reptilienbezeichnungen im syrischen Text sei an dieser Stelle ausgeklammert.[83]

Obwohl die Rezeption der Vorstellung und z. T. auch der Ausdrucksweise des Mensch-Tier-Friedens sehr klar zum Vorschein kommt, ist auch auf die strukturelle und weitere inhaltliche Nähe der beiden Texteinheiten aufmerksam zu machen. Bevor der Friede zwischen den Menschen und Tieren geschildert wird, wird Baruch noch angekündigt, dass alle die negativen Erscheinungen, die das menschliche Leben seiner Qualität berauben, wie etwa „Krankheit [...], Trauer und Seufzer" (2Bar 73,2), in der messianischen Zeit beseitigt werden; niemand wird vorzeitig sterben (vgl. 73,3). Des Weiteren werden verschiedene moralische Defekte „ausgerottet" (73,4) – eine Tatsache, die an Jes 11,9 erinnert, wenn auch die Ausdrucksweise dort etwas friedlicher wirkt. Es ist zu betonen, dass die ganze Schilderung in den Kontext der messianischen Thronbesteigung gestellt ist. Ist der königliche Kontext in Jes 11,1–10 impliziert, wird in 2Bar 73,1 ausdrücklich gesagt: „Es wird geschehen, nachdem er alles, was in der Welt ist, gedemütigt und sich im ewigen Frieden auf seinen königlichen Thron gesetzt haben wird, dann [...]."

Dass sich die Schilderung der messianischen Zeit in 2Bar 73 mehr als die der idealen Herrschaft in Jes 11 an der paradiesischen Wirklichkeit orientiert, zeigt sich in der Beschreibung der Geburt, die kein Schmerz mehr begleiten soll (73,7). Diesen Zug der messianischen Zeit muss man als eine Umkehrung bzw. ein Zurücknehmen jenes „Fluches" verstehen,[84] der zu den Konsequenzen des Sündenfalls gehörte (Gen 3,16). Das wird durch den anschließenden Vers bestätigt, nach dessen Aussage die Schnitter sowie diejenigen, die bauen, nicht ermüden werden (vgl. 74,1 und Gen 3,17–19).

## 5.3 Die Deutung der Vision von 4Esra 13,1–13a

Der apokalyptische Text 4Esra 13 bietet in 13,21–55 eine Deutung der Vision Vv. 1–13a, die mit einer narrativen Kurznotiz abgeschlossen wird (Vv. 56–58). Als Verbindungsstück zur Vision dient eine kurze Passage, in der Esra um eine solche Deutung bittet (13,13b–20a).

---

82 Im Pšīṭtā-Text von Jes 11,8 findet sich ܝܠܘܕܐ als erste Kindesbezeichnung (wie in Jes 11,6).
83 Dazu vgl. JUHÁS – LAPKO, *Aspis* und *Draqōnē*.
84 Vgl. D. E. AUNE – E. STEWART, From the Idealized Past to the Imaginary Future: Eschatological Restoration in Jewish Apocalyptic Literature, *Restoration: Old Testament, Jewish, and Christian Perspectives* (Ed. J. M. Scott; Leiden et al. 2001) 172–173.

In der Deutung wird der Mensch-vom-Meer mit dem Messias identifiziert, wenn auch dessen Bezeichnung je nach Version variiert (V. 32; vgl. auch V. 37). Ein Teil der Texttradition, repräsentiert von der lateinischen und der syrischen Fassung, nennt ihn „mein Sohn" (*filius meus*/ܒܪܝ). Der andere Teil hat keine einheitliche Bezeichnung, sondern es erscheinen nebeneinander: „mein Diener/Knecht" (Arab2: عبدي);[85] „jener Mensch" (Äth: ወኡቱ ብእሲ;[86] Arm); „mein Sohn" (Sah: *pašēre*).[87] M. Stone bevorzugt aus mehreren Gründen[88] die Lesung „my servant"; anders hingegen J. J. Collins, der in „Sohn" einen messianischen Titel (vgl. Ps 2) sieht.[89] Die Identifikation des „Sohnes" bzw. des „Knechtes" mit dem Mensch-vom-Meer ist der einzige Punkt, in dem eine klare Verbindung zum ersten Teil der Vision (Vv. 1–4; Stone: „Episode 1") zu sehen ist. Andere Aspekte der Vision wurden in der Deutung völlig außer Acht gelassen. Ob die Deutung der Vision von einem präexistenten Messias weiß, ist umstritten; jedenfalls weiß sie von einer transzendenten verborgenen Gestalt.[90]

Auch in der Deutung des für unsere Fragestellung besonders wichtigen zweiten Teils der Vision, den M. Stone als „*Episode 2 (13:5–7) – Preparations for Battle*"[91] bezeichnet, ist die Entsprechung der einzelnen Elemente zu denen der Vision problematisch. Bezüglich des Berges bemerkt M. Stone: „In the summary of the preparations, the attack, and the battle (13:26–28), no mention is made of the mountain."[92] Eine Deutung des Berges findet sich erst in 13,35–36, wobei diese einige bemerkenswerte Unterschiede zur Vision aufweist:

„Er selbst [d. h. der Messias] aber wird auf dem Gipfel des Berges Zion stehen.[93] (36) Zion wird aber kommen und allen offenbar werden – bereitet und erbaut, wie du den Berg, (der) ohne Hände losgeschlagen (wurde), gesehen hast."

---

85 Der arabische Text: J. Gildemeister, *Esdrae Liber Quartus Arabice e Codice Vaticano* (Bonn 1877) 37.
86 Der altäthiopische Text: A. Dillmann, *Veteris Testamenti Aethiopici Tomus Quintus. Libri Apocryphi* (Berlin 1894) 188.
87 Der sahidische Fragment: J. Leipoldt – B. Violet, Ein saïdisches Bruchstück des vierten Esrabuches, ZÄS 41 (1904) 137–140.
88 Vgl. Stone, *4Ezra*, 207–208.392–393.
89 Vgl. Collins, *Apocalyptic Imagination*, 257.
90 Vgl. Fitzmyer, *The One Who Is to Come*, 121: „[...] the expected one in this passage becomes a transcendent hidden ( =preexistent?) figure [...]." Für manche Forscher ist die Vorstellung von einem präexistenten Messias in 4Esra klar ersichtlich (vgl. etwa A. Laato, *A Star is Rising. The Historical Development of the Old Testament Royal Ideology and the Rise of the Jewish Messianic Expectations* [University of South Florida International Studies in Formative Christianity and Judaism 5; Atlanta, GA 1997] 362–364). Hingegen weisen andere wie etwa Otfried Hofius darauf hin, dass eine transzendente, verborgene Gestalt noch lange keine präexistente Gestalt ist. Außerdem müsste man zwischen realer und idealer Präexistenz (etwa TgSach 4,7) streng unterscheiden (Mündliche Mitteilung).
91 Stone, *4Ezra*, 383.
92 Ebd., 396.
93 Vgl. Offb 14,1: ... τὸ ἀρνίον ἑστὸς ἐπὶ τὸ ὄρος Σιών ... Dazu vgl. D. E. Aune, *Revelation 6–16* (WBC 52B; Dallas, TX 1998) 803.

Der erste markante Unterschied besteht in der Wortverbindung „ohne Hände", die kein echtes Pendant in der Vision hat.[94] In diesem Fall haben die Forscher völlig recht, wenn sie auf den intertextuellen Bezug zu Dan 2 hinweisen (V. 34: „[...] bis ein Stein losbrach, (und zwar) nicht durch Hände, und das Bild an seinen Füßen aus Eisen und Ton traf [...]"; vgl. auch V. 45; anders hingegen im Falle der Vision; s. 5.2). Die Hinzufügung „ohne Hände" hängt mit der Deutung des Berges als Zion zusammen. Außerdem kommt noch die nähere Beschreibung als „bereitet" und „erbaut" hinzu. Man kann nur mit großer Mühe – wenn überhaupt – den Interpretationsvorgang nachvollziehen, wie der Autor unserer Apokalypse den Berg, d. h. den „Kampfwagen" des Messias, als Zion zu deuten vermochte. In der Deutung wird eine entsprechende Wagenfunktion des Berges völlig ignoriert. M. Stone formuliert es explizit: „Standing is not mentioned in the vision, nor is the flying mentioned in the interpretation."[95] Interessanterweise bildet die syrische Fassung der Vision eine Ausnahme, in der es an der betreffenden Stelle heißt (13,6): „[...] und [er] flog und stand auf ihm [ = dem Berg] (ܘܦܪܚ ܘܩܡ ܥܠܘܗܝ) [...]." In der Deutung findet sich dann eine Imperfektform (Peal) desselben Verbs (13,35: ܢܩܘܡ), sodass man es mit einer weiteren Verbindung auf der lexikalischen Ebene zu tun hat. Eine solche Darstellung ist aber nur in der syrischen Fassung zu finden und daher entweder auf den syrischen Übersetzer oder auf die von ihm benutzte griechische Vorlage zurückzuführen.[96] Nur das Wort „Berg" einerseits und der Status Zions als Berg par excellence andererseits scheinen daher dem Autor den genannten Interpretationsvorgang ermöglicht zu haben. Dabei spielen die besprochene Hinzufügung und die Vorstellung vom „erbauten" Zion eine wichtige Rolle. In 5,25 heißt es: „[...] aus allen gebauten Städten hast du dir selbst Zion geheiligt [...]". Mit Zion ist in 13,36 aber die himmlische Stadt gemeint.[97] Sie ist für den Autor ein wichtiges Thema auch an anderen Stellen seiner Apokalypse (vgl. besonders die vierte Vision).[98]

Der Autor des Vierten Esrabuchs mag, was den Deutungsteil des 13. Kapitels und andere Stellen der Apokalypse anlangt, in seiner Deutung des Messias konsistent sein,[99] er vermochte jedoch die Spannung zwischen der Deutung, mit Hilfe derer er seine Botschaft mitteilen wollte, und der Vision nicht ganz auszubalancieren. Aufgrund einiger Unterschiede[100] ist mit mehreren Forschern anzunehmen, dass die

---

94 Des Weiteren ist darauf hinzuweisen, dass es nach der Vision klar ist, wer den Berg losgeschlagen hatte. Hingegen ist in der Deutung nicht eindeutig gesagt, wer Zion „bereitet" und „erbaut" hat. Vgl. STONE, *4Ezra*, 398.
95 Ebd., 403.
96 Einen analogen Fall stellt die altäthiopische Fassung von 13,6 dar, indem sie „er erbaute" (ሐነጸ) statt „er haute" bzw. „spaltete ab" liest und damit eine lexikalische Verbindung zu „erbaut" in 13,36 (DILLMANN, *Libri Apocryphi*, 188: ወሐነጸት [sic!]; es müsste ወሐነጸት heißen) hat.
97 Vgl. BOX, IV Ezra, 618.
98 Vgl. STONE, *4Ezra*, 398
99 Ebd., 212.400.
100 Vgl. besonders die ausgearbeitete Deutung der exilierten Stämme, für die die Vision wenig Basis bietet.

Vision ursprünglich ein selbständiges Traditionsstück (in mündlicher oder schriftlicher Form) bildete, das der Autor in seine Apokalypse eingearbeitet hat.[101]

## 5.4 Zusammenfassung

Die Mensch-vom-Meer-Vision in 4Esra 13 gehört zu den spätapokalyptischen Texten, die ein Messiasbild zeichnen, und weist daher mit diesen eine Reihe an Gemeinsamkeiten auf. Zugleich enthält sie allerdings auch manche Motive, die sich traditionsgeschichtlich schwer einordnen lassen.

Ein erstes Problem betrifft den Herkunftsort des „Menschen", da dieser „vom Meer" kommt, das in altorientalischen, alttestamentlichen und auch späteren pseudepigraphischen Schriften eine Verkörperung der Chaosmächte darstellt. Das einzige traditionsgeschichtliche Gut, das eine solche Verbindung wie die Ankunft des „Menschen vom Meer" ermöglicht hat, scheint die Exodustradition gewesen zu sein, und zwar in der Form, die sich etwa in dem sog. trito-jesajanischen Textkorpus findet (Jes 63,11–13): „... Wo ist der, der den Hirten seiner Herde aus dem Meer heraufführte? ..."

Bei der Vorstellung, nach der „der Mensch" mit den Wolken des Himmels kommt, können die alttestamentlichen Vorgaben – insbesondere Dan 7 – ohne größere Schwierigkeiten erkannt werden. Anders steht es mit der weiteren Vorstellung vom „Menschen", der im Kontext einer kriegerischen Auseinandersetzung für sich einen Berg abspaltet und auf ihm fliegt. Dafür eine vergleichbare Parallele zu finden, ist durchaus schwierig. Eine motivgeschichtliche Parallele scheint im hurro-hethitischen Textmaterial vorzuliegen, und zwar im Kumarbi-Mythos, nach dem der Wettergott Teššub den gefährlichen Riesen Ullikummi mit der Sichel von der Schulter des Upelluri abgeschnitten und besiegt hat. Jedoch fehlt hier der Aspekt des Fliegens. Dieser fehlt auch in der Erzählung vom Duell der steinernen Schiffe zwischen Horus und Seth. Vorhanden sind aber zwei verwandte Elemente: das Abschneiden eines Bergteils und die Anfertigung eines Transportmittels. Was in 4Esra 13 eher vorliegt, ist eine kreative Kombination mehrerer Motive. Miteinander verbunden wurden zunächst die beiden Motive des *divine warrior* – das des „Auf-den-Wolken-Fahrens" und das des „Auf-dem-Berg-Stehens". Unter dem Einfluss des erstgenannten Motivs dürfte der Autor der Vision dann aus dem zweiten ein drittes, völlig neues Motiv erschaffen haben: die Abspaltung des Berges und seine Verwendung als Gefährt. Auf die Gestaltung der Vision dürften dabei die Texte Sach 14 (eventuell auch Dan 2 und Sach 4), Jes 11 und Ps 18 bzw. die von ihnen repräsentierten Vorstellungen eingewirkt haben. Aufgrund

---

101 Vgl. STONE, *4Ezra*, 211 (mit Anm. 33). 396–400. Nach Box (IV Ezra, 551) bildet die gesamte Vision (Kap. 13) eine selbständige Quelle, die an mehreren Stellen vom Redaktor bearbeitet wurde.

einiger Unterschiede zwischen der Vision und der Deutung ist mit mehreren Forschern anzunehmen, dass die Vision ein ursprünglich selbständiges Traditionsstück (in mündlicher oder schriftlicher Form) bildete, das der Autor in seine Apokalypse eingearbeitet hat.

# Schlusswort

Die unternommene Untersuchung der einschlägigen apokalyptischen Texte ermöglicht es, in der jüdischen Apokalyptik ein zwar seltenes, aber klares Motiv herauszuarbeiten: den Berg bzw. die Berge als zu bezwingende Widersacher. Ein solches Motiv lässt sich schon in den altorientalischen Quellen beobachten, denen zufolge es mit den Gottheiten (hauptsächlich Ninurta und Inanna) und den Königen verbunden wurde. Das genannte Motiv wird in drei Werken – 1Hen (Bilderreden), 2Bar und 4Esra – im Rahmen der Beschreibung einer messianischen Gestalt mit der Intention verwendet, diese als außergewöhnlich darzustellen (zum Konkreten s. unten). Dabei sind alle drei Kontexte politisch konnotiert. In 2Bar und 1Hen repräsentieren die Berge eine politische Macht (in 2Bar zusammen mit dem Wald) bzw. ihre wirtschaftlich-militärische Grundlage. Der Vorläufer dieses Motivs ist im Orakelmaterial des Sacharjabuches zu finden – konkret in dem Orakelspruch Sach 4,7, das auch politisch konnotiert ist. Die späteren Apokalypsen haben das zunächst einfach gestaltete Motiv um Elemente einer Theophanieschilderung bzw. um Elemente der *divine warrior*-Motivik angereichert. Somit zeigt auch dieses untersuchte Motiv wie königliche und göttliche Charakteristika (s. 1.4) in die Darstellung einer messianischen Gestalt eingeflossen sind.

Konkret lassen sich die in unseren Untersuchungen gewonnenen Erkenntnisse folgendermaßen zusammenfassen:

Die rhetorische Frage מִי־אַתָּה הַר־הַגָּדוֹל in Sach 4,7, die einen Teil des sacharjanischen Orakels bezüglich Serubbabel und seiner Mission bildet, bedurfte zunächst einer sprachwissenschaftlichen Klärung. Die auf den ersten Blick etwas ungewöhnliche Constructus-Verbindung muss nicht per Konjektur korrigiert werden, sondern sie ist in Analogie zu Fällen wie יוֹם הַשִּׁשִּׁי oder נְהַר־פְּרָת im Sinne eines *genitivus epexegeticus* bzw. *appositionis* zu verstehen und als „der Berg ‚der Große'" zu übersetzen. Mit einer Reihe an syntaktischen, semantischen und die Metaphorik betreffenden Indizien wurde argumentiert, dass hinter dieser Bergmetapher eine königliche Gestalt zu suchen ist, die als potentioneller Opponent auftritt. Die historische Kontextualisierung hat den persischen Großkönig Darius I. als eine wahrscheinliche Identifizierung plausibilisiert (s. 2.3.1 und 2.3.2). Das Orakel Sach 4,6aβ-7 sollte Serubbabel Mut zusprechen, nicht nur den Tempelbau voranzutreiben, sondern zudem nicht auf die monarchischen Hoffnungen einer Volksfraktion zu verzichten. Nachdem die monarchischen Hoffnungen aber ins Leere gelaufen waren, hat man durch redaktionelle Eingriffe die Gestalt Serubbabels relativiert und die Rolle des Hohenpriesters aufgewertet (s. 2.3.3).

Eine Auseinandersetzung mit den Bergen kommt des Weiteren in den Bilderreden Henochs vor. Die messianische Gestalt, die in 1Hen 52 als „Erwählter" bezeichnet wird, tritt wie ein Herrscher auf, dem durch den Gebrauch der Elemente einer Theophaniebeschreibung göttliche Charakteristika zuerkannt werden. Die Berge aus unterschiedlichen Metallen zerfließen vor ihm, womit die Könige und die Mächtigen die Grundlage sowohl ihrer wirtschaftlichen und militärischen Macht als auch ihrer idololatrischen Praxis verlieren. Die Vorstellung von metallischen Bergen im Westen hat wahrscheinlich ihren Ursprung in realen Gegebenheiten, nämlich in den spanischen Erzgruben (s. 3.4). Zerflossene Metalle haben eine Funktion in der iranischen Eschatologie, aus der dieses Motiv dem Autor der Bilderreden bekannt gewesen sein dürfte. Obwohl die Metalle auch in 1Hen im Kontext des Gerichts gebraucht werden, dienen sie nicht der eschatologischen Läuterung. Ihr Zerfließen gleicht der Beseitigung der Machtgrundlage. Die so entmachteten Könige werden zum Objekt eines radikalen Gerichts, das mit der bisherigen politischen Macht, deren Repräsentanten eben die Könige (und Mächtigen) sind, für die Zukunft nicht mehr rechnet, hat diese Macht sich doch als ungerecht und unwürdig erwiesen. Derjenige, dem als Garant der Gerechtigkeit die Herrschaft eigen ist, wird künftig nur der „Menschensohn", der „Erwählte" sein.

In der Syrischen Baruch-Apokalypse ist das Motiv der bezwungenen Berge eng mit dem Motiv des Waldes verbunden, das in dieser Schrift generell negativ konnotiert ist. Der Schwerpunkt liegt in 2Bar gerade auf den floralen Motiven. Der Grund dafür ist in der Notwendigkeit zu suchen, bestimmte Opponenten zu charakterisieren und zu individualisieren, d.h. den Messias und den römischen Kaiser auf der metaphorischen Ebene einander entgegentreten zu lassen. Dazu dienen „die Zeder" und „der Weinstock", die Metaphern, die dem Autor der Apokalypse aus dem Alten Testament bekannt waren: die Zeder als Metapher der Hybris, wobei der Autor wohl konkrete Texte, nämlich Sach 11,1–3 und eventuell Ez 31, vor Augen hatte, und der Weinstock (bzw. Weinberg) als Metapher des Volkes Israel (vgl. Ps 80; Jes 5,1–7). Bemerkenswerterweise hat das Motivcluster (die Elemente Berg und Wald, Flut und Feuer), das zur Darstellung des Weinstocks, d.h. des Messias, und seines „Handelns" in der Traumvision gebraucht wird, auffallende Parallelen in mehreren Texten der Ninurta-Mythologie. Sowohl der Wald als auch die Berge fungieren in 2Bar als Metaphern der geschichtlich erfahrenen politischen Macht. Mittels der Naturmotive wird also der Messias in der untersuchten Traumvision von 2Bar als göttlicher Held dargestellt, der den ordnungsbedrohenden Feind besiegt. Obwohl mit dem Feind der römische Kaiser gemeint ist, geht es bei diesem Sieg nicht darum, die bisherige Ordnung zu erhalten; stattdessen bringt der Sieg eine neue Weltordnung hervor. Der einzige Machthaber ist Gott – der Herr der Zeit –, der dem Messias als seinem Repräsentanten die Macht verleiht.

Die Mensch-vom-Meer-Vision in 4Esra 13 enthält in motivgeschichtlicher Hinsicht mehrere Probleme. Warum kommt „der Mensch", der später als Messias gedeutet wird, vom Meer, wenn dieses in altorientalischen, alttestamentlichen und auch späteren pseudepigraphischen Schriften eine Verkörperung der Chaosmächte darstellt? Das einzige traditionsgeschichtliche Gut, das eine solche Verbindung, also die Ankunft des „Menschen vom Meer", ermöglicht hat, scheint die Exodustradition gewesen zu sein, und zwar in der Form, die man etwa in dem sog. trito-jesajanischen Textkorpus findet (Jes 63,11–13): „... Wo ist der, der den Hirten seiner Herde aus dem Meer heraufführte? ..." Besonders problematisch ist eine traditionsgeschichtliche Einordnung der Vorstellung, nach der „der Mensch" einen Berg abspaltet und auf ihm fliegt. Zum Abspalten/Abschneiden findet man zwar gewisse Parallelen im Kumarbi-Mythos und in der Erzählung vom Konflikt zwischen Horus und Seth – im Letztgenannten verbunden mit der Anfertigung eines Transportmittels –, sie helfen aber auch nicht viel weiter. Was hier vorliegt, ist eine kreative Kombination mehrerer Motive. Am Anfang stehen die beiden Motive des *divine warrior* – das des „Auf-den-Wolken-Fahrens" und das des „Auf-dem-Berg-Stehens". Unter dem Einfluss des erstgenannten Motivs dürfte der Autor der Vision aus dem zweiten Motiv ein völlig neues drittes Motiv geschaffen haben. Auf die Gestaltung der Vision dürften die Texte Sach 14 (eventuell auch Dan 2 und Sach 4), Jes 11 und Ps 18 bzw. die von ihnen repräsentierten Vorstellungen eingewirkt haben. Dass Dan 7 mit seiner Vorstellungswelt im Hintergrund mancher Aspekte der Vision steht, ist mehr oder weniger ein Konsens der Forschung. Aus diachroner Sicht ist im Falle der Vision eher mit einem ursprünglich selbständigen Traditionsstück zu rechnen, das in das 4Esra-Buch eingearbeitet wurde. Die Spannungen zwischen der Vision und ihrer Deutung sind in 4Esra 13 deutlich größer, als es in 2Bar zwischen der Vision von Wald und Weinstock (Kap. 36–37) und ihrer anschließenden Deutung (Kap. 39–40) der Fall ist.

# Literaturverzeichnis

## Primärquellen (Editionen und Übersetzungen)[1]

ALAND, B. et al., *Novum Testamentum Graece*, Stuttgart ²⁸2012.
ALLEGRO, J. M. (mit A. A. ANDERSON), *Qumrân Cave 4.I (4Q158–4Q186)*(DJD 5; Oxford 1968).
ANDERSEN, F. I., 2 (Slavonic Apocalypse of) Enoch, *OTP 1* (1983) 91–221.
APOLLODOR, *Bibliotheke. Götter- und Heldensagen* (Hrsg. P. Dräger; Sammlung Tusculum; Düsseldorf – Zürich 2005).
ASSMANN, J., *Ägyptische Hymnen und Gebete* (OBO; Fribourg – Göttingen ²1999).
BAUMGARTEN, J. M., *Qumran Cave 4 XIII: The Damascus Document (4Q266–273)* (Oxford 1996).
BEER, G., Das Buch Henoch, *APAT 2* (Hrsg. E. Kautzsch; Tübingen 1921) 217–310.
BENEDICT, W. C. – VOIGTLANDER, E. VON, Darius' Bisitun Inscription, Babylonian Version, Lines 1–29, *JCS* 10 (1956) 1–10.
BEYER, K., *Die aramäischen Texte vom Toten Meer* (Göttingen 1984).
BIDAWID, R. J., 4Esdras, *The Old Testament in Syriac according to the Peshitta Version IV/3* (Leiden 1973).
BLACK, J. – CUNNINGHAM, G. – ROBSON, E. – ZÓLYOMI, G., *The Literature of Ancient Sumer* (Oxford 2004).
BORGER, R., Historische Texte in akkadischer Sprache, *TUAT I/4* (Hrsg. O. Kaiser; Gütersloh 1984) 354–410.
BÖCK, B., Keilschriftliche Texte, *Quellen zur Geschichte des Partherreiches 3* (Hrsg. U. Hackl – B. Jacobs – D. Weber; NTOA 85; Göttingen 2010) 1–174.
BRODERSEN, K. – GÜNTHER, W. – SCHMITT, H. H. (Hrsg.), *Historische griechische Inschriften in Übersetzung* (Studienausgabe; Darmstadt 2011).
CAGNI, L., *L'Epopea di Erra* (Studi Semitici 34; Roma 1969).
CHARLES, R. H., *The Assumption of Moses* (London 1897).
CHARLES, R. H., *The Ethiopic Version of the Book of Enoch* (Anecdota Oxoniensia; Oxford 1906).
CHARLES, R. H., 2 Baruch, or the Syriac Apocalypse of Baruch, *APOT II* (Ed. R. H. Charles; Oxford 1913) 470–526.
COHEN, Y., *Wisdom from the Late Bronze Age* (Atlanta, GA 2013).
COLLINS, J. J., Sibylline Oracles, *OTP 1* (1983) 317–472.
DANTE ALIGHIERI, *La Commedia/Die Göttliche Komödie I. Inferno/Die Hölle* (Übersetzt und kommentiert von H. Köhler; Reclam Bibliothek; 2010).
DIETRICH, M. – LORETZ, O. – SANMARTÍN, J., *Die Keilalphabetischen Texte aus Ugarit, Ras Ibn Hani und anderen Orten* (AOAT 360; Münster ³2013).
VAN DIJK, J., *LUGAL UD ME-LÁM-Bi NIR-GAL. Le récit épique et didactique des Travaux de Ninurta, du Déluge et de la Nouvelle Création. Tome 1: Introduction, Texte Composite, Traduction* (Leiden 1983).
DILLMANN, A., *Veteris Testamenti Aethiopici Tomus Quintus. Libri Apocryphi* (Berlin 1894).
DIODOROS, *Griechische Weltgeschichte I-X. Zweiter Teil (Buch IV-X)* (übersetzt von O. Veh; Stuttgart 1993).
DONNER, H. – RÖLLIG, W., *Kanaanäische und aramäische Inschriften. Band 1* (Wiesbaden ⁵2002).
ELLIGER, K. – RUDOLPH, W. (Hrsg.), *Biblia Hebraica Stuttgartensia* (Stuttgart ⁵1997) und die Fassung in BibleWorks 9.0 [© 2013 BibleWorks, LLC].
FUCHS, A., *Die Inschriften Sargons II. aus Khorsabad* (Göttingen 1994).

---

[1] Die alttestamentlichen Texte im Syrischen folgen der Fassung von *The Peshitta* (The Peshitta Institute Leiden, 2008) in Logos Bible Software.

García Martínez, F. – Tigchelaar, E. J. C. (Ed.), *The Dead Sea Scrolls Study Edition*. 2 Volumes (Leiden et. al. 1997–1998).
Gauger, J.-D., *Sibyllinische Weissagungen* (Sammlung Tusculum; Düsseldorf – Zürich ²2002).
Gaylord, H. E., Jr., 3 (Greek Apocalypse of) Baruch, *OTP 1* (1983) 653–679.
Gelston, A., *The Twelve Minor Prophets* (Stuttgart 2010).
George, A. R., *Babylonian Topographical Texts* (OLA; Leuven 1992).
George, A. R., *The Babylonian Gilgamesh Epic. Introduction, Critical Edition and Cuneiform Texts* (Oxford 2003).
George, A. R., *Babylonian Literary Texts in the Schøyen Collection* (Bethesda, MD 2009).
Gildemeister, J., *Esdrae Liber Quartus Arabice e Codice Vaticano* (Bonn 1877).
Gordon, R. P., *The Targum of the Minor Prohets* (Aramaic Bible 14; Edinburgh 1989).
Grenfell, B. P. – Hunt, A. S., *The Oxyrhynchus Papyri III* (London 1903).
Grayson, A. K., *Assyrian Rulers of the Early First Millenium BC I (1114–859 BC)* (RIMA 2; Toronto et al. 1991[2002]).
Gurney, O. R. – Hulin, P., *The Sultantepe Tablets II* (London 1964).
Gurtner, D. M., *Second Baruch. A Critical Edition of the Syriac Text* (New York – London 2009).
Hage, W., Die griechische Baruch-Apokalypse, *JSHRZ 5/1* (Gütersloh 1974) 15–44.
Hallo, W. W. – Moran, W. L., The First Tablet of the SB Recension of the Anzu-Myth, *JCS* 31/2 (1979) 65–115.
Hecker, K., Das akkadische Gilgamesch-Epos, *TUAT* III/4 (Hrsg. O. Kaiser; Gütersloh 1994) 646–744.
Hesiod, *Theogonie. Griechisch/Deutsch* (übersetzt von O. Schönberger; Stuttgart 1999).
Horgan, M. P., *Pesharim. Qumran Interpretations of Biblical Books* (CBQ MS 8; Washington, DC 1979).
Isaac, E., 1 (Ethiopic Apocalypse of) Enoch, *OTP 1* (1983) 5–89.
Jacobsen, Th., *The Harps that Once ... Sumerian Poetry in Translation* (New Haven – London 1987).
Jacobson, H., *A Commentary on Pseudo-Philo's Liber Antiquitatum Biblicarum, with Latin Text and English Translation. Volume One* (Leiden et al. 1996).
Junge, F., Die Erzählung vom Streit der Götter Horus und Seth um die Herrschaft, *TUAT* III/5 (Hrsg. O. Kaiser; Gütersloh 1995) 930–950.
King, L. W., *Babylonian Magic and Sorcery* (London 1896).
Klijn, A. F. J., *Der lateinische Text der Apokalypse des Esra* (Berlin 1983).
Klijn, A. F. J., 2 (Syriac Apocalypse of) Baruch, *OTP 1* (1983) 615–652.
Knibb, M. A., *The Ethiopic Book of Enoch I-II* (Oxford 1978).
Lambert, W. G., Enuma Elisch, *TUAT* III/4 (Hrsg. O. Kaiser; Gütersloh 1994) 565–602.
Lambert, W. G., *Babylonian Creation Myths* (Winona Lake, IN 2013).
Leemhuis, F. – Klijn, A. F. J. – van Gelder, G. J., *The Arabic Text of the Apocalypse of Baruch* (Leiden 1986).
Leipoldt, J. – Violet, B., Ein saïdisches Bruchstück des vierten Esrabuches, *ZÄS* 41 (1904) 137–140.
Livingstone, A., *Mystical and Mythological Explanatory Works of Assyrian and Babylonian Scholars* (Winona Lake, IN 2007 [ursprünglich Oxford 1986]).
Macaskill, G., *The Slavonic Texts of 2Enoch* (SJS 6; Leiden – Boston 2013).
Maul, S. M., „Herzberuhigungsklagen". *Die sumerisch-akkadischen Eršaḫunga-Gebete* (Wiesbaden 1988).
Maul, S. M., Bilingual (Sumero-Akkadian) Hymns from the Seleucid-Arsacid Period, *Cuneiform Texts in the Metropolitan Museum of Art II* (Ed. I. Spar – W. G. Lambert; New York 2005) 11–116.
Maul, S. M., *Das Gilgamesch-Epos. Neu übersetzt und kommentiert* (München ⁴2008).
Milik, J. T., *The Books of Enoch. Aramaic Fragments of Qumran Cave 4* (Oxford 1976).
Mosshammer, A. A. (Ed.), *Georgii Syncelli Ecloga Chronographica* (Leipzig 1984).
Müller, G. G. W., Ischum und Erra, *TUAT* III/4 (Hrsg. O. Kaiser; Gütersloh 1994) 781–801.
Plinius Secundus, G., *Naturkunde 33: Metallurgie* (Hrsg. R. König; Tusculum; München 1984).
Plutarch. *Plutarch's Lives with an English Translation by Bernadotte Perrin* (LCL; Cambridge, MA. – London 1920).
Rahlfs, A. (Hrsg.), *Septuaginta* (Stuttgart 1935; 1979) [nach BibleWorks 9.0].
Reiner, E. – Pingree, D., *Babylonian Planetary Omens 2. Enūma Anu Enlil, Tablets 50–51* (Malibu 1981).
Renz, J., *Handbuch der althebräischen Epigraphik 1. Die althebräischen Inschriften* (Darmstadt 1995).

SMITH, M. S. – PITARD, W. T., *The Ugaritic Baal Cycle. Volume II: Introduction with Text, Translation and Commentary of KTU/CAT 1.3–1.4* (VT.S 114; Leiden – Boston 2009).
SPERBER, A., *The Bible in Aramaic III. The Latter Prophets according to Targum Jonathan* (Leiden 1962).
STONE, M. E. – HENZE, M., *4 Ezra and 2 Baruch. Translations, Introductions and Notes* (Minneapolis, MN 2013).
STRABO. *The Geography of Strabo with an English Translation by Horace Leonard Jones (Vol. II: Books III-IV)* (LCL; Cambridge, MA 1960).
STUCKENBRUCK, L. T., *The Book of Giants from Qumran* (TSAJ 63; Tübingen 1997).
UHLIG, S., *Das äthiopische Henochbuch*, JSHRZ 5/6 (Gütersloh 1984).
VANSTIPHOUT, H. L. J., *Epics of Sumerian Kings. The Matter of Aratta* (Atlanta, GA 2003).
WEBER, R. – FISCHER, B. – GRIBOMONT, J. – SPARKS, H. F. D. – THIELE, W. (Hrsg.), *Biblia Sacra Iuxta Vulgatam Versionem* (Stuttgart 1983) [nach BibleWorks 9.0].
ZIEGLER, J. (Hrsg.), *Duodecim prophetae* (Göttingen ³1984).
ZIEGLER, K., *Plutarch. Grosse Griechen und Römer. Band VI* (Zürich – Stuttgart 1965).

## Sekundärliteratur

AEJMELAEUS, A., Der Prophet als Klageliedsänger. Zur Funktion des Psalms Jes 63,7–64,11 in Tritojesaja, *ZAW* 107 (1995) 31–50.
ALBERTZ, R., *Die Exilszeit* (BE 7; Stuttgart 2001).
ALLEN, L. C., *Ezekiel 1–19* (WBC 28; Dallas, TX 1994).
ANGEL, A. R., *Chaos and the Son of Man. The Hebrew Chaoskampf Tradition in the Period 515 BCE to 200CE* (London – New York 2006).
ANNUS, A., Ninurta and the Son of Man, *Mythology and Mythologies. Methodological Approaches to Intercultural Influences* (Ed. R. M. Whiting; Melammu Symposia 2; Helsinki 2001) 7–17.
ANNUS, A., *The God Ninurta in the Mythology and Royal Ideology of Ancient Mesopotamia* (SAAS 14; Helsinki 2002).
ANNUS, A., The Soul's Journeys and Taurocrony: On Babylonian Sediment in the Syncretic Religious Doctrines of Late Antiquity, *Body and Soul in the Conceptions of the Religions* (Ed. M. Dietrich – T. Kulmar; Münster 2008) 1–46.
ANNUS, A., On the Origin of Watchers: A Comparative Study of the Antediluvian Wisdom in Mesopotamian and Jewish Traditions, *JSP* 19/4 (2010) 277–320.
ANNUS, A., Nbu in the Mandean Ginza (1): http://www.aakkl.helsinki.fi/melammu/database/gen_html/a0001462.php (Zugang: 6.9.2017).
ASHERI, D. – LLOYD, A. – CORCELLA, A., *A Commentary on Herodotus. Books I-IV* (Oxford 2007).
AUNE, D. E., *Revelation 6–16* (WBC 52B; Dallas, TX 1998).
AUNE, D. E., *Revelation 17–22* (WBC 52C; Dallas, TX 1998).
AUNE, D. E. – STEWART, E., From the Idealized Past to the Imaginary Future: Eschatological Restoration in Jewish Apocalyptic Literature, *Restoration: Old Testament, Jewish, and Christian Perspectives* (Ed. J. M. Scott; Leiden et al. 2001) 147–178.
AVIAM, M., The Book of Enoch and the Galilean Archeology and Landscape, *Parables of Enoch: A Paradigm Shift* (Ed. D. L. Bock – J. H. Charlesworth; London et al. 2013 [Paperback: 2014]) 159–169.
BALDWIN, J. G., *Haggai, Zechariah, Malachi* (TOTC; Leicester 1981).
BARTLETT, J. R., *Jews in the Hellenistic World. Josephus, Aristeas, The Sibylline Oracles, Eupolemus* (Cambridge et. al. 1985).
BAUCKHAM, R., The Messianic Interpretation of Isa. 10:34 in the Dead Sea Scrolls, 2 Baruch and the Preaching of John the Baptist, *DSD* 2 (1995) 202–216.
BECKER, M., Apokalyptisches nach dem Fall Jerusalems. Anmerkungen zum frührabbinischen Verständnis, *Apokalyptik als Herausforderung neutestamentlicher Theologie* (Hrsg. M. Becker – M. Öhler; WUNT II 214; Tübingen 2006) 283–360.

BECKING, B., *Ezra, Nehemiah, and the Construction of Early Jewish Identity* (FAT 80; Tübingen 2011).
BEALE, G. K., The Problem of the Man from the Sea in IV Ezra 13 and its Relation to the Messianic Concept in John's Apocalypse, NT 25/2 (1983) 182–188.
BEDFORD, P. R., *Temple Restoration in Early Achaemenid Judah* (JSJS 65; Leiden et al. 2001).
BERGES, U., *Das Buch Jesaja. Komposition und Endgestalt* (HBS 16; Freiburg i. Br. et al. 1998).
BEUKEN, W. A. M., *Haggai – Sacharja 1–8* (SSN 10; Assen 1967).
BEUKEN, W. A. M., *Jesaja 1–12* (HThKAT; Freiburg i. Br. 2003).
BEUTLER, J., *Das Johannesevangelium. Kommentar* (Freiburg i. Br. 2013).
BEYSE, K.-M., *Serubbabel und die Königserwartungen der Propheten Haggai und Sacharja: Eine historische und traditionsgeschichtliche Untersuchung* (Arbeiten zur Theologie 1.48; Stuttgart 1972).
BIEBERSTEIN, K., Die Pforte der Gehenna, *Das biblische Weltbild und seine altorientalischen Kontexte* (Hrsg. B. Janowski – B. Ego; FAT 32; Tübingen 2001) 503–539.
BIZZARRO, L., The "The Meaning of History" in the Fifth Vision of *4Ezra*, *Interpreting 4Ezra and 2Baruch* (Ed. G. Boccaccini and J. M. Zurawski; London – New York 2014) 32–38.
BLACK, M., *The Book of Enoch or I Enoch* (Leiden 1985).
BLAKE, R. P., The Georgian Version of Fourth Esdras from the Jerusalem Manuscript, *HTR* 19 (1926) 308–314.
BLUM, E., Die Wandinschriften 4.2 und 4.6 sowie die Pithos-Inschrift 3.9 aus *Kuntillet ʿAjrūd*, *ZDPV* 129 (2013) 21–54.
BOCK, D. L., Dating the *Parables of Enoch*: A Forschungsbericht, *Parables of Enoch: A Paradigm Shift* (Ed. D. L. Bock – J. H. Charlesworth; London et al. 2013 [Paperback: 2014]) 58–113.
BODA, M., *The Book of Zechariah* (NICOT; Grand Rapids, MI – Cambridge, UK 2016).
BODI, D., *The Book of Ezekiel and the Poem of Erra* (OBO 104; Fribourg – Göttingen 1991).
BOGAERT, P. M., *L'Apocalypse syriaque de Baruch I-II* (Sources Chrétiennes 144–145; Paris 1969).
BONS, E., Psalm 79[80], *LXX.D EuK II* (Hrsg. M. Karrer – W. Kraus; Stuttgart 2011) 1729–1732.
BOYCE, M., AMEŠA SPᵊNTA, *EI* I/9, 933–936; Online: http://www.iranicaonline.org/articles/amesa-spenta-beneficent-divinity.
BRENK, F. E., The Heracles Myth and the Literary Texts Relating to the Myth of Ninurta, *Religthing the Souls. Studies in Plutarch, in Greek Literature, Religion, and Philosophy, and in the New Testament Backround* (Stuttgart 1998) 507–524.
BRIANT, P., *From Cyrus to Alexander. A History of the Persian Empire* (Winona Lake, IN 2002).
BRAUN, A., *Wahrnehmung von Wald und Natur* (Forschung Soziologie 58; Wiesbaden 2000).
BUITENWERF, R., *Book III of the Sibylline Oracles and its Social Setting* (Leiden – Boston 2003).
CANFORA, L., *Caesar. Der demokratische Diktator. Eine Biographie* (München 2001).
CARLSON, L., Zechariah, Zerubbabel, and *Zemah*: Ideological Development in Early Postexilic Judah, *Sibyls, Scriptures, and Scrolls: John Collins at Seventy* (Ed. J. Baden et al.; Leiden 2016) 268–270.
CHARLESWORTH, J. H., The Date and Provenience of the *Parables of Enoch*, *Parables of Enoch: A Paradigm Shift* (Ed. D. L. Bock – J. H. Charlesworth; London et al. 2013 [Paperback: 2014]) 37–57.
CHARLESWORTH, J. H., 4 Ezra and 2 Baruch: Archaeology and Elusive Answers to Our Perennial Questions, *Interpreting 4Ezra and 2Baruch* (Ed. G. Boccaccini and J. M. Zurawski; London – New York 2014) 155–172.
CHARPIN, D., Les Malheurs d'un Scribe, *Nippur at the Centennial* (35. CRRAI; Philadelphia 1992) 7–27.
CHARY, T., *Aggée-Zacharie-Malachie* (Sources Bibliques; Paris 1969).
CLIFFORD, R. J., *The Cosmic Mountain in Canaan and the Old Testament* (HSM 4; Cambridge, MA 1972).
COBLENTZ BAUTCH, K., *A Study of the Geography of 1 Enoch 17–19. 'No One Has Seen What I Have Seen'* (Leiden – Boston 2003).
COLLINS J. J. (Ed.), *Apocalypse: Morphology of a Genre* (Semeia 14; Missoula, MT 1979).
COLLINS, J. J., The Son of Man in First-Century Judaism, *NTS* 38 (1992) 448–466.
COLLINS, J. J., *The Apocalyptic Imagination. An Introduction to Jewish Apocalyptic Literature* (Grand Rapids, MI ³2016).
COLLINS, J. J., The Genre Apocalypse Reconsidered, *ZAC* 20 (2016) 21–40.
CONRAD, E. W., *Zechariah* (Readings: A New Biblical Commentary; Sheffield 1999).

DAHMEN, U., Mose-Schriften, außerbiblische: https://www.bibelwissenschaft.de/de/stichwort/28081/.
DALLEY, S., Bel at Palmyra and Elsewhere in the Parthian Period, *Aram* 7 (1995) 137–151.
DALLEY, S., Occasions and Opportunities. 2. Persian, Greek and Parthian Overlords, *The Legacy of Mesopotamia* (Ed. S. Dalley; Oxford Univ. Press 1998) 35–55.
DELITZSCH, F. J., *Die Psalmen* (Leipzig 1867).
DELKURT, H., *Sacharjas Nachtgesichte. Zur Aufnahme und Abwandlung prophetischer Traditionen* (BZAW 302; Berlin – New York 2000).
DELKURT, H., Sacharja/Sacharjabuch: https://www.bibelwissenschaft.de/stichwort/25774/.
DEMSKY, A., The Temple Steward Josiah ben Zephaniah, *IEJ* 31 (1981) 100–103.
DENIS, A. M. et al., *Introduction à la littérature religieuse judéo-hellénistique I* (Turnhout 2000).
DIETRICH, W. (Hrsg.), *Konzise und aktualisierte Ausgabe des hebräischen und aramäischen Lexikons zum Alten Testament – Koehler & Baumgartner* (Leiden et. al. 2013).
DILLERY, J., *Clio's Other Sons. Berossus and Manetho* (Ann Arbor, MI 2015).
DILLMANN, A., *Das Buch Henoch* (Leipzig 1853).
DILLMANN, A., *Lexicon linguae aethiopicae cum indice latino* (Osnabrück 1970).
DOBBELER, S. VON, *Die Bücher 1/2 Makkabäer* (NSK AT 11; Stuttgart 1997).
DODD, Ch. H., *The Interpretation of the Fourth Gospel* (Cambridge 1953).
DORFMANN-LAZAREV, I., The Messiah Hidden in the Depths of the Sea: Reminiscences of 4 Ezra in the Armenian *Script of the Lord's Infancy*, *Figures of Ezra* (Hrsg. J. N. Bremmer et al.; Leuven 2018) 79–96.
DRIJVERS, H. J. W., *Cults and Beliefs at Edessa* (Leiden 1980).
DVOŘÁČEK, J., *The Son of David in Matthew's Gospel in the Light of the Solomon as Exorcist Tradition* (WUNT II.415; Tübingen 2016).
ELLIGER, K., *Das Buch der zwölf Kleinen Propheten II* (Göttingen ⁶1967).
ENGEL, H., *Das Buch der Weisheit* (NSK AT 16; Stuttgart 1998).
ERHO, T., Historical-Allusional Dating and the Similitudes of Enoch, *JBL* 130 (2011) 493–511.
FABRY, H.-J., הַר *har*, *ThWQ* I (2011) 811–816.
FINITSIS, A., *Visions and Eschatology. A Socio-Historical Analysis of Zechariah 1–6* (Library of Second Temple Studies 79; London – New York 2011).
FITZMYER, J. A., *The One Who Is to Come* (Grand Rapids, MI – Cambridge, UK 2007).
FORNESS, Ph. M., Narrating History through the Bible in Late Antiquity: A Reading Community for the Syriac Peshitta Old Testament in Milan (Ambrosian Library, B Inf 21), *Le Muséon* 127 (2014) 46–71.
FÖRG, F., *Die Ursprünge der alttestamentlichen Apokalyptik* (Leipzig 2013).
FREVEL, Ch., *Geschichte Israels* (Stuttgart 2016).
GALLING, K., *Studien zur Geschichte Israels im persischen Zeitalter* (Tübingen 1964).
GALSTERER, H., Gaius Julius Caesar – der Aristokrat als Alleinherrscher, *Von Romulus zu Augustus. Große Gestalten der Römischen Republik* (Hrsg. K.-J. Hölkeskamp – E. Stein-Hölkeskamp; München 2000) 307–327.
GARCÍA MARTÍNEZ, F., *Qumran and Apocalyptic. Studies on the Aramaic Texts from Qumran* (STDJ 9; Leiden et al. 1992).
GÄRTNER, J., *Jes 66 und Sach 14 als Summe der Prophetie. Eine traditions- und redaktionsgeschichtliche Untersuchung zum Abschluss des Jesaja- und des Zwölfprophetenbuches* (WMANT 114; Göttingen 2006).
GELLER, M. J., The Last Wedge, *ZA* 87 (1997) 43–95.
GERTZ, J. Chr. et al., *Grundinformation Altes Testament* (Göttingen ⁴2010).
GESE, H., Anfang und Ende der Apokalyptik, dargestellt am Sacharjabuch, *ZThK* 70 (1973) 20–49.
GESENIUS, W., *Hebräisches und Aramäisches Handwörterbuch über das Alte Testament* (Hrsg. H. Donner et. al.; Berlin – Heidelberg ¹⁸2013 [Gesamtausgabe]).
GESENIUS, W. – KAUTZSCH, E., *Hebräische Grammatik* (Leipzig ²⁸1909).
GINZBERG, L., *The Legends of the Jews V* (Baltimore and London 1998 [ursprünglich 1925]).
GONZALEZ, H., Quelle unité à la fin des Douze prophètes? Les jugements divins en Zacharie 14 et Malachie, *ZAW* 129 (2017) 59–83.
GORE-JONES, L., The Unity and Coherence of 4 Ezra: Crisis, Response, and Authorial Intention, *JSJ* 47 (2016) 212–235.

GRABBE, L. L., The Social Setting of Early Jewish Apocalypticism, *JSP* 4 (1989) 27–47.
GRABBE, L. L., *4Ezra* and *2Baruch* in Social and Historical Perspective, *Fourth Ezra and Second Baruch: Reconstruction after the Fall* (Ed. M. Henze – G. Boccaccini; JSJS 164; Leiden – Boston 2013) 221–235.
GRABBE, L. L., The Seleucid and Hasmonean Periods and the Apocalyptic Worldview – An Introduction, *The Seleucid and Hasmonean Periods and the Apocalyptic Worldview* (Ed. L. L. Grabbe et al.; London – New York 2016) 3–11.
GUNKEL, H., *Schöpfung und Chaos in Urzeit und Endzeit. Eine religionsgeschichtliche Untersuchung über Gen 1 und ApJoh 12* (Göttingen 1895).
GURTNER, D. M., The ‚Twenty-Fifth Year of Jeconiah' and the Date of *2Baruch*, *JSP* 18/1 (2008) 23–32.
HAAS, V., *Geschichte der hethitischen Religion* (HdO 1/15; Leiden et al. 1994).
HAAS, V. – KOCH, H., *Religionen des Alten Orients. Hethiter und Iran* (GAT 1,1; Göttingen 2011).
HABEL, N. C., *The Book of Job* (OTL; Philadelphia 1985).
HACHLILI, R., *The Menorah, the Ancient Seven-armed Candelabrum. Origin, Form and Significance* (Leiden et al. 2001).
HALLASCHKA, M., *Haggai und Sacharja 1–8. Eine redaktionsgeschichtliche Untersuchung* (BZAW 411; Berlin – New York 2011).
HANHART, R., *Sacharja 1,1–8,23* (BK XIV/7.1; Neukirchen-Vluyn 1998).
HANSON, P. D., *The Dawn of Apocalyptic* (Philadelphia 1975).
HARDING, J. – ALEXANDER, L., Dating the Testament of Solomon: https://www.st-andrews.ac.uk/divinity/rt/otp/guestlectures/harding/.
HAYMAN, A. P., The ‚Man from the Sea' in 4Ezra 13, *JJS* 49 (1998) 1–16.
HENGEL, M., „Setze dich zu meiner Rechten!" Die Inthronisation Christi zur Rechten Gottes und Psalm 110,1, *Le Thrône de Dieu* (Hrsg. M. Philonenko; WUNT 69; Tübingen 1993) 108–194.
HENNING, W. B., The Book of the Giants, *BSOAS* 11/1 (1943) 52–74.
HENSEL, B., Serubbabel: https://www.bibelwissenschaft.de/stichwort/28453/.
VAN HENTEN, J. W. – AVEMARIE, F., *Martyrdom and Noble Death. Selected Texts from Graeco-Roman, Jewish and Christian Antiquity* (London – New York 2002).
VAN HENTEN, J. W., Dragon Myth and Imperial Ideology in Revelation 12–13, *The Reality of Apocalypse. Rhetoric and Politics in the Book of Revelation* (Ed. D. L. Barr; Atlanta, GA 2006) 181–203.
HENTSCHKE, R., בגד, *TDOT* III (1978) 53–61.
HENZE, M., *Jewish Apocalypticism in Late First Century Israel* (TSAJ 142; Tübingen 2011).
HENZE, M., 4 Ezra and 2 Baruch: Literary Composition and Oral Performance in First-Century Apocalyptic Literature, *JBL* 131 (2012) 181–200.
HIEKE, T., Berg, *Wörterbuch alttestamentlicher Motive* (Hrsg. M. Fieger et al.; Darmstadt 2013) 57–62.
HILL, D., 'Son of Man' in Psalm 80 v. 17, *NT* 15 (1973) 261–269.
HIMMELFARB, M., *The Apocalypse. A Brief History* (Chichester, UK 2010).
HINTZE, A., FRAŠŌ.K$^{\partial}$R$^{\partial}$TI, *EI* X/2, 190–192; Online: http://www.iranicaonline.org/articles/frasokrti.
HOFIUS, O., Ist Jesus der Messias?, *Messias* (Hrsg. E. Dassmann – G. Stemberger et al.; JBTh 8; Neukirchen-Vluyn 1993) 103–129.
HOFIUS, O., Der Septuaginta-Text von Daniel 7,13–14. Erwägungen zu seiner Gestalt und seiner Aussage, *ZAW* 117 (2005) 73–90.
HOGAN, K. M., *Theologies in Conflict in 4Ezra. Wisdom Debate and Apocalyptic Solution* (Leiden – Boston 2008).
HOSSFELD, F.-L. – ZENGER, E., *Psalmen 51–100* (HThKAT; Freiburg i. Br. ³2007).
HÖFFKEN, P., *Das Buch Jesaja. Kapitel 40–66* (NSK AT 18/2; Stuttgart 1998).
HUROWITZ, V. A., Reading a Votive Inscription Simbar-Shipak and the Ellilification of Marduk, *RA* 91 (1997) 39–45.
HUSS, W., *Die Karthager* (München ³2004).
HUTTER, M., *Religionen in der Umwelt des Alten Testaments I. Babylonier, Syrer, Perser* (Stuttgart 1996).
HUXLEY, M., The Gates and Guardians in Sennacherib's Addition to the Temple of Assur, *Iraq* 62 (2000) 109–137.
JACOBSON, H., *The Exagoge of Ezekiel* (Cambridge et al. 1986).

JACOBSON, H., *A Commentary on Pseudo-Philo's Liber antiquitatum biblicarum. With Latin Text and English Translation. Vol. I* (Leiden 1996).
JENNI, E., *Die hebräischen Präposition. Band 3: Die Präposition Lamed* (Stuttgart 2000).
JEREMIAS, Ch., *Die Nachtgesichte des Sacharja. Untersuchungen zu ihrer Stellung im Zusammenhang der Visionsberichte im Alten Testament und zu ihrem Bildmaterial* (FRLANT 117; Göttingen 1977).
JEREMIAS, J., *Theophanie* (WMANT 10; Neukirchen ²1977).
JEREMIAS, J., *Theologie des Alten Testaments* (GAT 6; Göttingen 2015).
JONES, K. R., *Jewish Reactions to the Destruction of Jerusalem in A. D. 70. Apocalypses and Related Pseudepigrapha* (JSJS 151; Leiden 2011).
JUHÁS, P., *bārtu nabalkattu ana māt Aššur īpušma uḫaṭṭâ ... Eine Studie zum Vokabular und zur Sprache der Rebellion in ausgewählten neuassyrischen Quellen und in 2Kön 15–21* (KUSATU 14; Kamen 2011).
JUHÁS, P., *Enlil 1a. Edition und Kommentar* (SOAL-Arbeit; PIB Rom 2013).
JUHÁS, P. – LAPKO, R., *Aspis und draqōnē und die mythologischen Wesen der Syrischen Baruch-Apokalypse*, Ephemerides Theologicae Lovanienses 91/1 (2015) 131–144.
JUHÁS, P., „Center" and „Periphery" in the Apocalyptic Imagination. The Vision of the Epha (Zech 5:5–11) and the Syriac Apocalypse of Baruch as Case Study, *Centres and Peripheries in the Early Second Tempel Period* (Ed. E. Ben Zvi – Ch. Levin; FAT 108; Tübingen 2016) 437–451.
JUHÁS, P., צִנְתְּרוֹת הַזָּהָב und das *Imaginarium* von Sach 4,12, *BiOr* 73 (2016) 636–644.
JUHÁS, P., Liminales in der jüdischen Apokalyptik. Zwei Beispiele, *Limina: Natur – Politik. Verhandlungen von Grenz- und Schwellenphänomenen in der Vormoderne* (Hrsg. A. von Lüpke – T. Strohschneider – O. Bach; Berlin – Boston 2019) 7–29.
KARAHASHI, F., Fighting the Mountain: Some Observations on the Sumerian Myths of Inanna and Ninurta, *JNES* 63/2 (2004) 111–118.
KEDDIE, G. A., Iudaea Capta vs. Mother Zion: The Flavian Discourse on Judaeans and its Delegitimation in 4 Ezra, *JSJ* 49 (2018) 498–550.
KEEL, O., *Jahwe-Visionen und Siegelkunst. Eine neue Deutung der Majestätsschilderungen in Jes 6, Ez 1 und 10 und Sach 4* (SBS 84–85; Stuttgart 1977).
KEEL, O., *Die Geschichte Jerusalems und die Entstehung des Monotheismus 2* (Göttingen 2007).
KELLERMANN, D., עֲטָרָה/עָטַר, *ThWAT* VI (1989) 21–31.
KENT, R. G., *Old Persian. Grammar, Texts, Lexicon* (New Haven 1950).
KESSLER, B. J., *The Book of Haggai. Prophecy and Society in Early Persian Yehud* (VT.S 91; Leiden et al. 2003).
KESSLER, R., *Micha* (HThKAT; Freiburg i. Br. 1999).
KLAUCK, H.-J., Do They Never Come Back? Nero Redivivus and the Apocalypse of John, *Religion und Gesellschaft im frühen Christentum* (WUNT 152; Tübingen 2003) 268–289.
KNIBB, M. A., Prophecy and the Emergence of the Jewish Apocalypses, *Israel's Prophetic Tradition: Essays in Honour of Peter Ackroyd* (Ed. R. Coggins, A. Philips and M. Knibb; Cambridge 1982) 155–180.
KNIBB, M. A., *Essays on the Book of Enoch and Other Early Jewish Texts and Traditions* (Leiden – Boston 2009).
KRATZ, R. G., Serubbabel und Joschua, *Das Judentum im Zeitalter des Zweiten Tempels* (FAT 42; Tübingen ²2013) 79–92.
KRAUS, H.-J., *Psalmen* (BK15/2; Neukirchen-Vluyn ⁷2003).
KULIK, A., *3 Baruch. Greek-Slavonic Apocalypse of Baruch* (CEJL; Berlin – New York 2010).
KVANVIG, H. S., *Primeval History: Babylonian, Biblical, and Enochic. An Intertextual Reading* (Leiden 2011).
LAPKO, R., *Tóbiho chválospev* (Prešov 2005).
LAATO, A., *Josiah and David Redivivus. The Historical Josiah and the Messianic Expectations of Exilic and Postexilic Times* (ConBOT 33; Stockholm 1992).
LAATO, A., Zachariah 4,6b–10a and the Akkadian royal building inscriptions, *ZAW* 106/1 (1994) 53–69.
LAATO, A., *A Star is Rising. The Historical Development of the Old Testament Royal Ideology and the Rise of the Jewish Messianic Expectations* (University of South Florida International Studies in Formative Christianity and Judaism 5; Atlanta, GA 1997).

LAMBERT, W. G., Ninurta Mythology in the Babylonian Epic of Creation, *Keilschriftliche Literaturen. Ausgewählte Vorträge der XXXII. RAI* (Hrsg. K. Hecker und W. Sommerfeld; Berlin 1986) 55–60.
LESLAU, W., *Comparative Dictionary of Geez* (Wiesbaden 1987).
LEUENBERGER, M., *Haggai* (HThKAT; Freiburg i. Br. 2015).
LEVIN, Ch., *Die Verheißung des neuen Bundes in ihrem theologiegeschichtlichen Zusammenhang ausgelegt* (FRLANT 137; Göttingen 1985).
LEWY, H. – LEWY, J., The Origin of the Week and the Oldest West Asiatic Calendar, *HUCA 17* (1942–1943) 1–152c.
LIED, L. I., Nachleben and Textual Identity: Variants and Variance in the Reception History of 2 Baruch, *Fourth Ezra and Second Baruch: Reconstruction after the Fall* (Ed. M. Henze – G. Boccaccini; JSJS 164; Leiden – Boston 2013) 403–428.
LIED, L. I., 2 Baruch and the Syriac Codex Ambrosianus (7a1): Studying Old Testament Pseudepigrapha in their Manuscript Context, *JSP* 26/2 (2016) 67–107.
LIED, L. I., Between "Text Witness" and "Text on the Page": Trajectories in the History of Editing the Epistle of Baruch, *Snapshots of Evolving Traditions: Jewish and Christian Manuscript Culture, Textual Fluidity, and New Philology* (L. I. Lied – H. Lundhaug; Texte und Untersuchungen zur Geschichte der altchristlichen Literatur 175; Berlin – Boston 2017) 272–296.
LIED, L. I. – MONGER, M. P., Look to the East: New and Forgotten Sources of 4Ezra, *The Embroidered Bible. Studies in Biblical Apocrypha and Pseudepigrapha in Honour of Michael E. Stone* (Hrsg. L. DiTommaso et al.; Leiden – Boston 2018) 639–652.
LIPIŃSKI, E., El's Abode: Mythological Traditions Related to Mount Hermon and to the Mountains of Armenia, *OLP* 2 (1971) 13–69.
LIPIŃSKI, E., *Itineraria Phoenicia* (OLA 127; Leuven 2004).
LONGENECKER, B. W., Locating 4 Ezra: A Consideration of its Social Setting and Functions, *JSJ* 28/3 (1997) 271–293.
LORETZ, O., *Hippologia Ugaritica* (AOAT 386; Münster 2011).
LUX, R., Das Zweiprophetenbuch. Beobachtungen zu Aufbau und Struktur von Haggai und Sacharja 1–8, *Prophetie und Zweiter Tempel* (FAT 65; Tübingen 2009) 3–26.
LUX, R., *Sacharja 1–8* (HThKAT; Freiburg i. Br. 2019).
MAIER, Ch., From Zedekiah to the Messiah: A Glimpse at the Early Reception of the Sprout, *Sibyls, Scriptures, and Scrolls: John Collins at Seventy* (Ed. J. Baden et al.; Leiden 2016) 857–873.
MALANDRA, W. W., ŠAHREWAR, *EI*: http://www.iranicaonline.org/articles/sahrewar.
MARTIN, F., *Le Livre d'Hénoch* (Paris 1906).
MASTIN, B. A., Who Built and Who Used the Buildings at Kuntillet ʿAjrud?, *On Stone and Scroll. Essays in Honour of Graham Ivor Davies* (Ed. J. K. Aitken – K. J. Dell – B. A. Mastin; BZAW 420; Berlin – Boston 2011) 69–85.
MATHEWS, D., *Royal Motifs in the Pentateuchal Portrayal of Moses* (New York – London 2012).
MATTINGLY, D., The Imperial Economy, *A Companion to the Roman Empire* (Ed. D. S. Potter; Malden, Ma – Oxford – Chichester 2010) 283–297.
MAUL, S. M., „Wenn der Held (zum Kampfe) auszieht …" Ein Ninurta-Eršemma, *Or* 60/4 (1991) 312–334.
MAUL, S. M., Altorientalische Tatenberichte, *La Biographie Antique* (Hrsg. W. W. Ehlers; Vandœuvres – Genève 1998) 7–25.
MAUL, S. M., Marduk, Nabû und der assyrische Enlil. Die Geschichte eines sumerischen Šuʾilas, *tikip santakki mala bašmu* (= Fs Borger, Cuneiform Monographs 10; Groningen 1998) 159–197.
MCCOWN, C. Ch., *The Testament of Solomon* (Leipzig 1922).
MERRILL, E. H., *Haggai, Zechariah, Maleachi* (Chicago, IL 1994).
MEYERS, C. L. – MEYERS, M. E., *Haggai, Zechariah 1–8. A New Translation with Introduction and Commentary* (AB; Garden City, NY 1987).
MEYERS, C. L. – MEYERS, M. E., *Zechariah 9–14. A New Translation with Introduction and Commentary* (AB; New York 1993).
MITTERMAYER, C., Gilgameš im Wandel der Zeit, *Gilgamesch. Ikonographie eines Helden* (Hrsg. H. U. Steymans; OBO 245; Fribourg – Göttingen 2010) 135–164.

Moo, J. A., *Creation, Nature and Hope in 4Ezra* (Göttingen 2011).
Morgenstern, J., Jerusalem – 485 B. C., *HUCA* 31 (1960) 1–29.
Moyise, S., *Was the Birth of Jesus According to Scripture?* (Eugene, OR 2013).
Muraoka, T., *Classical Syriac* (Porta 19; Wiesbaden ²2005).
Murphy, F. J., The Temple in the Syriac Apocalypse of Baruch, *JBL* 106/4 (1987) 671–683.
Müller, R., *Jahwe als Wettergott. Studien zur althebräischen Kultlyrik anhand ausgewählter Psalmen* (BZAW 387; Berlin 2008).
Müller, R., Der finstere Tag Jahwes. Zum kultischen Hintergrund von Am 5,18–20, *ZAW* 122 (2010) 576–592.
Müller-Fieberg, R., *Das „neue Jerusalem" – Vision für alle Herzen und Zeiten? Eine Auslegung von Offb 21,1–22,5 im Kontext von alttestamentlich-frühjüdischer Tradition und literarischer Rezeption* (BBB 144; Berlin 2003).
Müller-Kessler, Ch. – Kessler, K., Spätbabylonische Gottheiten in spätantiken mandäischen Texten, *ZA* 89 (1999) 65–87.
Nickelsburg, G. W. E., *1 Enoch 1* (Hermeneia; Minneapolis, MN 2001).
Nickelsburg, G. W. E. – VanderKam, J. C., *1 Enoch 2* (Hermeneia; Minneapolis, MN 2012).
Nir, R., *The Destruction of Jerusalem and the Idea of Redemption in the Syriac Apocalypse of Baruch* (Early Judaism and its Literature 20; Atlanta, GA 2003).
O'Kennedy, D. F., The Meaning of 'Great Mountain' in Zechariah 4:7, *Old Testament Essays* 21/2 (2008) 404–421.
Oegema, G. S., Die Syrische Baruch-Apokalypse, *Einführung zu den Jüdischen Schriften aus hellenistisch-römischer Zeit VI/1,5. Apokalypsen* (Gütersloh 2001) 58–75.
Oelsner, J., Überlegungen zu den „Graeco-Babyloniaca", *He Has Opened Nisaba's House of Learning* (Ed. L. Sassmannshausen; Cuneiform Monographs 46; Leiden – Boston 2014) 147–164.
Oeming, M., – Vette, J., *Das Buch der Psalmen. Psalm 42–89* (NSK AT 13/2; Stuttgart 2010).
Olmstead, A. T., *History of the Persian Empire* (Chicago – London 1948).
Osborne, W. R., *Trees and Kings. A Comparative Analysis of Tree Imagery in Israel's Prophetic Tradition and the Ancient Near East* (Bulletin for Biblical Research Supplement 18; The Pennsylvania State University 2018).
Oshima, T., *Babylonian Prayers to Marduk* (ORA 7; Tübingen 2011).
Osing, J., Zu zwei literarischen Werken des Mittleren Reiches, *The Heritage of Ancient Egypt. Studies in Honour of Erik Iversen* (Ed. J. Osing – E. K. Nielsen; Copenhagen 1992) 101–119.
Otto, Eberhard, Bergspitze, *LÄ* I (1975) 710.
Otto, Eckart, Mose und das Gesetz. Die Mose-Figur als Gegenentwurf politischer Theologie zur neuassyrischen Königsideologie im 7. Jh. v. Chr., *Mose. Ägypten und das Alte Testament* (Hrsg. E. Otto; SBS 189; Stuttgart 2000) 43–83.
Paganini, S. – Giercke-Ungermann, A., Zion/Zionstheologie, https://www.bibelwissenschaft.de/stichwort/35418/.
Petersen, D. L., *Haggai & Zechariah 1–8* (London 1985).
Petitjean, A., *Les Oracles du Proto-Zacharie. Un programme de restauration pour la communauté juive après l'exil* (Paris – Louvain 1969).
Petterson, A. R., *Behold Your King. The Hope for the House of David in the Book of Zechariah* (LHBOTS 513; New York – London 2009).
van Peursen, W., *Introduction to the Electronic Leiden Peshitta Edition* (Leiden 2008) [in Logos Bible Software].
Pola, T., *Das Priestertum bei Sacharja* (FAT 35; Tübingen 2003).
Polinger Foster, K., Volcanic Landscapes in Lugal-e, *Landscapes. Territories, Frontiers and Horizons in the Ancient Near East* (Ed. L. Milano et al.; Padova 1999) 23–39.
Pomponio, F., Nabû. A, *RlA* 9 (1998/2001), 16–24.
Puech, É., Les Fragments 1 à 3 du „Livre du Géants" de la Grotte 6 („pap 6Q8"), *RdQ* 19 (1999) 227–238.
Radner, K., Assur's "Second Temple Period". The Restoration of the Cult of Aššur, c. 538 BCE, *Herrschaftslegitimation in vorderorientalischen Reichen der Eisenzeit* (Hrsg. Ch. Levin – R. Müller; ORA 21; Tübingen 2017) 77–96.

Ravasi, G., *Il Libro dei Salmi. Volume II° (51–100)* (Bologna ⁷1996).
Redditt, P. L., Zerubbabel, Joshua, and the Night Visions of Zechariah, *CBQ* 54 (1992) 249–259.
Redditt, R., *Sacharja 9–14* (IEKAT; Stuttgart 2014).
Reventlow, H. Graf, *Die Propheten Haggai, Sacharja und Maleachi* (ATD 25/2; Göttingen 1993).
Reynolds, B. E., The Otherworldly Mediators in *4Ezra* and *2Baruch*: A Comparison with Angelic Mediators in Ascent Apocalypses and in Daniel, Ezekiel, and Zechariah, *Fourth Ezra and Second Baruch: Reconstruction after the Fall* (Ed. M. Henze – G. Boccaccini; Leiden 2013) 175–193.
Reynolds, B. E. (Ed.), *The Son of Man Problem. Critical Readings* (London – New York 2018).
Riede, P., Tier, *WAM*, 391–397.
Rignell, L. G., *Die Nachtgesichte des Sacharja* (Lund 1950).
Roberts, J. J., The Old Testament's Contribution to Messianic Expectations, *The Messiah. Developments in Earliest Judaism and Christianity* (Ed. J. H. Charlesworth; Minneapolis 1992) 39–51.
Rodrigues Peixoto, R. V., Confined by Mountains of Metal: The Translation Problem in 1 Enoch 67:4, *New Vistas on Early Judaism and Christianity* (Ed. L. Di Tommaso – G. S. Oegema; London et al. 2016) 99–111.
Rose, W. H., *Zemah and Zerubbabel. Messianic Expectations in the Early Postexilic Period* (JSOT.S 304; Sheffield 2000).
Rost, L., Bemerkungen zu Sacharja 4, *ZAW* 63 (1951) 216–221.
Rothenbusch, R., Serubbabel im Haggai- und im Protosacharja-Buch. Konzepte der Gemeindeleitung im frühnachexilischen Juda, *Literatur- und sprachwissenschaftliche Beiträge zu alttestamentlichen Texten* (Hrsg. S. Ö. Steingrímsson – K. Ólason; ATSAT 83; St. Ottilien 2007) 219–264.
Röllig, W., Hermon, *DDD*, 411–412.
Rudolph, W., *Haggai – Sacharja – Maleachi* (KAT; Berlin 1981).
Sallaberger, W., *Das Gilgamesch-Epos. Mythos, Werk und Tradition* (München ²2013).
Sartre, M., *The Middle East under Rome* (Cambridge, MA – London 2005).
Schart, A., *Die Entstehung des Zwölfprophetenbuches* (BZAW 260; Berlin 1998).
Schäfer, P., *Der Bar-Kokhba Aufstand. Studien zum zweiten jüdischen Krieg gegen Rom* (TSAJ 1; Tübingen 1981).
Schäfer, P., *Zwei Götter im Himmel. Gottesvorstellungen in der jüdischen Antike* (München 2017).
Schmid, K., Das Sacharjabuch, *Grundinformation Altes Testament* (Hrsg. J. Chr. Gertz; Göttingen ⁴2010).
Scholz, B., Τὴν Γλῶσσαν Μάθωμεν Ἀκκαδικήν – Der Sinn der Graeco-Babyloniaca, *Antike Lebenswelten. Konstanz – Wandel – Wirkungsmacht. Festschrift für Ingomar Weiler zum 70. Geburtstag* (Hrsg. P. Mauritsch et al.; Wiesbaden 2008) 455–464.
Schöttler, H.-G., *Gott inmitten seines Volkes* (Trier 1987).
Schreiber, S., *Gesalbter und König. Titel und Konzeptionen der königlichen Gesalbtenerwartung in frühjüdischen und urchristlichen Schriften* (BZNW 105; Berlin – New York 2000).
Schreiner, J., *Alttestamentlich-jüdische Apokalyptik* (München 1969).
Schwartz, D. R., Introduction: Was 70 C. E. a Watershed in Jewish History? Three Stages of Modern Scholarship, and a Renewed Effort, *Was 70 C. E. a Watershed in Jewish History? On Jews and Judaism before and after the Destruction of the Second Temple* (Ed. D. R. Schwartz – Z. Weiss; Leiden 2012) 1–19.
Schwemer, D., *Die Wettergottgestalten Mesopotamiens und Nordsyriens im Zeitalter der Keilschriftkulturen* (Wiesbaden 2001).
Schwemer, D., The Storm-Gods of the Ancient Near East: Summary, Synthesis, Recent Studies. Part II, *JANER* 8/1 (2008) 1–44.
Schwemer, D., Wettergott/Wettergötter: https://www.bibelwissenschaft.de/stichwort/34816/.
Scriba, A., *Die Geschichte des Motivkomplexes Theophanie* (FRLANT 167; Göttingen 1995).
Sedlmeier, F., *Das Buch Ezechiel. Kapitel 1–24* (NSK AT 21/1; Stuttgart 2002).
Sedlmeier, F., *Das Buch Ezechiel. Kapitel 25–48* (NSK AT 21/2; Stuttgart 2013).
Sellin, E., *Das Zwölfprophetenbuch* (Leipzig – Erlangen 1922).
Sellin, E., Noch einmal der Stein des Sacharja, *ZAW* 59 (1942/1943) 59–77.
Seux, M. J., *Épithètes royales sumériennes et akkadiennes* (Paris 1967).

SIEW, A. K. W., *The War between the Two Beasts and the Two Witnesses* (JNTS Sup 283; London – New York 2005).
SILVERMAN, J. M., *Persepolis and Jerusalem. Iranian Influence on the Apocalyptic Hermeneutic* (LHBOTS 558; New York et al. 2013).
SMITH, R. L., *Micah – Malachi* (WBC 32; Dallas, TX 1984).
VON SODEN, W., *Akkadisches Handwörterbuch I-III* (Wiesbaden 1965–1981).
STADLER, M. A., *Einführung in die ägyptische Religion ptolemäisch-römischer Zeit nach den demotischen religiösen Texten* (Berlin – Münster 2012).
STEYMANS, H. U., Gilgameš im Westen, *Gilgamesch. Ikonographie eines Helden* (Hrsg. H. U. Steymans; OBO 245; Fribourg – Göttingen 2010) 287–345.
STIPP, H.-J., Der prämasoretische Idiolekt im Jeremiabuch, *Studien zum Jeremiabuch* (FAT 96; Tübingen 2015) 83–126.
STIPP, H.-J., *Jeremia 25–52* (HAT I/12,2; Tübingen 2019).
STONE, M. E., The Concept of the Messiah in IV Ezra, *Religions in Antiquity. Essays in Memory of Erwin Ramsdell Goodenough* (Hrsg. J. Neusner; Leiden 1968) 295–312.
STONE, M. E., *4Ezra* (Hermeneia; Minneapolis, MN 1990).
STRANGE, J. F., The Art and Archeology of Ancient Judaism, *Judaism in Late Antiquity. Part I: The Literary and Archeological Sources* (Ed. J. Neusner; HdO I/16; Leiden et al. 1995) 64–114.
STUCKENBRUCK, L. T., *1 Enoch 91–108* (CEJL; Berlin – New York 2007).
TALLQVIST, K., *Der assyrische Gott* (St. Orientalia IV/3; Helsingforsiae 1932).
TALMON, S., הר *har*, *ThWAT* II (1977) 459–483.
TIEMEYER, L.-S., *Zechariah and His Visions. An Exegetical Study of Zechariah's Vision Report* (LHBOTS 605; London 2015).
TIGCHELAAR, E. J. C., *Prophets of Old and the Day of the End* (Oudtestamentische Studiën 35; Leiden – New York – Köln 1996).
TILLY, M., *Apokalyptik* (Tübingen – Basel 2012).
TORREY, Ch. C., The Aramaic of the Gospels, *JBL* 61/2 (1942) 71–85.
VANDERHOOFT, D. S., *The Neo-Babylonian Empire and Babylon in the Latter Prophets* (HSM 59; Atlanta, GA 1999).
VERMES, G., The Oxford Forum for Qumran Research. Seminar on the Rule of War from Cave 4 (4Q285), *JJS* 43 (1992) 85–90.
WADDELL, J. A., *The Messiah. A Comparative Study of the Enochic Son of Man and the Pauline Kyrios* (New York, NY 2011).
WAERZEGGERS, C., Local Government and Persian Rule in Babylonia. The Rise of *Ša-nāšišu* Family during the reign of Darius I (Vortrag, gehalten auf der 53. RAI in St. Petersburg [2007]).
WASSMUTH, O., *Sibyllinische Orakel 1–2. Studien und Kommentar* (Leiden 2011).
VAN DER WATT, J. G., *Family of the King. Dynamics of Metaphor in the Gospel according to John* (Leiden et al. 2000).
WATTS, J. D. W., *Isaiah 34–66* (WBC 25; Dallas 1987).
WELLHAUSEN, J., *Die kleinen Propheten* (Berlin ⁴1963; ursprünglich 1892).
WESTERMANN, C., *Das Buch Jesaja. Kapitel 40–66* (ATD 19; Göttingen 1966).
WHITTERS, M. F., *The Epistle of Second Baruch. A Study in Form and Message* (JSP.S 42; Sheffield 2003).
WIESENHÖFER, J., Persien, *WAM*, 328–331.
WILKE, A. F., *Die Gebete der Propheten. Anrufungen Gottes im ‚corpus propheticum' der Hebräischen Bibel* (BZAW 451; Berlin – Boston 2014).
WILLIAMS, R. J., *Williams' Hebrew Syntax* (revised and expanded by J. C. Beckman; Toronto ³2007).
WILLIAMSON, H. G. M., Isaiah 63,7–64,11. Exilic Lament or Post-Exilic Protest?, *ZAW* 102 (1990) 48–58.
WILLIAMSON, H. G. M., Welcome Home. *The Historian and the Bible. Essays in Honour of Lester L. Grabbe* (Ed. Ph. R. Davies – D. V. Edelman; LHBOTS 530; New York – London 2010) 113–123.
WILLI-PLEIN, I., *Haggai, Sacharja, Maleachi* (ZBK AT 24/4; Zürich 2007).
WOLFF, H. W., Der Aufruf zur Volksklage, *ZAW* 76 (1964) 48–56.
WOLTERS, A., *Zechariah* (HCOT; Leuven 2014).

VAN DER WOUDE, A. S., Die beiden Söhne des Öls (Sach 4,14): Messianische Gestalten?, *Travels in the World of the OT. Studies Presented to Professor M. A. Beek on the Occasion of his 65th Birthday* (Ed. M. S. H. G. Heerma van Voss et al.; SSN 16; Assen 1974) 262–268.

VAN DER WOUDE, A. S., Zion as Primeval Stone in Zechariah 3 and 4, *Text and Context: Old Testament and Semitic Studies for F. C. Fensham* (Ed. W. Claassen; JSOT.S 48; Sheffield 1988) 237–248.

WRIGHT, J. E., Baruch: His Evolution from Scribe to Apocalyptic Seer, *Biblical Figures outside the Bible* (Harrisberg 1998) 264–285.

YARBRO COLLINS, A., *The Combath Myth in the Book of Revelation* (HDR 9; Missoula, MT 1976).

ZAPFF, B. M., *Jesaja 56–66* (NEB AT 29/4; Würzburg 2006).

ZENGER, E. et. al., *Einleitung in das Alte Testament* (Hrsg. Ch. Frevel; Stuttgart ⁹2016).

ZIMMERLI, W., *Ezechiel 1–24* (BK XIII/1; Neukirchen-Vluyn ³2011).

ZIMMERLI, W., *Ezechiel 25–48* (BK XIII/2; Neukirchen-Vluyn ³2011).

# Register

## Autorenregister[2]

| | | | |
|---|---|---|---|
| Albertz, Rainer | 79–81 | Lambert, Wilfred G. | 53 |
| Angel, Andrew R. | 143 | Leuenberger, Martin | 83 |
| Annus, Amar | 128, 130 | Levin, Christoph | 89 |
| Aviam, Mordechai | 26–27 | Lied, Liv I. | 32–33 |
| Bautch, Kelly C., | 42–43 | Longenecker, Bruce W. | 28–29 |
| Beuken, Willem A. M. | 68 | Maul, Stefan | 71, 131 |
| Beutler, Johannes | 121–122 | Merrill, Eugene H. | 61 |
| Beyer, Klaus | 117 | Milik, Józef T. | 46, 117 |
| Black, Matthew | 43 | Moo, Jonathan A. | 137 |
| Blum, Erhard | 101 | Muraoka, Takamitsu | 60 |
| Bogaert, Pierre-Maurice | 114 | Nickelsburg, George W.E. | 41, 44–46, 98, 104, 107 |
| Cagni, Luigi | 50 | | |
| Charlesworth, James H. | 26, 29, 31 | Oelsner, Joachim | 135 |
| Collins, John J. | 23, 39, 143–144, 157 | O'Kennedy, Daniel F. | 76–77 |
| Delkurt, Holger | 24 | Otto, Rudolf | 17 |
| van Dijk, Jan | 130 | Petersen, David L. | 71–72, 91 |
| Dillmann, August | 98–99, 104 | Petitjean, Albert | 70–71 |
| Dvořáček, Jiří | 154 | Petterson, Anthony R. | 75 |
| Elliger, Karl | 74, 125 | van Peursen, Wido | 32 |
| Erho, Ted | 107 | Puech, Émile | 117–118 |
| Finitsis, Antonios | 23–24, 26 | Pola, Thomas | 69 |
| Förg, Florian | 22 | Graf Reventlow, Henning | 91, 94, 124 |
| Forness, Philip M. | 32 | Rignell, Lars G. | 74 |
| Galling, Kurt | 68 | Rogland, Max | 72 |
| George, Andrew R. | 52 | Rose, Wolter H. | 65, 85 |
| Gese, Hartmut | 22–23 | Rost, Leonhard | 73 |
| Grabbe, Lester L. | 25, 28–29 | Rudolph, Wilhelm | 72–73 |
| Gunkel, Hermann | 128 | Schreiner, Josef | 22 |
| Gurtner, Daniel M. | 33 | Schwartz, Daniel R. | 27 |
| Haas, Volkert | 52 | Scriba, Albrecht | 101 |
| Hallaschka, Martin | 70–71, 89 | Sellin, Ernst | 75 |
| Hanhart, Robert | 75–76 | Stone, Michael E. | 36, 122, 143, 149, 153–154, 157, 158 |
| Hanson, Paul D. | 23, 25 | | |
| Huxley, Margaret | 93 | Stuckenbruck, Loren T. | 117 |
| Isaac, Ephraim | 98 | Tiemeyer, Lena S. | 61, 65–66, 92 |
| Karahashi, Fumi | 49 | Tigchelaar, Eibert | 61 |
| Keel, Othmar | 23–24, 83 | Tilly, Michael | 25 |
| Klijn, Albertus | 34 | Waerzeggers, Caroline | 81 |
| Kulik, Alexander | 45 | Willi-Plein, Ina | 77, 124 |
| Laato, Antti | 68–69, 72 | van der Woude, Adam S. | 61 |
| | | Yarbro Collins, Adela | 128 |

---

2  In dieses Register wurden nur die Autoren aufgenommen, die im Haupttext genannt werden.

# Stellenregister

## Altes Testament

*Genesis*
| | |
|---|---|
| Gen 1,2 | 126 |
| Gen 1,31 | 78 |
| Gen 3,16 | 156 |
| Gen 3,17–19 | 156 |
| Gen 4,22 | 108 |
| Gen 6,1–4 | 118 |
| Gen 6,3 | 68 |
| Gen 7,11 | 126 |
| Gen 7,19 | 67 |
| Gen 10,21 | 67 |
| Gen 17 | 148 |
| Gen 24,23 | 77 |
| Gen 24,47 | 77 |
| Gen 26,24 | 88 |
| Gen 27,18 | 77 |
| Gen 27,32 | 77 |
| Gen 49,9–10 | 139 |

*Exodus*
| | |
|---|---|
| Ex 4,22 | 121 |
| Ex 19,18 | 37 |
| Ex 20,18 | 67 |
| Ex 28,9 | 148 |
| Ex 28,11 | 148 |
| Ex 28,12 | 87 |
| Ex 28,36 | 148 |
| Ex 32,16 | 148 |
| Ex 39,7 | 87 |

*Numeri*
| | |
|---|---|
| Num 12,7–8 | 88 |
| Num 31,22–23 | 107 |
| Num 31,54 | 87 |
| Num 34,6 | 67 |

*Deuteronomium*
| | |
|---|---|
| Dtn 1,19 | 67 |
| Dtn 3,25 | 67 |
| Dtn 12,2 | 67 |
| Dtn 31–34 | 40 |
| Dtn 32 | 108 |

*Josua*
| | |
|---|---|
| Jos 1,2 | 88 |
| Jos 1,4 | 67 |
| Jos 1,7 | 88 |
| Jos 9,1 | 67 |
| Jos 9,8 | 77 |
| Jos 11,7 | 67 |
| Jos 12,7 | 67 |
| Jos 15,12 | 67 |
| Jos 15,47 | 67 |
| Jos 20,16 | 67 |
| Jos 23,4 | 67 |

*Richter*
| | |
|---|---|
| Ri 5,4–5 | 100 |

*Samuelbücher*
| | |
|---|---|
| 1Sam 3,3 | 63 |
| 1Sam 14,33 | 148 |
| 1Sam 17,28 | 67 |
| 1Sam 17,58 | 77 |
| 1Sam 26,14 | 77 |
| 2Sam 1,8 | 77 |
| 2Sam 3,18 | 88 |
| 2Sam 7,5 | 88 |
| 2Sam 7,8 | 88 |
| 2Sam 12,30 | 86 |
| 2Sam 22,9 | 154 |

*Königebücher*
| | |
|---|---|
| 1Kön 2,22 | 67 |
| 1Kön 5,5 | 88, 119 |
| 1Kön 11 | 88 |
| 1Kön 13,20–30 | 139 |
| 1Kön 14,8 | 88 |
| 1Kön 22,19 | 65 |
| 2Kön 10,13 | 77 |
| 2Kön 18,19 | 67 |
| 2Kön 18,28 | 67 |
| 2Kön 18,31 | 119 |
| 2Kön 19 | 126 |
| 2Kön 19,34 | 88 |
| 2Kön 19,35 | 65 |
| 2Kön 21,8 | 88 |
| 2Kön 22,4 | 67 |
| 2Kön 22,8 | 67 |
| 2Kön 23,4 | 67 |
| 2Kön 23,11 | 91 |

*Jesaja*
| | |
|---|---|
| Jes 2,13–15 | 124 |
| Jes 2,14 | 67 |
| Jes 5,1–7 | 119, 139, 162 |

| | | | |
|---|---|---|---|
| Jes 5,1 | 64 | Jer 13,18 | 86 |
| Jes 6 | 63 | Jer 16,16 | 18 |
| Jes 6,2 | 65 | Jer 22 | 124 |
| Jes 8,6–7 | 132 | Jer 22,24 | 83 |
| Jes 9,5f | 155 | Jer 23,5–6 | 89 |
| Jes 10 | 126 | Jer 23,29 | 148 |
| Jes 10,33f | 124, 127 | Jer 25,9 | 88 |
| Jes 10,34 | 127 | Jer 25,34–38 | 124 |
| Jes 11 | 39, 156, 159, 163 | Jer 27,6 | 88 |
| Jes 11,1–10 | 155–156 | Jer 30,10 | 88 |
| Jes 11,1 | 127 | Jer 32,18 | 67 |
| Jes 11,4 | 153–154 | Jer 33,14–26 | 89 |
| Jes 11,6 | 156 | Jer 33,15–16 | 89 |
| Jes 11,8 | 156 | Jer 33,21–22 | 88 |
| Jes 11,9 | 156 | Jer 33,26 | 88 |
| Jes 14 | 126 | Jer 41,4–9 | 69 |
| Jes 14,8 | 126 | Jer 43,10 | 88 |
| Jes 14,31 | 124 | Jer 46,27–28 | 88 |
| Jes 19,1 | 147 | Jer 51 | 78 |
| Jes 20,6 | 88 | Jer 51,24ff | 74 |
| Jes 30,25 | 67 | Jer 51,25 | 79 |
| Jes 36,4 | 67 | | |
| Jes 36,13 | 67 | *Ezechiel* | |
| Jes 36,16 | 199 | Ez 1 | 63 |
| Jes 37 | 126 | Ez 6,1–4 | 18 |
| Jes 37,24 | 56 | Ez 7,16 | 18 |
| Jes 37,35 | 88 | Ez 8–11 | 151 |
| Jes 40 | 39 | Ez 11,23 | 151 |
| Jes 40,1–5 | 76 | Ez 17 | 119, 123 |
| Jes 40,3–5 | 76 | Ez 17,2–10 | 119, 121 |
| Jes 40,4 | 18, 40, 75, 76 | Ez 17,3–4 | 119 |
| Jes 40,9–11 | 76 | Ez 17,5–6 | 120 |
| Jes 40,9 | 67 | Ez 17,6 | 119 |
| Jes 42,1 | 68 | Ez 17,7–10 | 120 |
| Jes 51,12 | 77 | Ez 17,8 | 132 |
| Jes 57,7 | 67 | Ez 17,12–18 | 119 |
| Jes 57,14 | 76 | Ez 17,12 | 119 |
| Jes 62,10 | 76 | Ez 17,13–14 | 119 |
| Jes 63,7–64,11 | 144 | Ez 17,15–18 | 119 |
| Jes 63,7–14 | 145 | Ez 17,22–24 | 120 |
| Jes 63,11–13 | 144, 159, 163 | Ez 17,22 | 67 |
| Jes 63,11 | 143, 146 | Ez 19,10 | 132 |
| Jes 66,15 | 91 | Ez 22,18ff | 102 |
| | | Ez 27,12 | 104 |
| *Jeremia* | | Ez 28,25 | 88 |
| Jer 2,21 | 119 | Ez 31 | 124–125, 126, 139, 161 |
| Jer 3,6 | 67 | Ez 31,2 | 125 |
| Jer 4,13 | 91 | Ez 31,3–6 | 125 |
| Jer 5,1 | 63 | Ez 31,3–9 | 125 |
| Jer 6,9 | 119 | Ez 31,4 | 126 |
| Jer 6,26 | 124 | Ez 31,5 | 126 |
| Jer 8,13 | 119 | Ez 31,7–14 | 125 |

| | | | |
|---|---|---|---|
| Ez 31,10-14 | 125 | *Sacharja* | |
| Ez 31,10 | 125 | Sach 1 | 65 |
| Ez 31,11-14 | 125 | Sach 1,8-15 | 21 |
| Ez 34 | 88 | Sach 2,1-4 | 21 |
| Ez 34,23f | 88 | Sach 2,5-9 | 21, 23 |
| Ez 34,25-31 | 88 | Sach 3 | 21, 65, 66, 83, 87 |
| Ez 37 | 88 | Sach 3,1-7 | 87, 90 |
| Ez 37,24 | 88 | Sach 3,1 | 67 |
| Ez 38,17-39,8 | 38 | Sach 3,6-7 | 87 |
| Ez 40,2 | 67 | Sach 3,8-10 | 89-90 |
| Ez 47 | 23 | Sach 3,8 | 67, 87-89 |
| Ez 47,10 | 67 | Sach 3,9 | 88 |
| Ez 47,15 | 67 | Sach 3,10 | 88, 119 |
| Ez 47,19-20 | 67 | Sach 4 | 21, 26, 59, 63, 65-66, 82, 90, 159, 163 |
| Ez 48,28 | 67 | Sach 4,3 | 64 |
| | | Sach 4,4-5 | 62 |
| *Hosea* | | Sach 4,6aβ-7 | 59, 62, 66, 90, 161 |
| Hos 10,1 | 119 | Sach 4,6 | 74 |
| Hos 11,1 | 121 | Sach 4,6aα | 61-62, 69 |
| Hos 11,10 | 139 | Sach 4,6b-10a | 69, 81-86 |
| | | Sach 4,6b | 66, 68-69 |
| *Joel* | | Sach 4,7f | 90 |
| Joel 3,1f | 68 | Sach 4,7 | 18, 59, 68-69, 70, 72-75, 76, 78, |
| Joel 4,16 | 139 | | 90, 149, 157, 161 |
| | | Sach 4,7a | 71, 75 |
| *Amos* | | Sach 4,7aα | 66-67 |
| Am 1,2 | 139 | Sach 4,7b | 75 |
| Am 3,4 | 139 | Sach 4,8-10 | 59, 62, 70, 82 |
| Am 3,8 | 139 | Sach 4,10 | 59-63 |
| Am 5,18-20 | 150 | Sach 4,11 | 62 |
| Am 9,3 | 18 | Sach 4,12 | 62, 65 |
| Am 9,5-6 | 99 | Sach 4,14 | 64-65, 84 |
| | | Sach 5 | 91 |
| *Micha* | | Sach 5,1-4 | 21, 26 |
| Mi 1,3-4 | 99 | Sach 5,5-11 | 21 |
| Mi 1,4 | 100, 151 | Sach 6 | 91-93, 95-96 |
| Mi 1,5 | 77 | Sach 6,1-8 | 21, 91-93 |
| Mi 4,4 | 88, 119 | Sach 6,1 | 93, 102 |
| | | Sach 6,5 | 65, 92 |
| *Habakuk* | | Sach 6,8 | 94 |
| Hab 2,18 | 148 | Sach 6,9-15 | 83, 84, 85, 87, 89-90 |
| Hab 3,6 | 100 | Sach 6,9-11.14-15 | 84, 86-87 |
| | | Sach 6,9-14 | 83-84 |
| *Haggai* | | Sach 6,10 | 87 |
| Hag 1-2 | 82 | Sach 6,11 | 67, 85-86 |
| Hag 1,1 | 67 | Sach 6,12-13 | 84-86, 88-90 |
| Hag 1,12 | 67 | Sach 6,12 | 86, 89 |
| Hag 1,14 | 67 | Sach 6,13b | 83 |
| Hag 2,2 | 67 | Sach 6,14 | 87 |
| Hag 2,4 | 67 | Sach 6,15a | 85 |
| Hag 2,19 | 119 | Sach 7,3 | 69 |
| Hag 2,20-23 | 82, 89 | Sach 8,12 | 119 |
| Hag 2,20-21a | 83 | Sach 8,19 | 69 |
| Hag 2,23 | 83 | | |

| | | | |
|---|---|---|---|
| Sach 9,9f | 155 | Ps 104,3 | 147 |
| Sach 10 | 124 | Ps 104,4 | 92 |
| Sach 10,2–3 | 124 | Ps 104,18 | 67 |
| Sach 10,10 | 124 | Ps 108,5 | 67 |
| Sach 10,11 | 124 | Ps 114,4 | 37 |
| Sach 10,11b | 124 | Ps 117,18 | 99 |
| Sach 11,1–3 | 123–126, 139, 162 | Ps 135,5 | 67 |
| Sach 11,2 | 124–125 | Ps 138,5 | 67 |
| Sach 11,4–17 | 124 | Ps 144,10 | 155 |
| Sach 12 | 150 | | |
| Sach 14 | 24, 149–151, 159, 163 | *Ijob* | |
| Sach 14,1–2 | 150 | Ijob 1,8 | 88 |
| Sach 14,3 | 150 | Ijob 2,3 | 88 |
| Sach 14,4 | 75, 150–151 | Ijob 19,9 | 86 |
| Sach 14,5a | 151 | Ijob 40,15–24 | 48 |
| Sach 14,9 | 150 | Ijob 40,20 | 48 |
| Sach 14,16 | 150 | Ijob 42,7f | 88 |
| Sach 14,20–21 | 150 | | |
| | | *Proverbia* | |
| *Maleachi* | | Spr 29,13 | 64 |
| Mal 3,1 | 119 | | |
| Mal 3,22 | 88 | *Rut* | |
| | | Rut 3,9 | 77 |
| *Psalmen* | | Rut 3,16 | 77 |
| Ps 2 | 157 | | |
| Ps 2,7 | 121 | *Ester* | |
| Ps 13,4 | 64 | Est 8,3 | 98 |
| Ps 18 | 151, 154–155, 159, 163 | Est 8,15 | 86 |
| Ps 18,9 | 153 | | |
| Ps 18,11 | 147 | *Daniel* | |
| Ps 21,4 | 86 | Dan 1–6 | 87 |
| Ps 37,35 | 124 | Dan 2 | 23, 78–79, 104, 114, 149, 158–159, 163 |
| Ps 48 | 18 | Dan 2,34 | 149, 158 |
| Ps 48,2 | 67 | Dan 2,35 | 79 |
| Ps 50,10 | 48 | Dan 2,44 | 79 |
| Ps 68,3 | 146 | Dan 2,45 | 75, 149, 158 |
| Ps 68,5 | 147 | Dan 5,4 | 107 |
| Ps 68,9 | 100 | Dan 5,23 | 107 |
| Ps 68,18 | 92 | Dan 7–12 | 87 |
| Ps 80 | 120–123, 139, 162 | Dan 7 | 114–115, 136, 138, 141, 146, 149, 159, 163 |
| Ps 80,11 | 120 | Dan 7,9ff | 146 |
| Ps 80,14 | 120 | Dan 7,13 | 146, 151 |
| Ps 80,15–20 | 120–121 | Dan 9,4 | 67 |
| Ps 80,15–16 | 121 | Dan 10,4 | 67 |
| Ps 80,16 | 120 | Dan 10,13 | 65 |
| Ps 80,16b | 121 | Dan 10,21 | 65 |
| Ps 80,18 | 120–121 | Dan 12,1 | 65, 67 |
| Ps 80,18b | 121 | Dan 14 | 136 |
| Ps 89,4 | 88 | | |
| Ps 89,21 | 88 | *Esra-Nehemia* | |
| Ps 96,4 | 67 | Esra 2,2 | 79 |
| Ps 97,5 | 100 | Esra 3–6 | 73 |
| Ps 99,2 | 67 | Esra 3,8 | 79 |
| | | Esra 5,3f | 73 |

| | | | |
|---|---|---|---|
| Esra 6,4 | 61 | *Chronikbücher* | |
| Esra 9,8 | 64 | 1Chr 17,4 | 88 |
| Neh 1,5 | 67 | 1Chr 17,7 | 88 |
| Neh 3,1 | 67 | 1Chr 20,2 | 86 |
| Neh 3,20 | 67 | 2Chr 16,9 | 63 |
| Neh 7,7 | 79 | 2Chr 34,9 | 67 |
| Neh 8,6 | 67 | | |
| Neh 9,32 | 67 | | |
| Neh 12,1 | 79 | | |
| Neh 13,28 | 67 | | |

## Deuterokanonische Schriften

| | | | |
|---|---|---|---|
| *Tobit* | | Weish 18,15 | 153 |
| Tob 13 | 18 | *Jesus Sirach* | |
| *Makkabäerbücher* | | Sir 24,17 | 122 |
| 1Makk 14,12 | 89 | Sir 24,30–31 | 132 |
| *Sapientia Salomonis* | | | |
| Weish 14,16–17 | 109 | | |

## Neues Testament

| | | | |
|---|---|---|---|
| *Johannesevangelium* | | *Johannesoffenbarung* | |
| Joh 15,1–8 | 122 | Offb 1,1 | 32 |
| | | Offb 5,5 | 139 |
| *Judasbrief* | | Offb 13 | 142 |
| Jud 14 | 31 | Offb 14,1 | 157 |
| | | Offb 17 | 78–79 |

## Pseudepigraphen

| | | | |
|---|---|---|---|
| *Altäthiopische Henoch-Apokalypse* | | 1Hen 17,1–2 | 42–43 |
| 1Hen 1–36 | 30, 42, 118 | 1Hen 17,1 | 42 |
| 1Hen 1,4 | 43 | 1Hen 17,2 | 42–43 |
| 1Hen 1,5–7 | 43 | 1Hen 17,3 | 43 |
| 1Hen 1,5 | 40 | 1Hen 18,6–9 | 43, 47 |
| 1Hen 1,6 | 99–100 | 1Hen 18,8 | 43 |
| 1Hen 1,7–9 | 43 | 1Hen 20–36 | 44–45 |
| 1Hen 6 | 42 | 1Hen 22 | 44 |
| 1Hen 6,1–7 | 40 | 1Hen 22,1–4 | 44 |
| 1Hen 6,4–6 | 41 | 1Hen 22,1–2 | 43 |
| 1Hen 6,6 | 40–41 | 1Hen 22,8–13 | 45 |
| 1Hen 7 | 41 | 1Hen 24–25 | 43 |
| 1Hen 10 | 38 | 1Hen 24,2–3 | 43, 47 |
| 1Hen 13 | 42 | 1Hen 24,3–4 | 44 |
| 1Hen 17–19 | 42, 44 | | |

| | | | |
|---|---|---|---|
| 1Hen 25,3 | 43 | 1Hen 83,4 | 37 |
| 1Hen 25,5 | 44 | 1Hen 91–105 | 30 |
| 1Hen 26,2 | 46 | | |
| 1Hen 26,6–27,4 | 46 | *Slawische Henoch-Apokalypse* | |
| 1Hen 28–32 | 46 | 2Hen 18 | 41 |
| 1Hen 28 | 46 | 2Hen 18,3 | 41 |
| 1Hen 32,1 | 47 | 2Hen 30,1 | 37 |
| 1Hen 32,2–3 | 46 | | |
| 1Hen 37–71 | 30, 97, 106 | *Syrische Baruch-Apokalypse* | |
| 1Hen 38–44 | 31 | 2Bar 1,1 | 34 |
| 1Hen 45–57 | 31, 97 | 2Bar 10,8 | 112, 138 |
| 1Hen 46,7 | 108–109 | 2Bar 10,18 | 28 |
| 1Hen 48,8 | 26 | 2Bar 17,4 | 34 |
| 1Hen 51,1–3 | 37 | 2Bar 36–40 | 136–137 |
| 1Hen 51,4–5 | 37 | 2Bar 36–37 | 111–113, 119, 123, 140, 163 |
| 1Hen 52–55 | 38 | 2Bar 36 | 117 |
| 1Hen 52 | 37, 49, 58, 78, 91, 97, 100, 102–104, 107–108, 146, 162 | 2Bar 36,5 | 113 |
| | | 2Bar 36,7–8 | 125 |
| 1Hen 52,2 | 97, 99 | 2Bar 36,7–11 | 113, 138 |
| 1Hen 52,6 | 97–100 | 2Bar 36,7 | 113 |
| 1Hen 52,7–8 | 97 | 2Bar 37 | 137 |
| 1Hen 52,8 | 99 | 2Bar 37,1 | 125, 138 |
| 1Hen 53 | 100 | 2Bar 38,1–2 | 34 |
| 1Hen 53,5 | 100 | 2Bar 39–40 | 111–113, 163 |
| 1Hen 53,6 | 100 | 2Bar 39,6 | 112 |
| 1Hen 53,7 | 37, 100 | 2Bar 40,1 | 114 |
| 1Hen 54,1 | 38 | 2Bar 44,14 | 34 |
| 1Hen 56 | 107 | 2Bar 46,3 | 34 |
| 1Hen 56,5–7 | 31, 106 | 2Bar 46,5 | 34 |
| 1Hen 58–69 | 31 | 2Bar 48,24 | 34 |
| 1Hen 58,1 | 31 | 2Bar 51,3 | 34 |
| 1Hen 60,8 | 31, 48 | 2Bar 53,7 | 117 |
| 1Hen 63,1–10 | 26 | 2Bar 54,5 | 34 |
| 1Hen 65,1–69,1 | 38 | 2Bar 56,10–16 | 118 |
| 1Hen 65,7–8 | 99 | 2Bar 56,13 | 118 |
| 1Hen 67 | 38 | 2Bar 56,15 | 118 |
| 1Hen 67,4 | 38 | 2Bar 72,1–73,2 | 33 |
| 1Hen 67,4–69,1 | 38 | 2Bar 73 | 138, 155, 156 |
| 1Hen 67,8–13 | 31 | 2Bar 73,1 | 156 |
| 1Hen 67,12–13 | 38 | 2Bar 73,2 | 156 |
| 1Hen 69,13–25 | 47 | 2Bar 73,3 | 156 |
| 1Hen 69,17 | 47 | 2Bar 73,4 | 156 |
| 1Hen 70–71 | 31 | 2Bar 73,6 | 112, 155 |
| 1Hen 70,1–2 | 31 | 2Bar 73,7 | 156 |
| 1Hen 70,3 | 31 | 2Bar 74,1 | 156 |
| 1Hen 71 | 31 | | |
| 1Hen 72–82 | 30, 93 | *Griechische Baruch-Apokalypse* | |
| 1Hen 77,1 | 43 | 3Bar 4,10 | 37, 132 |
| 1Hen 77,3 | 47 | 3Bar 10,1 | 45 |
| 1Hen 77,4–8 | 47 | 3Bar 10,2 | 45 |
| 1Hen 77,4 | 47 | 3Bar 10,5 | 45 |
| 1Hen 83–91 | 30 | 3Bar 10,7 | 45 |

| | | | |
|---|---|---|---|
| 3Bar 12–14 | 33 | 4Esra 13,35 | 158 |
| 3Bar 10 | 45 | 4Esra 13,36 | 158 |
| | | 4Esra 13,37 | 157 |
| *Viertes Esra-Buch* | | 4Esra 13,56–58 | 156 |
| 4Esra 3,1–5,19 | 36 | 4Esra 13,32–33 | 154 |
| 4Esra 4,13–21 | 137–138 | 4 Esra 13,38 | 154 |
| 4Esra 4,19 | 137 | 4Esra 14,44–46 | 28 |
| 4Esra 4,21 | 137 | | |
| 4Esra 5,20–6,34 | 36 | *Oden Salomos* | |
| 4Esra 5,23–27 | 122 | OdSol 6,8 | 132 |
| 4Esra 5,25 | 132, 158 | | |
| 4Esra 6,35–9,25 | 36 | *Psalmen Salomos* | |
| 4Esra 6,51 | 48 | PsSal 17 | 154–155 |
| 4Esra 6,59 | 48 | PsSal 17,24 | 153, 155 |
| 4Esra 9,26–10,60 | 36 | PsSal 17,35 | 153, 155 |
| 4Esra 10,22 | 28 | | |
| 4Esra 11–12 | 35, 36, 137, 141 | *Pseudo-Philo* | |
| 4Esra 11 | 138 | LAB 2,9 | 108 |
| 4Esra 11,1 | 137, 141 | LAB 12 | 122 |
| 4Esra 11,3 | 138 | LAB 18,10–11 | 122 |
| 4Esra 11,5–6 | 137 | LAB 23,12 | 122 |
| 4Esra 11,11–28 | 138 | LAB 28,4 | 122 |
| 4Esra 11,29–32 | 138 | LAB 39,7 | 122 |
| 4Esra 11,33–34 | 138 | | |
| 4Esra 11,35 | 138 | *Sibyllinische Orakel* | |
| 4Esra 11,37–46 | 138 | Sib 2, 252–253 | 103 |
| 4Esra 11,37 | 138 | Sib 3, 1–96 | 39 |
| 4Esra 12 | 138 | Sib 3, 63–67 | 39 |
| 4Esra 12,2 | 138 | Sib 3, 63 | 39 |
| 4Esra 12,3 | 138 | Sib 3, 63–74 | 39, 143 |
| 4Esra 12,11–13 | 138 | Sib 3, 71–74 | 143 |
| 4Esra 12,32 | 139 | Sib 3, 72–73 | 143 |
| 4Esra 13 | 19, 36, 52, 141, 146, 147, 149, | Sib 3, 175–176 | 143 |
| | 151, 154–155, 158–159, 162–163 | Sib 3, 657–668 | 38 |
| 4Esra 13,1–13 | 141, 156 | Sib 3, 669–701 | 38–39 |
| 4Esra 13,1–4 | 157 | Sib 3, 680–681 | 39 |
| 4Esra 13,3–4 | 153 | Sib 3, 682–684 | 39 |
| 4Esra 13,3 | 143–144, 146 | Sib 3, 767–795 | 38–39 |
| 4Esra 13,4 | 146 | Sib 3, 778–780 | 39 |
| 4Esra 13,5–7 | 157 | Sib 3, 788 | 39 |
| 4Esra 13,5 | 155 | Sib 3, 788–795 | 39 |
| 4Esra 13,6–7 | 147–148 | Sib 4 | 114 |
| 4Esra 13,6 | 75, 158 | Sib 4, 49–101 | 57 |
| 4Esra 13,10–11 | 152 | Sib 4, 76–78 | 57 |
| 4Esra 13,10 | 153–154 | Sib 5, 32 | 142 |
| 4Esra 13,12 | 152 | Sib 5, 336 | 57 |
| 4Esra 13,13b–20a | 156 | Sib 8,1–193 | 142 |
| 4Esra 13,21–58 | 141, 154 | Sib 8,88 | 142 |
| 4Esra 13,21–55 | 156 | Sib 8,157 | 142 |
| 4Esra 13,26–28 | 157 | Sib 11,180 | 57 |
| 4Esra 13,32 | 157 | Sib 12 | 142 |
| 4Esra 13,35–36 | 157 | Sib 12,14 | 143 |

| | | | |
|---|---|---|---|
| *Testament Levis* | | 10 | 40 |
| TestLevi 2,5–6 | 41 | 10,1–10 | 40 |
| TestLevi 2,7–12 | 41 | | |
| | | *Testament Salomos* | |
| *Testament des Mose* | | 16 | 141 |
| 2–9 | 40 | 16,4 | 142 |

## Altorientalische, antike und sonstige Quellen (in Auswahl)

| | | | |
|---|---|---|---|
| *Adab für Lipit-Eštar (ETCSL t.2.5.5.4)* | | *Bazi (SEAL 1.1.12.1)* | 52–53 |
| Z. 46–49 | 130 | | |
| | | *Erra-Epos* | 50 |
| *An-gim* | 49, 53 | Erra I 61.64–66 | 50 |
| | | Erra I 69 | 51 |
| *Anzu* | 49, 131 | Erra I 35 | 50 |
| | | Erra III D 5.9.15 | 51 |
| *Apollodor* | | Erra IV 142–143 | 50, 51 |
| Bibliotheke I,40 | 153 | | |
| Bibliotheke I,44 | 152 | *Eršaḫunga-Gebete* | |
| | | Eršḫ 38, Obv. 3 | 52 |
| *Augustin* | | Eršḫ 39, Obv. 2 | 52 |
| Conf. X,35 | 112 | | |
| Conf. X,56 | 112 | *Flavius Josephus* | |
| | | BJ III,539–540 | 142 |
| *Behistun-Inschift* | 57, 78, 79 | | |
| | | *Gilgameš und Ḫuwawa A* | 116 |
| *Bundahišn* | | | |
| 26 | 103 | *Gilgameš-Epos* | |
| 34.18 | 103 | III–IV | 115 |
| 34.19 | 103 | III 203–205 (jungbabyl.) | 115–116 |
| | | III, Kol. iii, 7′–13′ | 92 |
| *Būr Suen A* | | IV, Kol. v 44–45 | 116 |
| Z. 29–31 | 131 | X | 134 |
| | | XI,17 | 131 |
| *Chronik von Georgios Synkellos* | | XI,103 | 131 |
| 47,29–31 | 99 | SC 3025, Obv. 14–16 | |
| | | (SEAL 1.1.7.9) | 54 |
| *Diodoros* | | | |
| Diod. V,35.1 | 105 | *Herodot* | |
| Diod. V,37.1–2 | 105 | Hist. VII,22ff | 57 |
| Diod. V,38.4 | 105 | Hist. I,179.3 | 94 |
| | | | |
| *Enūma eliš* | 53, 135 | *Hesiod* | |
| I | 134 | Theog. 826–829 | 153 |
| I,105–109 | 92 | Theog. 836–838 | 152 |
| IV,31–50 | 133 | Theog. 842–843 | 152 |
| IV,75–76 | 133 | Theog. 853–860 | 152 |
| IV,41–42 | 92 | | |
| | | *Homer* | |
| *The Ballad of Early Rulers* | 53 | Il. X,383 | 94 |

| | | | |
|---|---|---|---|
| *IM 85877* | | 1 iii 47–51 und par. | 57 |
| Z. 12–13 | 53 | 34, o 11′–12′ | 57 |
| | | 60,29′ | 94 |
| *Inanna und Ebiḫ* | 49 | | |
| | | *RINAP 5* | |
| *KAR 97* | | 11 × 11–16 | 57 |
| Obv. 1–2 | 50 | | |
| | | *Rivayāt* | |
| *Kawan* | 117 | 48.70 | 103 |
| *Kumarbi/Lied von Ullikummi* | 51, 148, 159, 163 | *SAA 3* | |
| | | No. 2, o 32–33 | 133 |
| *Kuntillet Aǧrūd* | 100–101 | | |
| | | *Sargon II.* | |
| *Lugalbanda in the Wilderness* | | Ann. 398–401 | 55 |
| 21–23 | 54 | | |
| | | *Sargon-Legende* | 54 |
| *Lugal-e* | 49, 53, 128, 130, 131, 132 | 1–11 | 55 |
| Z. 75–87 | 128–129 | 12–21 | 55 |
| Z. 93–95 | 129 | 15–18 | 55 |
| Z. 95 | 49 | 22ff | 55 |
| Z. 327 | 49 | | |
| Z. 662 | 49 | *Strabo* | |
| Z. 685–687 | 129 | Geographica III,2.10 | 105 |
| Z. 692 | 129 | Geographica III,2.8 | 105 |
| Z. 693–694 | 130 | Geographica III,2.9 | 105–106 |
| *Ninurta G* | | *Streit der Götter Horus und Seth* | 148–149, |
| 17–18, 20–21 u. a. | 49 | | 159, 163 |
| *pKahun LV.1* | 78 | *STT* | |
| | | 2, 340 | 56 |
| *Plinius der Ältere* | | | |
| Nat. XXXIII,21.78 | 106 | *Šurpu* | |
| Nat. XXXIII,31.96 | 105 | IV,1–3 | 133 |
| *Plutarch* | | *Wadi-Brisa-Inschrift* | 57 |
| Pyrrh. XII,2–3 | 58 | | |
| | | *Ugarit* | |
| *RIMA 2* | | KTU 1.4 viii 5–6 | 52 |
| A.0.101.1 i 6–7 | 130 | KTU 1.71 Z. 3 | 101 |
| | | KTU 1.71 Z. 9 | 101 |
| *RINAP 1* | | KTU 1.85 Z. 3 | 101 |
| 7,1; 15,10b; 35, ii 25′ | 56 | KTU 1.85 Z. 10 | 101 |
| *RINAP 3* | | *Qumran* | |
| 1,89; 3,59; 3,20 | 56 | 1QIs[a] | 145 |
| 1,83–84 | 94–95 | 1Q22 frag. 1 | 17 |
| 166,17–22 | 95 | 4Q161 frag. 8–10 | 127 |
| | | 4Q201 | 41 |
| *RINAP 4* | | 4Q213 | 41 |
| 1 iii 20–23 | 55 | 4Q242 | 107 |

| | | | |
|---|---|---|---|
| 4Q269 frag. 8 | 107 | 4Q285 frag. 5 | 127 |
| 4Q270 frag. 3 | 107 | 4Q530 frag.1.8 | 116–117 |
| 4Q271 frag. 2 | 107 | 6Q8 frag. 2 | 117–118 |

## Personen- und Ortsnamenregister

| | |
|---|---|
| Aaron | 145 |
| Actium | 143 |
| Adad | 135 |
| Adapa | 144 |
| Ägypten | 17, 32, 79, 119, 124–126, 143 |
| Aitna | 152 |
| Akiba, Rabbi | 29 |
| Akki | 55 |
| Alexander der Große | 114 |
| Alexander Polyhistor | 136 |
| Amanus | 56 |
| Ambrosius | 35 |
| An(u) | 50, 92, 130 |
| Antigonus | 27 |
| Antiochos I. Soter | 136 |
| Antipater | 106 |
| Anzû | 133–134 |
| Apamea | 135 |
| Aratta | 54 |
| Ariarma | 56 |
| Asael | 41 |
| Asag/Asakku | 49, 128, 133 |
| Asarhaddon | 56 |
| Asien | 57–58 |
| Aššur (Gottheit) | 71, 93–95, 133, 135 |
| Assur | 57, 71, 93, 124–127, 135 |
| Assurbanipal | 57, 130, 133 |
| Assyrien/neuassyr. Reich | 57, 125 |
| Asturia | 106 |
| Atlas | 51 |
| Attika | 105 |
| Augustus | 109, 142–143 |
| Aya | 51 |
| Baal | 17, 147 |
| Babylon | 53, 70–71, 74 (Babel), 77, 78–81, 93–94, 114, 119, 134 |
| Baruch | 32, 34, 45, 119–120, 156 |
| Bašār | 53 |
| Bazi | 53 |
| Beelzebul | 141 |
| Behemot | 48 |
| Bel | 133, 135–136, 140 |
| Bel-Marduk | 77 |
| Beliar | 39, 143 |
| Berossos | 136, 144 |
| Bīt-Ištar | 56 |
| Bišaiša | 52 |
| Bišaišabhi | 52 |
| Burdada | 56 |
| Caesar | 106 |
| Caligula | 109 |
| Carthago Nova | 105 |
| Chichi | 50–51 |
| Crassus | 106 |
| Dagan | 71 |
| Dante | 111 |
| Darius I. | 57, 78–81, 90, 161 |
| David | 88, 155 |
| Davidstadt | 17 |
| Deir as-Suryan | 32 |
| Domitian | 35 |
| Dura-Europos | 136 |
| Ebabbar | 81 |
| Ebiḫ | 49 |
| Edessa | 136 |
| Eleasar | 107 |
| Enki/Ea | 53, 134 |
| Enkidu | 53–54, 92, 115 |
| Enlil | 56, 71, 94–95, 115, 129–131 |
| Enmerkar | 54 |
| Erra | 50–51, 102 |
| Esagil | 70, 135 |
| Esra | 28, 36, 48, 137–138, 141, 156 |
| Ester | 98 |
| Euphrat | 57 |
| Europa | 58 |
| Ezechiel | 18, 104, 132 |
| Ezechiel der Tragiker | 145 |
| Flavius Josephus | 136 |
| Fravartiš | 79 |
| Gaumata | 79 |
| Galiläa | 27 |
| Gallaecia | 106 |
| Gehenna | 38 |
| Gibil/Girra | 52 |
| Gilgameš | 54, 92, 115 |
| Gudea | 130 |
| Hadrian | 142 |
| Haggai | 82, 89 |
| Hahyah | 116, 118 |
| Haimos | 152 |
| Ḥaliḫadri | 56 |
| Hammurapi | 131 |
| Hannibal | 105 |
| Hatra | 135 |
| Hebron | 29 |
| Hellespont | 57 |
| Henoch | 26, 38, 42–47 |

# Personen- und Ortsnamenregister

| | |
|---|---|
| Herodes Archelaos | 122 |
| Herodes der Große | 31, 107, 122 |
| Hermon | 40–42 |
| Hierapolis | 136 |
| Hispania ulterior | 106 |
| Hinnomtal | 46 |
| Horeb | 17 |
| Horus | 148, 159, 163 |
| Ḫumbaba/Ḫuwawa | 54, 92, 115–116 |
| Hyrkan I. | 27 |
| Hyrkan II. | 106 |
| Inanna/Ištar | 49, 50–52, 55, 102, 133, 161 |
| Isai | 153 |
| Ischum | 51 |
| Iškur | 52 |
| Išodad von Merw | 136 |
| Israel (Nordreich) | 88 |
| Israel (Volk) | 18, 36–37, 40, 48, 74–75, 88, 89, 102, 119–120, 122, 127–128, 139, 143, 145, 150, 162 |
| Jabne | 28–29 |
| Jechonia | 34 |
| Jeremia | 32 |
| Jerusalem | 17–18, 22, 27, 29, 32, 34, 44–47, 65, 69, 70, 76, 79, 127, 150, 151 |
| Jesus | 122 |
| JHWH | 17–18, 22, 63–64, 66, 67, 68–69, 73, 75, 76, 83, 85, 89, 92, 101, 119–120, 124, 128, 139, 145, 147, 150–151, 154 |
| Johannes | 78 |
| Jojakim | 83 |
| Jordan | 123, 132 |
| Josua | 21, 66, 72, 82, 83, 84–87, 90 |
| Juda/Jehud/Judäa | 26, 29, 76, 82–83, 88, 91, 93, 139 |
| Judas Makkabäus | 126 |
| Kahun | 78 |
| Kallirrhoe | 31 |
| Kambyses II. | 80 |
| Kesbeel | 47 |
| Kilikien | 56, 80 |
| Kisiru | 56 |
| Konja | 83 |
| Korinth | 142 |
| Kumarbi | 51 |
| Kunopegos | 141–142 |
| Kuntillet Aǧrūd | 100–101 |
| Kyros | 77 |
| Lagaš | 130 |
| Leviatan | 48 |
| Libanon | 57, 113, 123–124, 126–127 |
| Lipit-Eštar | 130 |
| Lusitania | 106 |
| Lysimachos | 58, 108 |
| Maisan | 136 |
| Marduk | 53, 63, 68, 70–71, 77, 92, 133, 135 |
| Mari | 53 |
| Mattathias Antigonos | 106 |
| Medien | 114 |
| Las Medulas | 105 |
| Mesopotamien | 32, 49 |
| Michael | 47, 65 |
| Migdal-Taricheaea | 27 |
| Miza | 108 |
| Mose | 40, 144–145 |
| Muttallu | 55 |
| Nabonid | 57 |
| Nabû | 133–136 |
| Naram-Sin | 55 |
| Nebukadnezzar II. | 57, 88, 104, 120 |
| Nebukadnezzar IV. | 81 |
| Nergal | 133 |
| Nero | 39, 142 |
| Ninagal | 94 |
| Ninive | 56, 94, 136 |
| Ninurta | 49–50, 53, 128–134, 136, 140, 161–162 |
| Nippur | 71 |
| Nirutakta | 56 |
| Noach | 117 |
| Nusku | 63 |
| Oannes/U-an(na) | 144 |
| Ölberg | 150–151 |
| Olymp | 152 |
| Orontes | 135 |
| Palästina | 38, 40, 118 |
| Palmyra | 135–136 |
| Persien/Pers. Großreich | 26, 114 |
| Petra | 46 |
| Phasael | 107 |
| Pompeius | 106 |
| Poseidon | 142 |
| Pyrrhus | 58 |
| Qumran | 27, 30–31, 41, 107, 115–116, 118, 127, 154 |
| Ramallah | 29 |
| Rom/Röm. Reich/Röm. Republik | 74, 105–107, 114, 126, 138, 143 |
| Rufael | 44 |
| Sacharja | 18, 21–23, 26, 68, 72–73, 82–83, 87, 90 |
| Šahrewar | 102–103 |
| Šamaš | 91–95, 135 |
| Samsuiluna | 53, 70 |
| Sanherib | 56, 94–95 |

| | | | |
|---|---|---|---|
| Sargon | 55 | Teššub | 51, 148, 159 |
| Šarur | 128 | Theffa | 108 |
| Šaššār | 53 | Tiamat | 92, 133 |
| Satanael | 41 | Tiglat-pileser III | 56 |
| Schemichaza | 41 | Tigris | 57 |
| Sella | 108 | Tobel/Tubal-Kain | 108 |
| Serubbabel | 19, 59–61, 66, 68–75, 77, 79–86, 89–90, 149, 161–162 | Turdetania | 105 |
| | | Typhon | 152–153 |
| Sesostris III. | 56, 78 | Ugarit | 147 |
| Seth | 148, 159, 163 | Ullikummi | 51, 148, 159 |
| Shuʿafat | 29 | Ummanaldašu | 57 |
| Ṣibur | 56 | Upelluri | 51, 148, 159 |
| Silḫazu | 56 | Uriel | 137 |
| Simon Makkabäus | 88 | Uruk | 134 |
| Simon bar Kochba | 29, 122 | Ušuru | 56 |
| Sinai | 17, 37, 42–43, 99 | Vespasian | 142 |
| Sippar | 70, 81 | Wadi al-Natrun | 32 |
| Sizilien | 152 | Xerxes | 57 |
| Skunkha | 79 | Yazilikaya | 98 |
| Spanien | 104–106 | Zaphon | 17–18 |
| Tabal | 56 | Zeus | 152 |
| Taršiš | 104 | Zidkija | 119 |
| Tatnai | 73, 76 | Zion | 17–18, 37, 46, 113–114, 157–158 |
| Tell Leilan | 53 | Zypern | 80 |
| Tempelberg | 17 | | |